U0015500

情感運算革命

下一波人工智慧狂潮，
操縱你的情緒、販售你的想法，
將是威脅還是機會？

理查・楊克／著

范堯寬、林奕伶／譯

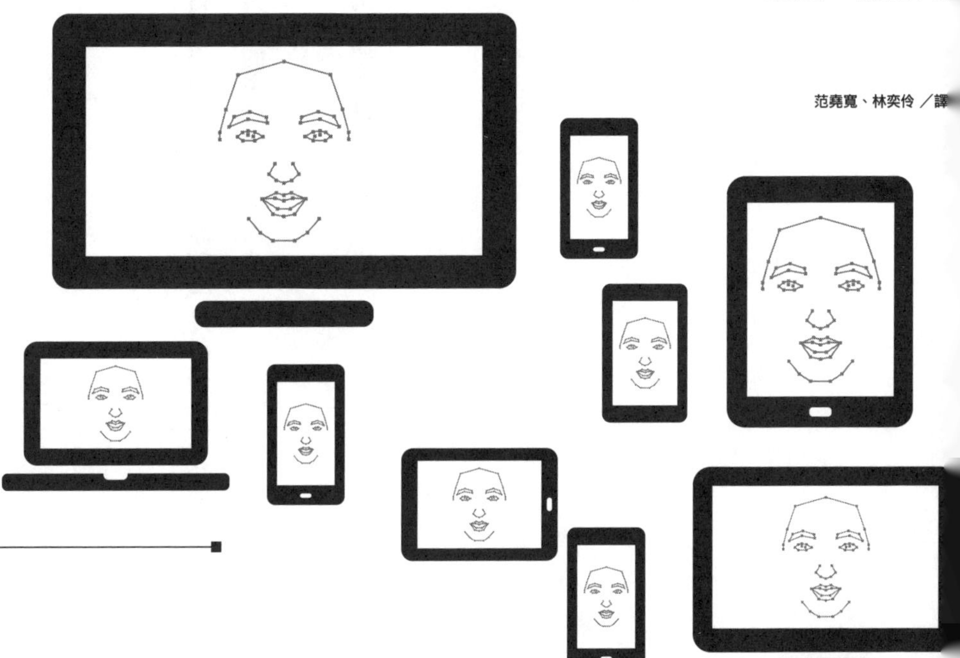

Contents

目錄

推薦序

情緒化電腦，讓人工智慧不再只是冷冰冰的「冷科學」

台南大學數位學習科技學系教授兼學務長
台灣科技藝術教育協會理事長
台北商業大學創新經營學院院長
科技部資教學門 IDOLS SIG 召集人
林豪鏘

以往，在我們設計智慧型電腦時，都朝向讓它擁有「絕對理性」。當時有個假設：當電腦完全學習人類的理性行為後，就可能發展智慧。但經過多年的發展，我們發現這樣的假設是需要修正的，我們應該讓電腦開始學習情緒化行為，這才是真正邁向人工智慧的仿生途徑。我們發現，當電腦有了情緒化行為，反而可能會做出正確的決策、擁有更多創意、達到更好的學習成效。這些想法讓電腦開始有了溫度，所以我們說，情緒化電腦是門「熱科學」，有別於傳統認知科學等「冷科學」。

情感運算領域的開創

羅莎琳·皮卡德（Rosalind Picard）教授是情緒化電腦的研究鼻祖。她在為這個偉大領域命名時，摒棄了「情緒運算」（emotional computing）和「情緒科技」（emotive technology）這些暗示著主觀成分的名詞，最終決定使用情感（affect）這個詞彙，它在心理學上指的是體驗感受，而她認為這是一個很好的科學形容詞，因此開創了「情感運算」（Affective Computing）這個前瞻領域，並且至今已超過二十年了。台灣雖然因為近年的人工智慧浪潮才漸漸注意到它，但其實早在二〇〇〇年初，已有部分產學界先驅，在這個研究方向持續做了多年的耕耘。

情感運算的四個層次

皮卡德教授為情感運算賦予了四層次的廣義定義：

第一層次：讓電腦辨識人類的情緒。這是目前最多相關研究投注心力的層次，也是一般所謂情感運算的狹義定義所在。

第二層次：讓電腦表達情緒。值得注意的是，電腦在表達情緒時，不必然自己也具有這項情緒，它可能只是像個演員，演出設計者所設定的情緒而已。什麼樣的應用需要表達情緒呢？目前正夯的機器人，就可能需要透過表達情緒來達到更好的人機互動，而電腦介面的代理人（Agent）或虛擬角色（Avatar）也可能需要透過表達情緒來與使用者溝通。

第三層次：讓電腦擁有情緒。這是最奇妙也最夢幻的階段，因為電腦真正擁有情感了。不過皮卡德教授也指出這個層次的危機：電腦可能會傾向毀滅人類，所以這有待第四層次來改善。

第四層次：讓電腦具有情緒智慧（EQ）。這個階段的電腦，開始懂得如何調節、規範、管理自己的情緒，也就是善用自己的情緒。這個層次的電腦，則可謂擁有友善的人工智慧了。

電腦可以透過情緒線索認識人類的情緒

在上述第一層次中，我們致力於讓電腦辨識人類的情緒。那關鍵問題來了：人類有沒有提供任何線索，讓電腦可以判斷他們的情緒呢？有的，我們稱為「情緒線索」。這些線索包括：

一、文字：人們所書寫的日記、臉書、部落格等，都留下文字，提供了電腦可以分析的依據。根據情緒辭典和句法語意等分析，可以了解書寫者的情緒。另外，目前無比流行的大數據，提供了各種工具讓研究者爬文獲取大量文字資料，形成了「文字探勘」與「情感分析」的領域。

二、語音：和上述類似，只是輸入時並非透過鍵盤，而是透過「Google語音」、Siri、Amazon語音助理Alexa等語音輸入介面，將文字以語音方式輸入。

三、表情：這是目前技術相對成熟的情緒辨識模式。透過對臉部特徵的表情分析，可探討使用者的情緒。目前已有Affetiva.com API, Face API, FaceSDK, Face Reader, Microsoft Project Oxford MSDN等工具或套件可運用。

四、生理訊號：這是相對成本較高、但精準度也比較高，並且不易人為控制造假的情緒線索。量測的訊號有諸如腦波、膚電、肌電位、心跳、血壓、呼吸，甚至fMRI, PET等。

五、聲調：這是十分有趣的情緒線索，因為電腦可以在完全不懂使用者在說什麼的情況下，卻能判斷他的情緒。換言之，聲調可以完全獨立於語意之外分析，用來量測聲音裡抑揚頓挫的特徵值，以判斷情緒。

為台灣樹立里程碑的情感運算專書

台灣接觸情感運算以來，一直缺乏中文專書的介紹，甚至連「情感運算」的中文名詞都尚未完全一致化。這次商周出版推出的新作《情感運算革命：下一波人工智慧狂潮，操縱你的情緒、販售你的想法，將是威脅還是機會？》具有劃時代的意義。其不但在人工智慧浪潮中，及時出版了情緒化電腦的專書介紹，更為「情感運算」樹立正名的里程碑。

本書一共分為三篇：情感運算浪潮來襲、情感機器的崛起、情感智慧的未來。藉由此三篇的循序漸進，讓讀者了解建構一個具有情緒意識的社交機器人該擁有哪些特性。接下來介紹情感科技崛起時，有哪些應用領域，並檢視可能出現的社會議題。最後，探討情感電腦在持續邁向未來發展時，會發生哪些可能性，以及與社會的交互作用。整本書不僅思考科技面，也針對人文社會面進行省思，是部具有相當深度的鉅作。這本書除了可以讓有興趣的產學研界人士參考外，也可做為相關科系的教科書，讓情感運算萌芽，將種子傳播出去。所以，我們除了很開心這本書的出版，更感謝這部鉅作的出現！

推薦序

情感，才是未來人工智慧的主戰場

鄭國威
PanSci 泛科學總編輯

在《銀河威龍》（*Star Trek: The Next Generation*，又稱星際迷航記）中，身為生化人的艦隊科學官百科（Data）苦於無法理解人類，而裝上了情感晶片，沒想到卻引發危機。在二〇一四年重啟的《機器戰警》（*Robocop*）電影版中，保留過多人類情感的戰警根本無法跟百分百的機器人抗衡，降低至一%人類情感後的戰警儘管冷血，卻大獲全勝。在電影《星際效應》（*Interstellar*）中，人類可以依照自己的需求調整機器人的幽默指數，讓與機器人互動這件事變得比較舒服，但也免不了對機器人產生同情。

以上這些科幻敘事在近期人工智慧快速躍升的背景下，漸漸變得不那麼科幻。隨著內建人工智慧的智慧型助手——Siri、Alexa、Google home、Cortana……一個一個透過手機或其他普及的消費型科技品進入數億人的生活，人類不能不面對這些討論，而如果我們想要有個討論的起點，先讀過《情感運算革命》會是個好開始。

人是社會性的動物，我們希望懂對方，大部分的時候，也希望對方懂我們，或起碼以我們希望的方式懂我們。儘管如作者所說，自認為是「智人」的我們擁有前瞻跟預測未來的能力而勝出，但關鍵其實在於情感，若沒有情感，再高的智能也無法下判斷，這點與《人類大命運》（*Homo Deus*）作者，以色列歷史學者哈拉瑞（Yuval Noah Harari）所見略同。因此當人類憑著超越其他動物的情感運算能力而取得存活的機會，我們該怎麼想像某種在情感運算能力上超越人類的人造物，會對人類社會帶來什麼衝擊呢？

情感運算能力，決定存活、勝敗、獲益與未來的一切

從專心致志地打磨石器到專心致志地滑著手機，我們與科技的互動從根本上改變了我們作為一個物種的命運。人類大腦發展出新皮質讓我們變得理智，然而大腦邊緣系統與激素的緊密合作，使情緒化跟非理性行為依舊占了上風。作者也提到，根據過往研究者統計，人類溝通中，只有七％是文字，剩下的九三％都是非語言的線索，這也是為何我們該重視情感與人工智慧的交匯，因為那才是真正的主戰場。

就以Google旗下的AlphaGo跟圍棋高手的對決來舉個例子好了。我其實一直不認為AlphaGo

真的勝過了人類，反而是人類讓了機械太多，才讓機械勝之不武地贏了。想像一下，如果AlphaGo感受得到名聲帶來的壓力、旁人的注目跟議論、社會的氛圍，以及人類對手的落子態勢，乃至於對人類這個物種的莫名恐懼，它還能贏得那麼俐落嗎？還能發揮出那麼高的棋力嗎？甚至，還能贏任何一盤棋嗎？

人類可以把機器人送上火星，但比起把機器人送進家裡，這艱難的太空工程學任務，卻又簡單太多了。為了克服「恐怖谷」效應，人類除了改造機器人的介面，也在改造自己。老齡化、少子化、數位化……時代的趨勢為人類社會接受機器人入戶入心鋪好了紅毯。在書中也提及像《大英雄天團》（*Big Hero 6*）中的杯麵那樣可以體察人心，適時給你一個溫暖抱抱的機器人，已經有了雛形，可改善現今治療跟協助自閉症或各種心理疾病患者的形式。此外，結合情感監測技術的適性學習系統，也會徹底改變現在為了「中間值」存在的教育體系。

能夠分辨觀眾立場跟傾向的人工智慧此刻已被結合進廣告投放裡，成為Google跟Facebook等公司的獨家致富祕技，但不久之後，能夠即時偵測情感的廣告系統將更大幅度地改變我們的閱聽行為，我們不都早已被訓練去按讚、開心、憤怒或哭哭了嗎？或許以後我們瞳孔的變化、脈搏的起伏、皮膚的電流等，都將被蒐集、統計、運算，連點擊都不用。「讓每一個人都能更輕鬆地表達感受」，我想到時候這些科技公司應該會很光明正大又冠冕堂皇地這麼宣布吧。當然，隨之而來更精細的高科技情感詐騙手法，也已經迫在眉睫。

如果要說本書有什麼待商榷之處，就是人工智慧是否能獲得「意識」了。儘管作者認為機器人有可能在未來出現意識，但能偵測或表現出情緒反應，並不表示就擁有意識。這個大哉問也將會影響「機器人權」，甚至影響「程式軟體權」是否會出現。別以為不可能，動物權不就是個標準的混亂但漸漸被接受的概念嗎？以上種種議題，我非常期待能夠與本書的讀者深入討論。

作者序

一個未來學家的觀點

「未來」有時候也稱為「策略性前瞻」（strategic foresight），而這個領域和其他領域不太一樣。每一天，你都有可能會被問道：「未來學家是什麼？」或是「未來學家都在做什麼？」許多人腦海中想像的畫面都是一位算命師，雙眼凝視著水晶球，但這樣的想像實在是再背離事實不過了。因為整體來說，所有人在某種程度上都是未來學家。

前瞻是人類最重要的特色之一。在自我覺察與內省能力的協助下，人類能夠預測環境中的模式和循環，藉此提高我們存活下來的能力。於是，人類發展出大腦的前額葉皮質，讓我們和其他物種相比，更善於思考未來。一開始可能是在東非的塞倫蓋提（Serengeti）大草原上，人類先是注意到一些變換的模式，藉此得知掠食者正潛藏在周圍，伺機而動。接著，我們開始能辨識月亮的陰晴圓缺、潮汐的漲退與季節的周而復始。沒過多久之後，人類已經足以預測日月蝕、颶風的侵襲及股票市場的崩跌。我們是**智人**（Homo sapiens），是具有未來觀點的物種。

當然，這還只是開始而已。儘管我們的這項能力如此不可思議，但它還是有所局限，只能以原始、非結構性的方式運作。因此，當這個世界進入核武時代，並且開始提出一些艱難卻至關重要、關乎世界存亡的問題時，人類也是時候要將未來思考加以正規化了。

因應危機的前瞻計畫

對許多人而言，蘭德計畫（Project RAND）所標誌的，正是將前瞻加以正規化的起始。蘭德計畫在第二次世界大戰之後立刻展開，以人類既有的能力為基礎，致力於了解結合軍事計畫與研發決策的需求，以及這麼做所能帶來的效益。這不僅讓軍方得以掌握本身未來的軍事能力，也能更加了解敵人未來的能力。這一點在當時相當重要，因為在原子時代初期，人類對於未來充滿不確定感，我們甚至無法確定人類是否真的能夠存活，擁有未來。

蘭德計畫最後轉型為蘭德公司（RAND Corporation），也是全球最早創立的政策智庫之一。隨著太空競賽逐漸升溫，人類對於前瞻也愈來愈有興趣，尤其是政府和軍方單位更是如此。很快地，公司也開始投入關注。一九七三年的石油危機期間，荷蘭皇家殼牌（Royal Dutch Shell）利用不同的情境因應當時的危機，就是一個著名的例證。

時至今日，各式各樣的工具和方法仍然在持續發展中，而且許多的前瞻流程也在世界各地獲得人們的應用。像是英特爾（Intel）和微軟（Microsoft）等公司就有內部的未來學家，而小型企業組織也會聘僱未來學家尋求諮詢。品牌經營、產品設計、研發、政府規劃、教育行政，舉凡關乎未來的事物都會有人對其未來加以探索。未來學的實踐者透過技術來建構專案、檢索並蒐集資訊、建立預測與情境、產生願景和規劃，並且加以執行。這些做法幫助人們看見機會與挑戰，讓我們更能朝著自己屬意的未來邁進。

前瞻工作有一個非常重要的面向，就是人們必須體認到未來並非已經注定、無法改變，我們都擁有些許影響未來發展的能力。請注意我這裡說的是影響，而非控制。形塑未來的因素有很多，而這些因素的規模與複雜程度遠遠大於我們所能控制的範疇。不過，如果我們認清自己屬意的未來，並且及早認清，就有機會影響其他的因素，進而增加這個未來得以實現的可能性。

從個人的角度來看，為退休生活儲蓄就是很好的例子。如果年輕人認清自己有朝一日終將退休，就可以及早開始儲蓄與投資理財。如此一來，比起等到五十歲或六十歲才開始儲蓄，就更有機會享受經濟無虞的退休生活。

前瞻的方法與流程

在撰寫本書的過程裡，許多的前瞻方法與流程都派上了用場，其中幾個例子包括水平掃描

（horizon scanning）、專家調查及趨勢預測。情境（scenario）大概是這些工具中最顯而易見的，因為情境在本書中無所不在。未來學家所使用的流程會產生大量的資料，而這些資料往往無法將重要的訊息傳達給人們。然而，故事就不一樣了，因為人類從初始以來就一直是敘事者，故事可以幫助我們理解新的知識，同時與他人建立關係，這就是情境的功能所在：情境能將所有的資料加以轉化，變成較為親民的形式，讓我們更容易理解消化。

預測（forecast）在本書中則較為概括，因為從許多方面而言，預測的價值並沒有那麼高。有些人以為，研究未來不外乎就是在做預測，但事實並非如此。知道一起事件究竟會發生在二〇二三年或二〇二六年，這種預測的價值有限；相較之下，更重要的其實是預測一起事件是否會到來，並且決定我們將要如何因應。臆測誰會贏得賽馬和世界盃（World Cup）是賭客的工作，而不是未來學家的任務。

針對許多方面來說，未來學家探索未來就好比歷史學家探索過去，兩者都是根據片段的線索，從而推斷出整體的全貌或模式。有人可能不禁會問：一件根本還沒有發生的事情怎麼可能會有線索呢？但是別忘了，所有的未來都是建立在過去與現在之上，而過去與現在往往就遍布著信號和指標，預示著未來的到來。

請繼續閱讀下去，了解這個人工情緒智慧的未來時代，因為再過不久，這些都將成為我們的現在。

前言
情感機器人，將是一場美夢還是惡夢？

情緒就如同你的身體與智性一樣，對於你是誰至關重要。雖然當我們看到或體驗到情緒時，大多數人都會有一定的概念，知道這就是情緒，但是心中仍然會存在著許多的疑問：情緒是什麼？情緒如何運作？甚至是究竟為什麼會有情緒存在？不過，可以確定的是，如果沒有情緒的話，你就不會是今天的你了。

現今的我們正在進入一個驚人的新時代。在這個新時代裡，我們開始為科技灌注各式各樣的能力：閱讀、理解、複製，而且科技甚至還有可能親身體驗情緒。這件事情目前正化為可能，這是透過人工智慧（artificial intelligence, AI）中相對嶄新的一支，名為**情感運算**（affective computing）來達成的。情感運算是一種強而有力又不可思議的科技，勢必會在未來數十年裡，改變我們的生活與世界的面貌。

對某些人而言，這一切聽起來宛如科幻小說；而對其他人來說，這又是一項絕佳的例證，展現進步的趨勢銳不可當。無論如何，如今我們和科技變得愈來愈親近，這一點在歷史上是前所未見的。最終，這些科技裝置勢必會成為你我的助手、朋友和看護，不但如此，甚至還有可能會成為我們的情人。在這個過程中，我們也許甚至會看到智慧機器的美夢（或惡夢）確實成真。

從農牧業與工具製造起始的那一刻開始，人類與科技兩者的歷史演進就緊密交織。如果沒有另一方迅速又持續的協助，無論是人類或科技都絕不可能發展到今天的地步。這是一股密不可分的趨勢，如果幸運的話，這股趨勢未來也將延續到世界的終極之日。

科技的演進是由社會與經濟力量驅動的，這些力量有點類似物競天擇的某些過程，不過當然並不包括所有的物競天擇過程。[1]為了獲取競爭優勢，人類開始利用科技（包括機器、制度及農牧技術）。於是，這些科技經過一連串的篩選，藉此確定一項科技是否適合整體環境。這個環境混雜著社會的實體、交流、經濟、政治與社會現實面向，決定每一項新發展的成敗，不過這個環境也會得到每一次進展所帶來的改進和支持。

儘管物競天擇與科技的演進擁有某些共通點，但是兩者的其中一項差異就在於：科技的改變具有指數型本質；而生物的演化速度則較為線性與穩定，會受到諸多因素的支配，好比新陳代謝、繁殖速率及核苷酸突變的頻率。科技的演進則發生在多重的正向回饋循環中，因此能加快發展的速度，[2]雖然這種加速並非完全持續不間斷的，而且任何一個領域或典範發展到一定的程度後，通常都會進入穩定期，但是如果檢視科技長時間的整體面貌，這樣的趨勢在知識與能力上依然造就出淨的正成長。正因如此，科技與科技所促成的各種可能性呈現著逐漸加速、指數型的進展，而且在同樣的時間裡，速度遠遠超越生物世界裡的改變。[3]

這些進展都帶來一項後果，就是人們需要建立愈來愈複雜的使用者介面，這樣才能控制眾多的新裝置、新科技，並且與它們進行互動。我的經驗確實也是如此，許多年來，我也曾為電腦應用程式開發了許多介面。科技理論家布蘭達・蘿瑞爾（Brenda Laurel）就觀察到：「當兩個實體之間的差異愈大時，就更需要設計良好的介面。」[4]因此，目前仍在持續的一個趨勢就是：我們

1 更清楚地說，雖然科技的演進與自然界的演進有許多並行的現象〔如同達爾文主義和拉馬克（Lamarckian）主義的模型所呈現的〕，但是兩者的機制確實不同。天擇、調適及適者的決定因子都有適用於科技之處，但是兩者最大的不同，或許就在於：我們人類的意志在過程中所扮演的驅動角色。物競天擇並非目的論導向，也就是說最終的原因、設計與目的性並不存在於自然界之中。然而另一方面，人類則能夠設立目標，即便對於最終結果的影響力有限也不例外。人的要素可以確保，在科技演進的歷史過程裡，意圖和目的性因子都能參與其中。

2 在一定的時間範圍裡，不同的因子可能會使得生物演化的速率有所不同〔正如間斷平衡理論（punctuated equilibrium theory）所示〕，但是如果將檢視的時間拉得夠長，這些變異性也會趨於平緩。某一些事件，例如：有性生殖的發展，可能會促使整體演化速率加快，不過概括而言，重組、突變及其他會導致基因變化的因子，依循的仍然是相對合理、線性的演進速率；相反地，科技的演進依循的則是較為指數型成長的模式，而其中一部分的原因在於，早先的科技進展產生正向的回饋循環。

3 有大量的文章與研究都支持科技加速演化的概念，這些科技學家包括斯塔尼斯拉夫・烏拉姆（Stanislaw Ulam）、理查・巴克敏斯特・富勒（Richard Buckminster Fuller）、雷・庫茲威爾（Ray Kurzweil）、弗諾・文奇（Vernor Vinge）及凱文・凱利（Kevin Kelly）。

4 *The Art of Human-Computer Interface Design*. Laurel, B., Editor. Addison-Wesley. 1990.

不斷開發使用上更為「自然」的介面，並且讓這些介面更緊密地整合我們的生活、身體，以及理智與感性。

情感的「數位化」

本書的重點就是這些自然介面的一些最新發展。情感運算整合了電腦科學、人工智慧、機器人學（robotics）、認知科學、心理學、生物辨識，以及眾多其他的領域，藉此讓我們可以透過自身的**感受**，與電腦、機器人和其他的科技互動。這些系統的設計足以閱讀、理解、複製，甚至還有可能影響人類的情緒。在這些應用之中已經有一部分走出實驗室，進入商業應用。這一切都標誌著一個新的時代，而在這個新時代裡，我們看到了情感的數位化——心理學家與認知科學家使用affect這個名詞來指情緒的展現。

在愈來愈高科技的世界裡，這固然是十分顯著的一大步，但是這一步也並非完全出乎意料之外。你在本書中將會看見，這樣的發展其實完全合情合理，合乎我們與科技之間持續演進的關係。同時，這一步也正在為我們與科技之間的關係帶來變化，而這樣的變化對於人類和機器都將會產生重大影響。我們面對的未來充滿不確定性，也許這樣的發展會通往更美好的世界，也可能是非常糟糕的世界。

由於這些發展，未來的系統是否可能在我們意識到之前，就已經預期並滿足我們的每一項需求呢？或是由於這些發展，未來的機器是否可能會被用來暗地操弄每個人，甚至是操縱人類全體呢？無論如何，最符合我們利益的做法就是探索這項科技可能帶來的各種未來情境，而且我們還有時間與機會影響這些情境最終的走向。

在本書中，我會在不同的章節裡用各種不同的視角與觀點加以檢視，這完全出於我刻意的安排，因為在探索未來時，其中的一大重點就是要體認到未來其實無法真正被知曉和預期。面對這項問題時，其中一個好方法就是探索多種可能的未來情境，並且在合理的範圍內為每一種情境做好準備。這意味著我們不只要考量，如果這項科技發展得一如預期會如何，不如預期又會如何；同時也必須關注，人們究竟是會擁抱這項科技，還是會加以排斥。這也意味著，我們必須預期短、中、長期的可能影響，其中也包含可能的「不可預見之後果」。如此以未來學為導向的觀點就可以幫助我們做好準備，因應一連串不同的可能情境，並且採取積極的做法，主導我們未來的發展方向。

追尋人類與機器之間的平衡

本書一共分為三篇。第一篇「情感運算浪潮來襲」介紹我們的情緒世界，從人類的初始一路談到現代，也就是情感電腦（具有情緒意識）與社交機器人的初步發展階段。第二篇「情感機器的崛起」檢視如今許多這些科技的應用方式、我們將如何從中受益，以及當這些科技實現未來的潛力時又應該擔心什麼。最後，在第三篇「情感智慧的未來」中，探索的重點議題在於：這一切在未來可能會如何發展，以及對於個人和社會將產生的影響。本書的結語提出一連串關於意識與超級智慧的想法，並且思忖著：這些發展可能會如何改變人類與機器之間的平衡關係。

截至目前為止，在我們與科技共同歷經的三百萬年中，這趟旅程都是相對單向的，而且長久以來一直悄然無聲。不過，當我們以人類習以為常的方式開始和科技互動之後，將會有什麼樣的改變呢？與此同時，我們是否正準備透過這些進展，讓科技進行某種形式的跳躍性發展？如果人工智慧真的達到或是超越人類的水準，甚至在過程中開始具有意識，它們的感受和相關的發展是否將會成為點燃某種引信的火花？唯有時間能夠解答這一切。不過在此之前，對我們而言最明智的做法就是探索各種可能性。

雖然這是一本關於情緒與感受的書籍，但是書中的內容仍然具備強而有力的科學研究依據，並且對宇宙中智慧持續演進的本質抱持著樂觀其成的態度。我們將會發現，情緒也許不只是我們身為人類的關鍵面向，對於許多高等智慧，甚至所有的高等智慧而言，都是至關重要的元素，無論這些智慧是什麼形式都不例外。

第一篇

情感運算浪潮來襲

第一章 情感機器的誕生

加州門洛帕克（Menlo Park）——二〇三二年三月三日，上午七點零六分

這是一個溼氣重的春天早晨，雅碧凱被曼蒂從睡眠中輕輕喚醒。曼蒂是雅碧凱的個人數位助理，多虧床上的感應器，曼蒂完全掌握雅碧凱正處於睡眠循環的哪一個階段，並且藉此搭配工作行程，在最佳時間喚醒雅碧凱。由於早晨天空灰濛濛的，而且雅碧凱昨晚就寢時心情不太好，因此曼蒂選用麻雀和金翅雀在日出鳴唱的錄音，作為喚醒雅碧凱的聲響。

雅碧凱伸了伸懶腰，起身坐在床邊，移動雙腳尋找拖鞋。「嗯，已經早上了啊？」她喃喃自語道。

「您睡了七個小時又十九分鐘，沒有受到什麼干擾。」曼蒂告訴雅碧凱。曼蒂愉悅的音調起伏經過演算法的設定，並且透過隱藏在房間內的音響系統向外發送。「您今天早上覺得如何？」

「很好。」雅碧凱一邊眨眼，一邊回答道：「應該說非常好。」

其實這些對話都是出於禮貌，曼蒂並不需要詢問主人問題，也無須聽取主人的回應。這位數位助理已經利用許多遠端感應器，分析雅碧凱的姿態、精神狀況、臉部表情和聲音語調，並且得知雅碧凱的心情已經比前一天晚上好轉許多。

對這位年輕女性和她的科技而言，這是一個平凡無奇的早晨，他們已經一起生活很長一段時間了。許多年前，當雅碧凱還只是少女時，她為自己的助理取名為曼蒂。當然，那時候還是好幾個版本之前的軟體，不像今天的軟體這麼複雜、精密，所以在某種程度上來說，他們也是一起成長。

在這段時間裡，曼蒂變得愈來愈熟悉雅碧凱的工作習慣、行為模式、心情、喜好與各式各樣的特質。就許多方面而言，曼蒂遠比任何人都了解雅碧凱。

曼蒂繼續提供雅碧凱關於天氣和交通狀況的資訊，接著是早上的工作行程，以及社群媒體上幾則話題性十足的消息。雅碧凱一邊聽，一邊準備出門上班。

「曼蒂。」雅碧凱一邊梳頭髮，一邊問道：「今天董事會的所有東西都整理好了嗎？」

這位個人助理早就預料到這個問題，並且已經查看雅碧凱的行事曆，以及生物辨識的歷史資料，為她做好一切所需的準備，迎接董事會的到來。雅碧凱是應用情感科技（Applied Affective Technologies, AAT）公司的執行長，而她與該公司正走在人機關係發展的最前線。「所有人都已經收到一份會議議程，您的3D簡報和註記也已經完成了。傑瑞米會負責聯繫早餐外燴服務，而我也挑選好您今天的服裝，是Nina Ricci的套裝。」

「我最近不是穿過了嗎？」

曼蒂毫不猶豫地回答：「我的紀錄上顯示，您上一次穿這套服裝是在兩個多月前，當時也是類似的重要場合。這套服裝當天讓您覺得很有自信、充滿力量，而且今天的與會者都不曾看過您穿著這套服裝。」

「太棒了！」雅碧凱高興地說道：「曼蒂，沒有你的話，我該怎麼辦呢？」

確實會不曉得應該怎麼辦。

❖

雖然這個情境或許有點類似科幻小說的情節，但事實上這是相當合理的推論，預示著十五年後的科技可能發展到什麼地步。目前，無論是人聲辨識與合成、個人生物特徵的即時測量，還是人工智慧行程安排系統，都愈來愈成為我們日常生活的一部分。隨著運算能力的持續演進，再加上其他相關科技的升級，在短短十年之後，這些工具勢必比今日先進許多。

然而，真正革命性的轉變會來自於電腦科學的其中一個支派，這個支派目前還處於非常初期的萌芽階段，所以有許多人甚至不曾聽說，這個支派稱為情感運算，關注的是與我們感受互動的系統與裝置之發展。更明確地來說，情感運算涉及電腦與社交機器人對於人類情緒的辨識、解讀、複製，甚至可能進而操弄。

這是一個快速發展的領域，有可能會大幅改變我們與電腦或其他裝置的互動方式。目前已經愈來愈常看到，系統與操作裝置能根據我們的情緒回應和其他非語言線索，調整本身的運作和行動。透過這一點，我們的科技在使用上將會愈來愈直觀，因應的不再只是外顯的指令，還包括我們沒有說出口的需求。在接下來的內容裡，我們將進一步探索：這樣的新時代對我們的科技和個人本身而言將會帶來的意涵。

在某方面來說，我們也都是情感機器。在過去幾個世紀裡，解剖學、生物學、神經學及許多其他領域的研究都一致顯示，所有我們身為人的一切幾乎都是依循著一套可預期的物理程序。多虧了這些機械導向的規則，人類才能夠活動、飲食、成長和繁衍後代。除了極小範圍的基因變異之外，我們基本上都是人類祖先的複製體，未來也注定將一代又一代地繁衍後代，就像是用模具切割出一塊塊和我們幾乎一模一樣的餅乾。

當然我們也都知道，人類真實的生命經驗完全不僅止於此。雖然這些確定性的因素足以定義我們到達某種程度，但是人類的存在其實蘊含更多的深度與廣度，光是一系列的刺激、反應還不足以解釋，其中主要的原因正是在於，我們是有情緒的生物。我們每個人都有夢想、希望、恐懼和欲望，這些都是這麼獨一無二，卻又如此普遍，其中有很大一部分的原因正是在於我們對這個世界的情緒體驗。

如果不是這樣的話，一起長大的同卵雙胞胎個性應當一模一樣。[1]同卵雙胞胎反而是一開始擁有某些受基因影響的共同特質和行為，但是隨著時間演進，就會逐漸分歧。[2]儘管全人類擁有幾乎相同的生物、化學機制及感官模式，但是我們的感受，以及我們對於世界在感受上的理解與回應，這些都讓地球上的所有人，也就是有史以來一千零七十億曾經生活在世界上的每個人都是獨一無二、與眾不同的。[3、4]

錯綜複雜的情緒面向

關於情緒，全世界至少有上百，甚至上千種理論存在，而這些理論辯證著情緒是什麼、為何存在，以及情緒從何而來，像是本書的這類書籍不太可能介紹或探討所有相關的理論。同時，本書也不打算宣稱這些理論之中的哪一個才是唯一的真理，其中一部分的原因在於，唯一的真理很有可能並不存在。過去以來，神經科學家、心理學家及哲學家一再認為，世界上有多少位情緒理論家，幾乎也就有多少種情緒理論。[5]情緒是人類的狀態和心靈中十分複雜的一個面向，複雜的程度或許只僅次於神祕的意識本身。重要的是，我們必須體認到情緒的深度與複雜性，而不能一味過度簡化情緒的機制或目的。

情緒是人類生命經驗中最根本的要素之一。然而，即便情緒對於我們的生活如此至關重要，我們至今卻仍舊難以定義，甚至連解釋都不容易。就許多方面而言，我們對於感受和情緒最具有洞察力，似乎都是在它們不存在，或是出乎意料浮現時。即便存在著許多理論，我們唯一能肯定的就是，情緒對於我們是誰的定位至關重要，如果沒有情緒，我們將只是空殼子一般的複製品。

所以，在進入新時代之際，包括電腦、機器人和其他裝置在內的機器變得愈來愈能與我們的情緒互動，這會對我們產生什麼樣的意涵呢？我們和科技之間，以及人與人之間的關係將會如何改變？科技本身又將如何變革呢？也許最重要的是，如果情緒在人類與某些其他的動物身上演

---

1 "Emergence of Individuality in Genetically Identical Mice." Julia Freund, Andreas M. Brandmaier, Lars Lewejohann, et al. *Science*, Vol. 340, No. 6133 (May 10, 2013), pp. 756–759, doi:10.1126/science.1235294.

2 "Sources of human psychological differences: the Minnesota study of twins reared apart." Thomas J. Bouchard Jr.; David T. Lykken; Matthew McGue; Nancy L. Segal; Auke Tellegen; *Science*, Oct 12, 1990, v250 n4978, p. 223(6).

3 "How Many People Have Ever Lived on Earth?" Population Reference Bureau. http://www.prb.org/Publications/Articles/2002/HowManyPeopleHaveEverLivedonEarth.aspx.

4 有些讀者可能會堅稱，讓人類與眾不同且富有意識的是我們的靈魂。這是宗教信仰的觀點，而且無法透過客觀的觀察、證偽等科學方法加以著墨，因此在像是這樣的一本書籍中無從探索。

5 「不幸的是，世界上有多少位情緒理論家，幾乎也就有多少種情緒理論。」Jesse J. Prinz. *The Oxford Handbook of Philosophy of Cognitive Science*. Oxford University Press (2012);「一般公認，世界上有多少位情緒理論家，幾乎也就有多少種情緒理論。」Neal M. Ashkanasy, Charmine E. J. Härtel, W. J. Zerbe. *Emotions in the Workplace: Research, Theory, and Practice*. *Praeger* (2000);「人們曾說，世界上有多少位情緒理論家，幾乎也就有多少種情緒理論。」Joseph LeDoux. Hard Feelings: Science's Struggle to Define Emotions. Beck, J., *The Atlantic*, Feb. 24, 2015.

進，並且因此帶來一些效益，那麼在未來人工智慧的發展中，情緒是否也會形成類似的效益？

無所不在的情感運算

基於諸多原因（這些原因會在接下來的章節中探討），情感運算其實是非常自然而然的進展。我們持續努力打造科技，讓科技的運作變得愈來愈人性化，而不是任由人類愈來愈配合科技，所以情感運算的進展十分理所當然。因此，人工智慧的這個分支在未來將會以不同的程度，幾乎完全融入我們的生活，變得無所不在。同時，和其他已經發展、商業化的人工智慧形式一樣，情感運算最後將會退居幕後，成為一種人們視而不見、見怪不怪的功能，因為它將無所不在，所以很快就會被人們視為再理所當然不過了。

思考一下各種可能的情境。房間可以依據你的心情調整燈光和音樂；玩具透過自然的情緒反應與小朋友互動；電腦程式注意到你在使用過程中的不滿，於是調整輔助機制；電子郵件可以先讓你暫停一下，不會直接傳送出火爆的郵件訊息，各式各樣的情境多不勝數。

然而，鮮少有科技不會導致意料之外的後果，或是只會完全遵照發明者的預期為後人使用，情感運算當然也不例外。人們不需要太過前瞻，就已經可以預見這項科技無可避免地會被誤用與濫用，而後果顯然對社會上的多數大眾並沒有好處。本書將會討論到，情感運算正如同許多其他的科技一樣，也會被人們視為一把雙面刃——一方面能夠帶來效益；另一方面也有能力造成顯著的傷害。

在快速進展的一切中，還有另一件事值得一提。就許多方面而言，情感運算代表著長久以來科技演化的一個里程碑，也象徵著我們與科技之間的新關係。這是一則歷經數百萬年的故事，而這則故事如今正接近關鍵時刻。不僅可能決定科技的未來，更有機會決定人類未來的命運。

然而，我們首先要檢視一個在許多人心裡想必都在詢問的問題：「為什麼會有人想做這件事？為什麼要設計出能了解我們感受的機器？」在接下來的章節裡，我們將會看到這趟旅程從三百多萬年前就已經開始了，而情感運算其實是旅程中非常自然而然，甚至是無可避免的一步。

第二章 情緒如何促成第一次科技革命

衣索比亞阿法爾州（Afar）戈納（Gona）——三百三十九萬年前

在一座青翠的山谷裡，有一個身材矮小、全身布滿毛髮的人影正蹲坐在一小堆石頭上。她的手裡握著一塊尺寸不大的燧石，並且持續用另一塊圓形的花崗岩敲打著燧石的側邊。每敲打幾下，燧石就會剝落一小片，讓燧石本身漸漸凹陷。隨著這名年輕女子持續地賣力敲打，原本不規則狀的燧石也慢慢成形，出現鋒利的邊緣。

這項工作具有儀式性的色彩，同時也是一種傳承，已經從父母到子女輩傳承了不知多少個世代。最終的成品是一個小型的切割工具，這個工具能被牢牢抓握，用來切割骨頭上的肉，而這一點就足以確保豐富的營養，讓能夠維持生命的一丁點食物都不浪費。

這裡是東非大裂谷，我們舊石器時代的老祖先在這裡發明人類最早期的科技之一。雖然至今仍不曉得她的確切物種，但她肯定是屬於雙足行走人科，並且比**巧人**（Homo habilis）還要早出現，而巧人就是教科書上長久以來所稱的「工具製造者」。也許這個女子是**肯亞平臉人**（Kenyanthropus platyops），或是體型稍大一些的**阿法南猿**（Australopithecus afarensis）。

說她的身材矮小，其實是以現代的標準來看，她大概三・五英尺（約一百零七公分）高，而且較為纖細。她的腦容量也比較小，平均大約是四百立方公分，不到我們一千三百五十立方公分的三分之一。不過，其實這樣的比較不盡公平，如果和我們更早期的祖先相比，這位屬於人科的女子（也就是早期的人類）已經是一位心智上的巨人了。她善用自己的心智，製作許多的工具，使得她所屬的物種開始與先前的物種拉開差距。

❖

儘管從今天的觀點來看，這些石器工具可能顯得相當簡易，不過當時這些工具都是十分顯著的進步，讓人類的祖先能夠獲取營養，保護自己免於競爭對手與掠食動物的攻擊。多虧了這些工具，我們的祖先才能夠屠殺遠比他們還要強壯的猛獸，並且從骨頭上割下獸肉食用。於是，這改變了我們祖先的飲食，讓他們更有機會定期攝取蛋白質與脂肪，逐漸促成大腦進一步的發展。

製作這些工具需要知識和技能，而這些知識與技能必須結合我們祖先逐漸強大的腦力，以及對生拇指（譯注：拇指的屈曲方向與其他四指相反）所提供的雙手靈巧度。然而，最重要的或許還是發展出傳遞知識的能力，也就是傳承石器工具的製作方法（今天我們把這種方法稱為石器打磨（knapping）），這樣才能讓這項技術代代相傳。這一點其實相當不可思議，因為這些原始人類並不是那麼仰賴語言，而是比較依靠情緒的表達，以及其他形式的非語言溝通。

許多認知與演化方面的因素都必須到位，這樣知識的發展和傳遞才有實現的可能。石器打磨的技能並不是這麼單純，學習起來也不容易，但是對於人類物種的生存與後續發展可以說是至關重要。因此，能夠促進該技能延續、發展的人類特質都會在演化過程中通過篩選，無論是基因方面或行為方面的特質。

這是我們歷史上相當不可思議的一段，因為從這個時刻開始，人類真正成為科技物種。當時，人類與科技首次交會，而且從此一同展開長遠的旅程。接下來會看到，情緒從一開始就扮演讓這一切成為可能的角色。多虧人類與科技的共同演進，雙方才能發展得更好；如果缺少另一方的協助，這樣的發展勢必絕無可能。

將工具、機器當作「愚笨」的東西很簡單，但這當然是從人類智慧的觀點而言。畢竟，我們從最初的單細胞生物開始發展，如今已經先走了十億年的時間。然而，隨著時間的演進，至今科技已經變得愈來愈聰明，能力也愈來愈強大，在許多方面都能讓人類感覺如虎添翼。此外，科技的突飛猛進不過就是一眨眼的事，花費的時間較少，因為相對於人類線性的演化，科技的進步是以指數型速度在進行的，稍後還會再談到這一點。

人類史上最悠久的科技

這又帶回到一項重要的問題：石器打磨真的算是科技嗎？當然是，製作這些石器工具的能力無疑絕對是當時的「尖端」科技（真的是將石器打磨出「尖端」，作為切割之用）。石器打磨的科技相當實用，這樣的實用性也讓它傳承三百多萬年之久。畢竟，這些原始人類的生活真的非常仰賴這項技能。在這段時間內，工具製作技能的改變、進步速度極為遲緩，其中至少有一部分的原因在於，人們認為實驗的成本非常高昂，甚至覺得是一種浪費。在地的燧石（這是一種細粒的沉積岩）供應有限，而人類居住地的分析及在地的化石紀錄都顯示，在非洲不同的地區裡，燧石的供應有好幾次枯竭的現象。在某些情況下，燧石必須從供給相對無虞的其他區域引進。

根據化石紀錄顯示，人類花了一百萬年以上的時間（差不多是七萬個世代），才從簡單的單刃石器進展到製作精美、多達一百個切面的工具。雖然這項科技的進展緩慢，不過其中一個相當關鍵的要素在於：分享與傳承這套技術流程的能力。石器打磨並沒有因為任何奇才的去世而消失，也沒有因為舊石器時代某位天才的離開而失傳。由於這項科技如此成功，並且為使用者帶來競爭優勢，於是這項科技得以逐漸轉型，衍生出愈來愈複雜的形式和應用。

我們的原始人祖先打磨著石器工具，而這樣的形象已經存在數十年。一九三〇年代開始，路易斯・李奇（Louis Leakey）和瑪麗・李奇（Mary Leakey）這對夫婦挖掘出上千個石器工具與石片，出土的地點就位於坦尚尼亞奧杜威峽谷，因此這些物件就稱為奧杜威工具（Oldowan tools），如今這個詞彙一般是用來指稱最為古老的石片石器。[1]後來估計這些工具大約可以追溯至一百七十萬年以前，可能是由**鮑氏傍人**（Paranthropus boisei）或**巧人**所製作的。

然而，根據更近期發現人類最早使用工具的祖先，時間又被往前推回許多。一九九〇年代初期，人們發現奧杜威沿著東非大裂谷往北的另一個舊石器時代定居點，而且這裡擁有歷史更為久遠的石器工具和斷片。一九九二年與一九九三年，羅格斯大學（Rutgers University）的古人類學家前往衣索比亞的阿法爾州地區挖掘，出土兩千六百件的利刃石片與石片斷片。[2]透過放射性定年法及磁性地層學的使用，研究人員發現這些斷片的年分可以回溯到超過兩百六十萬年前，也讓這批出土文物成為截至目前為止人類最早製作的工具。

的確，當你在回溯數百萬年的歷史時，有時候不一定會有直接的證據。二〇一〇年就曾經出現這樣的情況。當時，古人類學家在同一個區域發現帶有石器切割痕跡的動物骨頭。[3]這是兩根已經變成化石的骨頭，分別是兩種有蹄類動物的股骨和肋骨，而這兩根骨頭顯示，當時的人類已經能有技巧、有效率地使用工具，將骨頭上的肉切割下來。根據掃描測定，這些骨頭可以追溯到大約三百三十九萬年前，於是又將最古老的工具向前推進八十萬年。

如果數字準確的話，這個地點與年分就意味著，製作並使用這些工具的應該是**阿法南猿**，或者可能是**肯亞平臉人**。然而，由於只有間接證據，因此許多專家都對其有效性提出質疑，無法確定如此複雜的工具是否真的能夠回溯到這麼早以前，學界一場可觀的辯論也應運而生。

接著到了二〇一五年，研究人員指出，他們在肯亞發現石片、石核與石砧，地點距離奧杜威大約一千公里，而且非常確定是西元前三百三十萬年所留。[4]（西元前在標準的科學縮寫中時常寫成BCE，也就是Before the Common Era的意思。）在未來的一段時間裡，其他的發現可能會進一步再將人類的工具製作起源推得更早，不過就目前而言，我們已經可以相當確定地說，石器打磨是人類歷史上最悠久的科技之一。

語言演進的不同論調

所以，我們有證據顯示，人類最早期的科技之一精準地從上一代傳承至下一代，流傳超過

---

1 在那幾年裡，李奇夫婦也挖掘出比較後期的阿舍利（Acheulean）時期石器。

2 Semaw, S. et al. “2.5-million-year-old stone tools from Gona, Ethiopia.” *Nature*, Vol. 385, No. 6614. pp. 333–336 (January 23, 1997).

3 McPherron, S.P., Alemseged, Z. “Evidence for stone-tool-assisted consumption of animal tissues before 3.39 million years ago at Dikika, Ethiopia.” *Nature* 466, 857–860 (August 12, 2010).

4 Semaw, S. et al. “3.3-million-year-old stone tools from Lomekwi 3, West Turkana, Kenya.” *Nature* 521, 310–315 (May 21, 2015).

三百萬年之久。這件事情本身就已經足以令人讚嘆了，不過還有另外一項因素必須納入考量，就是在語言尚未存在的情況下，我們的祖先如何精準達成在技術上這麼高的一致性？

沒有人知道語言確切是從什麼時候開始的，就連我們開始真正使用句法語言的時間點都難以推算，主要原因在於，口語有別於化石和石器工具，並不會留下任何實體的遺跡。查爾斯・達爾文（Charles Darwin）本身確信，使用語言的能力也歷經一番演化；諾姆・杭士基（Noam Chomsky）則不同意演化之說，他主張強式最簡思想（Strong Minimalist Thesis, SMT）（編注：認為主要的語言特徵是分層句法結構。大約在七萬至一萬年前，語言教學可能是相當近期才出現的，儘管個別語言會隨著時間流逝而變化，但是從當時以來似乎不曾歷經修改，並未脫離這個基本框架。）的看法；另外，還有史迪芬・平克（Steven Pinker）的新達爾文主義。關於語言的起源，學者抱持著不同論調，不過為了方便本書的討論，將做出下列的假設：至少我們的某些語言能力是由物競天擇驅動與形塑的。

儘管我們很想要將這個世界擬人化，盡可能透過人的觀點去理解一切，但是其他的靈長類與一般動物並不具備真正的組合性語言。雖然許多動物會使用鳴聲、叫聲及呼叫聲，然而這些都只有宣告或表達情緒的性質，頂多只能點出當下的狀態或情況。這些聲音大部分都無法組合或重新排列，創造出不同的意義，即便可以做得到（像是某些鳴鳥與鯨豚），其中組成單位的意義也無法保留。[5]此外，動物的叫聲無法表示否定、諷刺的意涵，也無從表示過去或未來的狀況。簡而言之，動物的語言不全然可以和人類的語言相提並論。

基因和語言的起源

就基因而言，我們一般認為和人類最親近的物種是**黑猩猩**（Pan troglodytes）與**倭黑猩猩**（Pan paniscus）。長久以來，演化生物學家都表示，我們最後的共同祖先（last common ancestor, LCA），也就是我們與這些黑猩猩最後的共同祖先物種，大約生存於六百萬年前。這個數字的估算基礎在於特定去氧核糖核酸（deoxyribonucleic acid, DNA）片段的突變速率。在人類身上，根據目前的估計，突變速率大致上是每一代三十個突變左右。[6]然而，最近黑猩猩的突變速率估計做了一些調整，認為比原本估算的還要快。如果數字精確的話，根據重新估算的結果，黑猩猩與人類最後的共同祖先或許是現在已經絕種的人科物種**查德沙赫人**（Sahelanthropus），大約生存在一千三百萬年前左右。[7]

當然，光是一個基因不同並不會因此造就出一個新的物種。根據估計，必須有足夠的基因突

5 Pinker, S. *The Language Instinct: How the Mind Creates Language*. William Morrow and Co. 1994.

6 Gibbons, A. "Turning Back the Clock: Slowing the Pace of Prehistory." *Science*, October 12, 2012: 189–191; University of Montreal. "Family genetic research reveals the speed of human mutation." *ScienceDaily*, June 13, 2011.

變才會產生出全新的靈長類物種，例如：**地猿**（Ardipethicus），但是黑猩猩和人類直到一千萬至七百萬年前才累積足夠的突變，這也是一段很長的時間。

我們能否指出，在這段歷史長河之中，人類的語言究竟是何時起源的呢？人們大多同意，南方古猿（Australopithecines）使用聲音溝通的能力與黑猩猩和其他靈長類並沒有太大的不同。[8]事實上，許多的演化生物學家表示，早期人類的聲帶結構並不適合現代語言的發音，一直要等到我們的舌骨演化出特定的形狀和位置後，情況才有所改變。人們相信，多虧了舌骨與擁有特定形狀的喉頭，人類才能開始產生複雜的、以音素為基礎的聲音（有別於我們的近親黑猩猩），時間差不多是二十萬至二十五萬年前之間。[9]近年來，有一些人則指出，尼安德塔人（Neanderthals）當時可能已經具備語言能力。無論如何，在這個時間點上，**阿法南猿**、**鮑氏傍人**及**巧人**都已經全部從地球上消失了。

基因學則從不同的角度探索這個問題。許多基因學家相信，有一種名為FOXP2的基因變體，它對我們發展、操作語言的能力可能相當重要。[10]FOXP2名為叉頭框蛋白質P2（Forkhead box protein P2），會編碼一種轉錄因子。這種轉錄因子在現代人類身上是突變的，而在其他的哺乳類中則受到高度保存。所謂的轉錄因子是一種蛋白質，能夠結合特定的ＤＮＡ序列，藉此控制這些序列轉錄進入傳訊核糖核酸（messenger RNA）的速率，而傳訊ＲＮＡ則會進一步被核糖體用來編碼胺基酸。

如果胺基酸產生的方式不同，生命體的發展也會導向迥異的結果。在非人類的靈長類DNA中，光是兩個胺基酸的改變似乎就對人類的語言發展至關重要。FOXP2絕對不是唯一的關鍵基因，但是在和語言相關的基因中，FOXP2是第一個被發現的。同樣地，這個突變至少也是到了二十萬年前左右才發生的。[11]在考量這些證據之後，我們可以說，即便是世界上現代語言原始先驅的祖語（**proto-language**），勢必也都是相對晚近才發展出來的。

人類情緒溝通的基礎

如果是這樣的話，那麼在語言出現前的數百萬年裡，我們舊石器時代的祖先是如何分享並精

---

7 Venn, O., Turner, I., Mathieson, I., de Groot, N., Bontrop, R., McVean, G. "Strong male bias drives germline mutation in chimpanzees." *Science*, June 13, 2014 (1272–1275).

8 Arcadi, A. C. "Vocal responsiveness in male wild chimpanzees: implications for the evolution of language." (August 2000). *J Hum Evol* 39 (2): 205–23.

9 Merriam-Webster.com. 音素：言語的最小單位，讓一個字不同於另一個字的要素。2015. http://www.merriam-webster.com.

10 Lai C. S., Fisher S. E., Hurst J. A., Vargha-Khadem F., Monaco A. P. "A forkhead- domain gene is mutated in a severe speech and language disorder." *Nature* 413, 519–23 (October 4, 2001).

11 Enard W., Przeworski M., Fisher S. E., Lai C. S., Wiebe V., Kitano T., Monaco A. P., Pääbo S. "Molecular evolution of FOXP2, a gene involved in speech and language." *Nature* 418, 869–872 (August 22, 2002).

準傳承石器打磨的知識呢？有一種方法是機械式的模仿與實作，但是模仿本身有其局限。人們長久以來都同意，當你不會做一件事情的時候，**你並不曉得自己不會的是什麼**。[12]

通常，為了讓細緻的知識能從熟練的老師身上傳遞給未經訓練的學生，在學習的過程中，某種形式的立即回饋機制可以說是相當有幫助的。因此，我們或許能夠假設，在缺乏語言的情況下，人們可能必須仰賴情緒表達及其他形式的非語言溝通。手部動作可以傳達某些技能相關的資訊，也可以表達不滿或接納。[13]臉部表情可以提供回饋的意見，而發出某些聲音也能達到相同的效果。因此，在師生之間，表達高興、憤怒與挫折的能力在當時都存在。就連氣味和費洛蒙或許都能提供某種形式的回饋意見，尤其是原始人類的鼻子遠比我們還要靈敏。

此外，還有若干的方法，不過我們今天大概會覺得這些方法相當反社會。舉例來說，黑猩猩會拋擲糞便，而許多靈長類動物學家認為，這是一種向對方展現掌控權的方式。近期的黑猩猩研究則指出，這種行為與腦部特定區域〔這個區域對應到的是人類大腦的布洛卡區（Broca's area）〕的連結數量增加呈現正相關，這是前額葉腦回區（inferior frontal gyrus, IFG）的一個獨立部位，被認為是重要的語言中樞。這些研究顯示，拋擲糞便的行為如果愈頻繁、愈精準，受試黑猩猩的智力也愈高。[14]雖然這樣的行為在人類社會中肯定會遭致鄙夷，不過這似乎也是原始人類溝通的方式之一。現在就有溝通動力了吧！

所以，人類情緒溝通的基礎究竟從何而來呢？首先，基本的情緒最有可能源於我們的心理。[15]

現代人（Homo sapiens sapiens）和所有地球上的生命一樣，都是數十億年演化下的產物。在這個過程中，我們脊椎動物的遠祖發展出複雜的內分泌系統，而這些化學訊號網絡可以幫助身體以最有利的方式回應特定情境，無論是遭遇危險、威脅，還是有可能獲得食物或發生性行為皆然，[16] 許多與賀爾蒙直接相關基本情緒會被激發和喚起，像是憤怒、恐懼、驚訝、噁心、快樂及悲傷。腎上腺素、皮質醇及數十種其他的化學物質，會幫助身體做好迎接戰鬥或是逃跑的準備。腦內啡控制疼痛、多巴胺帶來愉悅、褪黑激素調節晝夜節奏，而催產素則會提升信任感與吸引力。當然，除了這些之外，還有許許多多其他的化學物質。

不過，這些只是情緒的生理成分而已。至少從古希臘時代以來，人類就喜歡將情緒描述成一種體驗，而這種體驗會驅動我們採取某些行動。我們可能會表示，自己因為生氣而破口大罵，或

---

12 今天我們將這種過度自信稱為達克效應（Dunning-Kruger effect），這是一種認知偏誤。https://en.wikipedia.org/wiki/Dunning–Kruger_effect.

13 Christiansen, M. H., Kirby, S. "Language evolution: consensus and controversies." *TRENDS in Cognitive Sciences*, Vol. 7, No. 7. July 2003.

14 *Philosophical Transactions of the Royal Society B*. "The neural and cognitive correlates of aimed throwing in chimpanzees: a magnetic resonance image and behavioural study on a unique form of social tool use," January 12, 2012, vol. 367, no. 1585 37–47.

15 Darwin, C.; Ekman, P. *The Expression of the Emotions in Man and Animals*. Oxford University Press, 4th ed., 2009.

16 這個論點還可以延伸到比這個更長遠的生物歷史中。趨化性（chemotaxis）會讓細胞朝著特定的方向移動，藉此回應特定化學物質遞增或遞減的現象。因此，基本上來說，從第一個運動性單細胞生物問世以來，化學信號就一直扮演著刺激活動的角色。

是因為害怕而逃跑。然而，在一八八四年，美國哲學家威廉・詹姆斯（William James）指出，其實我們之前都弄反了。[17]詹姆斯表示，我們的身體會根據事件或刺激而經歷生理上的激發和喚起，而且反應幾乎是在同一時間產生。他在一篇經典文章〈什麼是情緒？〉（*What is an Emotion?*）中做出以下解釋：

身體的變化緊接在我們對刺激事件的感知之後，而我們對身體變化的感受本身就是情緒。常識告訴我們，我們失去財富，然後覺得難過而哭泣；我們遇上一頭熊，然後覺得害怕而逃跑；我們被敵人羞辱，然後覺得憤怒而還擊。我在這裡想要辯護的假設是，上述這些時間順序並不正確，一個心理狀態並非由另一個心理狀態而立即引發；相反地，身體所展現的變化必須先行介入。於是，比較合理的說法應該是：我們覺得難過是因為我們哭泣，覺得憤怒是因為我們還擊，覺得害怕是因為我們發抖，而不是因為難過、憤怒或害怕而哭泣、還擊或發抖，儘管我們可能都這麼以為。如果身體的狀態沒有跟著感知而改變，感知就只會單純停留在認知的形式而已，這樣的認知單調、毫無色彩，也缺乏情緒的溫度。在這樣的情況下，我們可能是看到熊，然後判斷最好趕快逃跑；或是遭受羞辱，然後判斷還擊是正確的回應，但是此時我們並不會真的感到害怕或憤怒。

因此，根據詹姆斯的說法，我們只有在經歷生理的反應之後，才會透過認知解讀這個反應，並且為其賦予特定的情緒。若以此觀點為基礎，那麼特定情緒在認知上的辨識與分類發生之前，首先會有內分泌所產生的生理反應。〔這個觀點是由丹麥醫師卡爾・蘭吉（Carl Lange）與義大利人類學家朱塞佩・塞吉（Giuseppe Sergi）獨立發想的，後來被命名為詹姆斯—蘭吉理論（James-Lange theory），不過詹姆斯—蘭吉—塞吉理論或許才是更為公允而精確的名稱。〕雖然在過去一百二十多年來，詹姆斯—蘭吉理論遭受些許批評，也歷經一些調整，但當今許多的情感神經學家還是會說，他們至少同意該理論核心論述的某些面向。

雖然詹姆斯、蘭吉與塞吉都挑戰了我們對於情緒的想法，但是他們的觀點距離最終定論還相當遙遠。儘管在過去一個世紀以來，許多支持、反對的理論相繼發展，然而這個題目仍舊存在重大的爭議。[18] 即便是究竟先有身體變化，還是先有我們稱為「情緒」的認知狀態，這個問題至今也尚未達成共識。有好幾位專家就指出，他們幾乎可以確定兩種說法應該都沒有錯。我們有可能在認知上接收到信號，或者甚至在直覺上接收到信號，然後先回應某一項刺激，之後才有時間好好思考。但是，相反的順序也有可能成立：我們時常會回想起過往憤怒、喜悅或悲傷的記憶，而

17 James, W. (1884). "What Is an Emotion?" *Mind* 9 (34): 188–205. doi: 10.1093/mind/os-ix.34.188.

18 現有的理論數量遠比這裡有辦法討論的還要多出許多，若想要檢視更為深入、全面的討論，請參見 *Handbook of Emotions*. Michael Lewis, Jeannette M. Haviland-Jones, Lisa Feldman Barrett (editors). Guilford Press, 3rd edition. 2010.

生理的反應在那之後才隨即出現。

情緒的分類和脈絡化

在許多抱持著不同看法的理論中，就連究竟有多少種情緒存在也都尚無定論。例如：東北大學（Northeastern University）的心理學特聘教授莉莎・費德曼・貝瑞特（Lisa Feldman Barrett）就在千禧年之際，提出情緒的「概念化行為模型」（conceptual act model），透過這個模型解釋所謂的「情緒悖論」。情緒悖論指出，我們雖然聲稱自己體驗個別的情感，如憤怒、喜悅、悲傷等，也聲稱在其他人的身上辨識出這些情感，然而事實上幾乎沒有什麼證據足以證明，個別類型的情緒經驗真的確實存在。

貝瑞特發展的概念化行為模型指出，特定的情緒其實並非事先固定、一成不變，而是當下從意識中浮現出來的。貝瑞特並未劃分個別情緒之間的界線，而是認為這些情緒都是一種神經生理學的狀態，她將這種狀態稱為「核心情感」（core affect），而它的特點在於只有兩個面向：其中一個面向是愉悅到不愉悅之間的量尺；另一個面向則是高度的喚起到低度的喚起。人們所經歷的情緒就落在這兩個軸線之間，並且根據一個人在自身文化中所習得的情緒知識，將情緒加以分類和脈絡化。如果這是人類情緒的一個精確模型，可能將會對我們如何建立科技對情緒的理解有大幅影響。

由於情緒的高度複雜性，這些情緒的起源、目的與測量都將持續由各種理論加以辯論。貝瑞特認為兩個面向就足以定義情緒體驗，不過其他人則主張，我們需要四個、五個，甚至六個面向才有辦法妥善定義。[19]此外，有充分的證據顯示，我們可以在面對同一起事件時，同時經歷正面與負面的情緒，而事情也因此變得更加複雜。

歐洲CyberEmotions聯盟的阿爾維德・卡帕斯（Arvid Kappas）表示：「一個有用的做法是，不要把正面和負面的情緒視為相互排斥，而是同一時間存在的，並且觀察兩者如何彼此相關。」為了更清楚地說明，卡帕斯舉出一位家長的感受為例，這位家長的孩子第一次離鄉背井，就讀大學，而引發了正面與負面交相重疊的情緒。在英文裡，我們甚至用詞彙bittersweet（譯注：意為「苦樂參半」）描述這種複雜的心情。

19 Johnny R. J., Fontaine, J. R. J., et al. "The World of Emotions Is Not Two-Dimensional." *Journal of Association for Psychological Science*. Vol 18, Num 12. 2007; Mauss, I. B., Robinson, M. D. "Measures of emotion: A review." *Cognition and Emotion* 2009, 23 (2), 209–237; Norman, G. J., Norris, C. J., Gollan, J., Ito, T. A., Hawkley, L. C., Larsen, J. T., Cacioppo, J. T., Berntson, G. G. "Current Emotion Research in Psychophysiology: The Neurobiology of Evaluative Bivalence." *Emotion Review*, July 2011 3: 349–359.

化學反應與生理的連結

顯然這些驅動我們的化學物質已經和人類共存好一段時間了。早先，隨著大腦的演化，影響身體行為的賀爾蒙也透過大腦的邊緣系統，逐漸和認知功能整合、連通。大腦的邊緣系統包含杏仁核、視丘、下視丘、海馬回及若干其他的結構，這些結構會運作並影響情緒、動機與長期記憶。此外，經由一系列複雜的內部連結，這些結構也會影響新皮質，並且向新皮質傳遞訊息，而新皮質也就是我們語言、感知和抽象思考的中樞。

大腦邊緣系統也是我們內分泌系統的主要控制中心，而內分泌系統基本上就像是某種化學網絡與資訊系統一樣。因此，合理的推斷是，內分泌系統的演化不僅早於也獨立於新皮質，而我們通常將這些化學變化視為情緒的地方。在這兩個獨立演化的系統之間，一定在什麼地方發展出某種連結，讓兩端得以進行雙向溝通。

有一塊區域似乎扮演著中央處理站的角色，同時處理認知與情感的資訊，就是前扣帶回皮質（anterior cingulate cortex, ACC）。前扣帶回皮質同時處理由上而下與由下而上的刺激，因此認知功能和內分泌所驅動的身體變化最有可能在這個區域相互連結。

前扣帶回皮質和另外兩類皮質擁有一種獨特的梭形皮質細胞，稱為紡錘體神經元（von Economo neuron, VEN）。[20]這些專責的長形神經元會連結大腦中距離較為遙遠的區域，根據推測能夠加快運作的速度，並且促進各個區塊與功能之間的連結。據信，紡錘體神經元最初只存在人類和某些高等靈長類動物的前扣帶回皮質中，並且是較近期的新皮質發展，可能的演化時間大約是一千五百萬到兩千萬年前。[21]後來，紡錘體神經元在一些關係較遠的其他物種身上也被發現，尤其是鯨豚與大象，而這一點正顯示，紡錘體神經元是趨同演化（convergent evolution）的結果；換句話說，這些神經元是在非常不一樣的物種身上獨立演化出來的。這一點可能是因為，這樣的功能可以為大容量的大腦帶來同樣的效益。無獨有偶的是，這些物種都通過了特定的自我辨識測試，而這就意味著這些紡錘體神經元所提供的連結，對於自我覺察與心智理論可能至關重要。[22]

有趣的是，紡錘體神經元在人類嬰兒四到八個月大後才會開始出現。[23]到了一歲半左右，這些紡錘體神經元已經建立一定程度的相互連結，而通常到了三、四歲時，連結的程度已經非常完整。這樣的時間軸相當符合某些認知發展的里程碑，而這同樣表示紡錘體神經元對於自我覺察的

---

20 紡錘體神經元似乎主要存在於前扣帶回皮質、前島葉皮質及背外側前額葉皮質。

21 Nimchinsky, E. A.; Gilissen, E, Allman, J. M., Perl, D. P., Erwin, J. M., Hof, P. R. "A neuronalmorphologic type unique to humans and great apes." *PNAS* 96 (April 1999) (9): 5268–73.

22 心智理論這種能力是指，辨識、理解自己與他人心理狀態的能力。

23 Allman, J. M., Hakeem, A., Erwin, J. M., Nimchinsky, E., Hof, P. R. "The Anterior Cingulate Cortex." *Annals of the New York Academy of Sciences* (2001), 935: 107–117.

發展可能極為關鍵。

因此，我們的情緒與高等管控功能這兩個系統，極有可能在較短暫的演化過程內變得緊密結合。紡錘體神經元的連結發展可能扮演著重要的角色，決定大腦的管控功能如何脫穎而出，有能力超越並調節我們的某些生理與情緒反應。無論神經上的機制為何，唯有在這樣的連結之下，透過連結所提供的回饋循環，意識、自我覺察與自我省思才能帶來一系列所謂的高階情緒。高階情緒是人類特有的，如罪惡感、驕傲、尷尬和羞愧等。[24]同樣地，一直要等到這樣的連結出現之後，內發型情緒才有可能產生，例如：當我們回想過去的事件時所引發的情緒。

情緒表達的自我保護能力

最後，我們甚至還發展出控制情緒的能力，至少可以控制情緒到達一定的程度，而這有很大一部分要歸因於社會化。我們也學會反思自己的情感，甚至在某些情況下隨心所欲地喚醒情緒。我們可能會問：為什麼這些能力要和認知產生連結呢？然而，這些能力很有可能提供人類重大的演化優勢，為過往的記憶賦予不同的價值，進而有利於我們的決策過程。畢竟，當你在思考著是否要橫渡一條滿是鱷魚的河流時，恐懼無疑就是重要的考量與動機。

情緒也展現對記憶加以編碼與鞏固的重要性。[25]理論上而言，演化之所以會產生這樣的結果，是因為如果能記得情緒上的重大事件，通常可以帶來的價值也較高，例如：記得帶來恐懼或愉悅的事件；相較之下，記得情緒上相對中立的事件價值就沒有那麼高了。記憶力是文化和科技的關鍵驅動力，因此任何能夠提高記憶的事物應當也可以提升我們這個科技物種的進步。

關於情緒，也許最有趣的面向在於：情緒的本質具有社會性。當我們快樂時會微笑，悲傷時會哭泣，憤怒時會面紅耳赤，害怕時則會臉色蒼白。奇怪的是，如果從演化的角度仔細思考，在沒有旁人在場時，將自己的感受外部化的本身並沒有任何價值可言。以純粹生物效率的角度來看，我們的演化應該要單純回應某個情境，並且設法克服特定的問題才對。然而，人類一直都在**表達**自己的情感，而且是以一種相對普遍的方式來表達，跨越種族與文化的界線。[26]因此，從演化的觀點而言，或許在這個過程中的某個時間點，不只某些善於表達情感的人存活下來，而且能立刻掌握情況、妥善回應的同伴或旁觀者也一樣。[27]

同樣地，這個過程有可能是自然界的物競天擇。如果是這樣的話，感知臉部表情所帶來的效益可能也使得我們逐漸失去臉上的毛髮，和靈長類的遠祖相比，毛髮不再同樣濃密。由於表情的

---

24 除了人類以外，或許還可以再加上其他幾種呈現出自我意識的物種。

25 LeDoux, J. *The Emotional Brain*. New York: Simon and Schuster. 1996.

26 Ekman, P., Friesen, W. V. (1971). "Constants across cultures in the face and emotion." *Journal of Personality and Social Psychology* 17: 124–129.

27 Shariff, A. F., Tracy, J. L. "What Are Emotion Expressions For?" *Current Directions in Psychological Science*, 2011.

某些面向基本上是其他生理過程的副作用，舉例來說，面紅耳赤是因為血流增加的緣故，因此對表情有意識的人或許會率先注意到這些過程及其他的初步信號，並且懂得善加利用。

再進一步說明，如果我看見你逃跑，或甚至只是察覺到你臉上的恐懼表情，並且立刻做出反應，那麼我存活下來的機率就會大幅提升。如果我立刻模仿你的行為，而不是先停下來思考，也不是採取好整以暇地釐清、了解情況的更糟糕做法，那麼被吃掉或被殺的機率也會小很多。更棒的是，如果我還能透過自己的臉部表情，將這些保命訊息傳遞給部落的族人，他們的存活機率也能提高，而這一點對我同樣有利。簡而言之，近乎即時且共享的反應能造福整個族群或部落。現今，我們時常輕蔑地嘲諷那些喜歡集體行動、成群結隊的人，然而這樣的人在過去往往較有機會存活，並且傳承自己的基因。

關於從事這類模仿的特定神經元，第一批證據出現在一九九〇年代初期。當時，研究獼猴前運動皮質區的研究人員發現，當獼猴從事某個動作時，以及當獼猴**觀察**其他猴子做出同樣的動作時，大腦中活躍的是相同的神經元。[28]換句話說，動作與觀察所驅動的是相同的神經元。[29]這被視為一項重大的發現，因為這項發現似乎很有機會解答早先未解的人類心理相關疑問。後來的研究更進一步指出，這樣的鏡像神經元存在於好幾種靈長類動物身上，其中就包括人類在內，不過有許多其他的研究也同樣挑戰此一想法。雖然這個想法廣受歡迎，但是在個別的鏡像神經元方面，學界依舊辯論不休，包括爭論這些神經元是否確實存在，以及對自閉症、自我覺察、打呵欠等的影響。

人們持續辯論，探討鏡像活動究竟是特定單獨一類神經元的作用結果，還是比較類似整體網絡的回應，又或是視覺與動作指令之間透過學習而建立的連鎖。不過，如果上述或其他的鏡像機制最終獲得證實，將能為我們帶來重要的洞見，幫助了解人類物種的發展歷程。除了得以即時存活之外，鏡像與模仿當時可能也促進學習、語言發展和同理心，提升家庭與部落成員之間的情感連結。[30]如同上述所言，這樣的行為在當時有可能提高個人與部落的存活率，因此在演化過程中通過篩選。

文化與科技的傳承

許久之後，這樣的鏡像模仿或許又開始滿足另一項目的：文化與科技的傳遞。〔身為作家、編輯及科技學家的凱文・凱利（Kevin Kelly）將如此的傳遞稱為**技術元素**（technium）。〕[31]在這

28 Gallese, V., Fadiga, L., Fogassi, L., Rizzolatti, G. "Action recognition in the premotor cortex." *Brain* 119 (1996).
29 這項研究並沒有發現同樣被驅動的單一神經元，而是若干神經元在動作與觀察時都會被驅動。
30 這應該是一種情感或身體上的同情，有別於認知上的同情，這兩種不同形式的同情將會在第十八章中探討。
31 Kelly, K. *What Technology Wants*, pp. 11–12. New York: Penguin Group. 2010.

個過程裡，傳遞首先從第一項真正的科技開始發生，接著進入後續科技的傳承與延續。在這些科技中，最值得一提的是石器打磨，而且該項技術顯然獲得長遠的成功。在後來的成千，甚至上萬個世代中，其他的科技也陸續出現，如用火的技術，以及世界上的第一批祖語。

在一項近期的研究中，人類學教授迪特瑞奇・史陶特（Dietrich Stout）與神經科學家共同合作，探索進行上百個小時的石器打磨對神經連結的影響。[32]石器打磨需要一致性極高的力道與準確度，在打磨過程中，打磨者利用一塊石錘，持續準確地敲擊燧石石核的特定位置。根據研究人員的現代正子斷層造影（positron emission tomography, PET）與核磁共振造影（Magnetic Resonance Imaging, MRI）掃描發現，如果從事的時間夠長，這種石器打磨的技巧就能建立大腦中新的連結，增加好幾處神經結構的連結數量，尤其是前額葉腦回區，也就是控制精巧動作的關鍵區域。[33]

有趣的是，如果是特別善於拋擲糞便的黑猩猩，牠們大腦中的同一塊區域也會有較多的連結！在人類身上，左前額葉腦回區的其中一部分成為人們所稱的布洛卡區，而布洛卡區對於語言產出的活動控制相當重要。有些研究人員認為，這個區域經由大腦的配置，主導原始的溝通形式，包括聲音與姿勢的溝通。

由於這些善於製造石器的早期人類存活率上升，於是史陶特合理推論：「無論是什麼樣的變異，只要可以提高學習新打磨技巧的容易程度、效率或是可信賴度，自然天擇便會屬意這樣的變異。」其中也包括溝通的改善。理論上來說，這還可以延伸到任何加強鏡像行為的改變，以及其他透過姿勢和表情傳遞訊息的方式。雖然目前這麼說，仍然有些過度延伸的嫌疑，但語言的逐漸發展可能也是上述的改善之一。

根據近期的一套理論——鏡像系統假說（Mirror System Hypothesis, MSH），支持人類語言的神經區域與程序是在一系列基礎機制上演化而成的，而這些機制原先和溝通其實並沒有關聯。[34] 鏡像系統假說主張，理解和操作的機制，以及透過複雜的模仿產生行為的能力都很重要，而在這些率先出現之後，合成、組織語言單位所需的動作控制與認知能力便化為可能，首先是在肢體動作上，之後則是在口語上。有鑑於此，將複雜的動作拆解成熟悉單位的能力，以及隨後重複這些單位的能力，這些就成為人類語言的基礎。

因此，我們可以想見，一個原始人種成功發展出最早期的科技之一，也就是石器打磨，並且順利傳承數百萬年的時間。當時他們還不具備言語能力，但是藉由情緒表情、聲音、姿勢與鏡像模仿，將這門知識成功地傳遞下去。在數百個小時間，石器打磨改變了他們的大腦，在相關的神

32 Stout, D., Khreisheh, N. "Skill Learning and Human Brain Evolution: An Experimental Approach." *Cambridge Archaeological Journal* 25: 867–875 (2015); Stout, D. "Tales of a Stone Age Neuroscientist." *Scientific American*, April 2016.

33 許多研究都指出，前額葉腦回區對於反應抑制（response inhibition）也相當關鍵。這樣的發展有沒有可能是因為，在石器打磨的過程中必須維持專注呢？如果是這樣的話，反應抑制後來有可能也進一步促進社會化，以及由上而下的情感控制，而這也呈現另一種石器打磨改變人類物種的方式。

34 Arbib, M. A. "The mirror system, imitation, and the evolution of language." In *Imitation in animals and artifacts*, 229-280, Kerstin Dautenhahn and Chrystopher L. Nehaniv (Eds.). MIT Press. 2002.

經區域中建立更多的連結。這一點促成更強的工具製造能力，進而取得更好的食物、營養，幫助大腦的成長。

在數萬個世代期間，凡是有助於模仿、學習這些工具製作技巧的基因變化，就會通過演化過程的篩選，因為這些基因條件能夠提高存活率。最終，人類使用的某些認知機制經由大腦的配置，開始發展出日趨精密、複雜的姿勢及口說語言。加速我們分享、精進知識和科技的能力，促成人類與科技共同進化的共生關係。事實上，如果當時沒有這些發展，甚至更進一步來說，如果沒有這些發展所帶來的科技傳承，我們很難評判人類這個物種當時是否有辦法存活。

當然，語言、工具和文化後來都持續發展，否則本書不會存在，而你也不會在此時此刻閱讀本書。然而，由於早先的科技或文化面向並不會因為有新的面向出現就消失，所以即使複雜、優美而細緻的句法語言開始發展，非語言溝通也並未隨之不見。我們所有早於語言的溝通方式如今幾乎都還存在著，能夠為溝通提供脈絡、增加意涵，甚至替原本單純的說詞加入否定與諷刺。就許多方面而言，我們的第一個介面——情感的表達仍是人類所有溝通方式的基礎。

占據五五%重要性的非語言溝通

在思考溝通這件事情時，我們很容易只想到正規的語言，畢竟大多數人幾乎每天都在說話與書寫。不過，口說和書面的語言文字固然重要，但是在我們傳遞的訊息中，有很大一部分依舊屬於非語言形式。例如：同情的眼神、憤怒或挫折的表情、垂頭喪氣的姿態，以及完全扭轉句子原意的諷刺語調。

在著作《無聲的訊息》（*Silent Messages*）中，加州大學洛杉磯分校（University of California, Los Angeles, UCLA）的心理學教授艾伯特・麥拉賓（Albert Mehrabian）在談論自己的研究時指出，七％的溝通是以文字為基礎、三八％依靠聲音語調，以及五五％則是仰賴非語言行為，例如：臉部表情。乍看之下，麥拉賓似乎是在說，非語言溝通的重要性比起我們所說的話高出十二倍之多！然而，這份研究一直備受誤解，而麥拉賓也一再重申，他的研究結果針對的是非常特定的條件，並不能反映日常溝通的真實本質。即便如此，這裡還是有一個重點。重點並不在於溝通裡有九三％的非語言成分，也不是八〇％或六〇％，而是在於**這個比例很高**，高到我們必須承認：非語言成分在日常溝通中扮演著至關重要的角色，在智力方面也不例外。

就許多方面而言，我們很難想像溝通時毫無情感。如果去除了非語言成分，溝通究竟會是什麼樣子呢？也許通訊科技可以帶給我們一些線索。畢竟，在交換文字訊息的過程中，誰不曾與他人發生誤會呢？雖然這樣的誤會可能是許多原因造成的，但有很多的誤解其實都是因為：這些溝通缺乏非語言線索，以及聲音、語調，有好幾份關於文字訊息和電子郵件的研究也都支持這項論點。二〇〇五年，一篇名為「電子郵件中的自我中心：我們能溝通得像思考一樣好嗎？」

（Egocentrism Over E-Mail: Can We Communicate as Well as We Think?）的論文，其中引述的研究顯示，研究參與者只有五〇％的機率能正確辨識電子郵件是否語帶諷刺。如果我們正確解讀這類訊息的能力不比上述的機率來得高，也難怪文字訊息最後往往會造成誤解。

這無疑正是表情符號變得如此普及的主要原因之一，雖然有些人覺得這些符號看起來有些愚蠢（確實，這往往是世代之間的偏見），但是在傳達語氣和寄件者意圖方面，表情符號已經取得長足的進展。

表情符號是一個絕佳的例證，顯示當溝通缺乏傳遞情感的管道時，人們會自然發想出解決問題的辦法。透過短短幾個字元，使用者至少找出一個方式，透露自己在發送訊息時的心情。一個笑臉:-)或一個皺眉:-(，在許多方面都是溝通效率的一大勝利。（如果這些不是你慣用的符號，你就得把臉側向一邊才能看懂。冒號代表的是眼睛，橫線是鼻子，而半個括號則是上揚或下彎的嘴巴。）後來，也許上述這些符號還是太麻煩了，有許多使用者乾脆將橫線／鼻子省略，形成只有兩個字元的臉蛋，:)或:(。從這些符號問世以來，表情符號的概念已經發展到誇張的極致，目前已經有上百個以文字、圖案為基礎的表情符號陸續問世，不過每天常見的基本類型大概不超過十幾個。

然而，這裡真正有趣的並不是表情符號的效率，而是使用者在一開始覺得有發展這些符號的需要。這幾乎意味著人類會不由自主地將情緒帶入訊息中，無論討論的形式為何，也無論我們是和誰或和什麼東西進行溝通，而這一點似乎也愈來愈適用於我們的科技了。

開發機器的本質與目的

首先，機器是我們的工具。我們發明、打造和改良機器，目的是為了要讓生活變得更好、更輕鬆。沒有人會刻意打造一台機器，目的是要讓生活變得更困難，或是增加自己的負擔。無論是為了征服、合作或是取得便利，我們打造機器都是為了延長生命，並且最終希望能讓生活變得更好。在這麼做的同時，我們為使用者創造競爭優勢，加快自然界的演化過程，並且將演化過程轉向文化的競爭場域。我們利用機器來取得優勢，無論在什麼場域從事競爭都是如此，包括工作場合的競爭，以及個人方面的競爭。

當我們的表現勝過其他的企業、國家或情敵時，不僅贏得優勢，也會刺激賀爾蒙的分泌。我們的祖先在歷史中曾經歷同樣的賀爾蒙分泌，而這些化學物質也會幫助人類，讓我們將基因一代一代地傳承下去。如今的差別在於，人類的科技跟隨著我們一同演進，成為人類演化要務之下的直接產物。

在發展這些科技、改善生活的過程中，我們也必須持續改良這些科技的介面，也就是我們與裝置互動、控制這些裝置的方式。無論是史上第一個槓桿、汽車儀表板到原子力顯微鏡，這些介面都讓我們得以掌控這個世界，要是沒有這些東西的幫助，人類如今掌控世界的方式與規模也絕對不可能達成。根據虛擬實境先驅藍瑞爾的說法，「我們很自然會將介面視覺化為一個**地點**，而在這個地點中，兩個實體之間產生聯繫。當兩個實體彼此愈不相像時，設計出一個好介面的需求也就更加顯而易見了。」

在過去十年左右，我們歷經電腦介面設計的巨變。[35] 其中有很大的原因在於，目前的這些機器裡，處理能力與記憶體都有過剩的現象。這是一個持續演進的過程，一開始先是打孔卡和命令列介面，接著是一九八〇年代與一九九〇年代的圖形使用者介面（graphical user interface, GUI）。然後，慢慢取而代之的是一連串所謂的自然使用者介面，這種介面的運作透過的是觸控、手勢、聲音辨識及其他許多的方法。

在這個發展進程中，背後的驅動力是提高使用便利程度的欲望。不過，值得注意的是，在這麼做的同時，我們也逐漸設計出更為自然的介面，讓介面更趨近於人類的溝通方式。換句話說，最為便利的機器介面就是以人類習以為常的方式運作的介面，而不是要求人類去適應機器。我們會希望從事對人類而言自然而然的任務，而不是被迫得學習神祕的指令，或是進行繁瑣、重複、機械式的步驟。至少如果可以選擇的話，沒有人會想要這麼做。

克里佛・納斯（Clifford Nass）和拜倫・李夫茲（Byron Reeves）是史丹佛大學（Stanford University）的溝通傳播學教授，也是《媒體方程式》（*The Media Equation*）一書的共同作者，他們簡短摘要上述的人機關係：「個人與媒介的互動——包括電腦、電視和其他媒介，在本質上具有社會性，而且是自然而然的。」他們主張，基於人類過去以來的演化進程，我們應該以對待其他社交關係的方式來面對這些科技。如果這個媒介就在現場，並且能與我們互動，我們應當會將其視為活生生的實體對待，而這樣也會比較簡單。

有鑑於這股想要更自然地控制機器、與機器互動的欲望，並且讓機器變得更像我們，應當會希望機器最終能理解我們的感受。如果裝置能依據我們的感受，「直觀地」改變它的行動，也就能帶來許多潛在的效益和用途。當駕駛的警覺度低於一定的門檻時，車輛可以給予提醒；當學生感到挫折時，教育軟體可以重新自我編排、即時調整課程；當某些事件觸發一個人的憤怒或自我傷害行為時，諮商程式可以偵測到這樣的觸發事件。

情感運算的潛力就在這裡，正如數位革命幾乎改變世界上每一個角落，情感運算也將改變我們生活中絕大多數的面向。我們將在本書中看到，未來很少有領域不會被這項新科技所觸及；執法與國安工作需要了解嫌疑犯和凶嫌背後的想法與動機；早期學習及其他潛在的方法可以幫助年輕的心靈成長；情感運算還能提供自閉症的測量，以及潛在的治療方法與改善的溝通管道；個人

35 Yonck, R. "The Age of the Interface." *The Futurist* (May/June 2010).

化行銷可以提升購物體驗；此外，還有與我們像朋友、夥伴一樣互動的機器人，甚至會成為我們的情人。

所有科技，都同時乘載著善與惡

在檢視這些可能性中的某些項目時，有許多人會抱持著高度的懷疑、不確定性，甚至是焦慮感。這些可能性都會帶來獨特的挑戰、負面的效應及預期之外的後果。簡而言之，每一項都有黑暗面存在。這是無法避免的事，因為幾乎所有的科技都同時乘載著善與惡的種子，能夠帶來好的用途和壞的用途。

最終，社會將會找出方法，回應這些挑戰中較大的問題，並且同時希望能避免形成過度的阻礙。如果利用可能造成的負面後果，作為禁止一項科技的理由（假使真的有辦法做到的話），這無疑就是科技恐懼症。我們只需要回顧歷史即可了解，科技恐懼症從許久以前就已經存在這個世界上。舉例來說，希臘哲學家柏拉圖（Plato）並不欣賞當時新發明的書寫技術，以及日漸廣泛的書寫、閱讀行為：

如果人們學會這件事，他們的靈魂將被種下健忘的種子；因為開始仰賴書寫，人們將不再

> 練習記憶，並且不再從自己的內心召喚記憶中的事物，而是會依靠外在的符號。你發現的並不是提升記憶力的方法，而只是備忘的工具；你給予門徒的並非真正的智慧，而只是外表相似的東西而已。因為當你告訴他們許多的事物，但卻沒有真正教導他們時，你只是讓他們乍看之下懂得很多，然而大部分時候，他們其實一無所知。他們充滿的不是智慧，而是自以為有智慧的傲慢，他們也將成為同儕的負擔。[36]

雖然柏拉圖的說法可能有一部分屬實，也就是書寫確實會對尚無書面文字的社會及口耳相傳的記憶造成某種衝擊，但是時至今日，我們真的很難再聽到這樣的聲音——很少有人真的相信如果沒有發明書寫，將會是更美好的世界。所有的科技都有好的用途，也有不好的用途，不過就文字書寫這個例子而言，好壞之間的平衡似乎絕對是偏向正面的意見居多。雖然人們可以反駁，歷史上有一些文字著作確實對人類造成不利影響，但是這種說法卻很難支持完全摒棄書寫的做法。

在歷史上，面對新科技時類似的恐懼觀點並不在少數，印刷機、電力、汽車、電腦及智慧型手機只是少數幾個例子而已。我們真的很難想到任何一項科技，其使用並未橫跨整個道德與倫理

36 Plato. "Phaedrus" (c. 370 BCE).

的光譜。就這一點而言，我們也沒有什麼原因該覺得情感運算會有任何不同。

關於情感運算可能被使用的各種方式，有許多人，甚至大多數的人可能會感到擔憂，或是覺得會帶來不利的影響。我們的感受和思考一樣，被認為是最為私密的庇護場域，而且這裡的隱私永遠都不應該遭受侵犯。情感方面的隱私侵犯相當於能夠解讀心思一樣，而我們將會看到這種想法距離事實可能並不是太過遙遠。

另一個疑慮可能在於，類似於麥迪遜大道（Madison Avenue）的廣告、行銷操作，而且發生的機率相當高，我們會在第十章進一步探索。廣告與行銷一直以來都致力於促成觀眾的行為改變，而如果有持續、即時的消費者情感回應作為回饋，這個領域的面貌將會完全改觀。

當然，有一個歷史悠久的問題也必須受到檢視，就是這項新興科技對人類所造成的削弱與去人性化。這項疑慮背後的思考通常在於，某個新的裝置或系統孤立我們，或是在某種程度上讓人類變得更像是機器。所以，如果我們的目標是要讓機器變得更像人類，未來又會發生什麼事呢？

我們正處於一個奇異新時代的尖端，而人類和科技之間的界線將會變得愈來愈模糊。在這個新時代裡，許多神奇的事物將會逐一實現，而且這些事物過去從未在這個世界上出現。未來很可能浮現的機會與挑戰，將和我們熟知的都不一樣。諷刺的是，這個美麗新時代也無可避免地帶來恐懼與焦慮，但是它也將為我們整體的福祉、快樂做出貢獻，甚至還有可能包括愛在內。

在這些顛覆性的改變過程中，人類勢必一次又一次地自問：身為人類究竟具有什麼樣的意涵？是什麼劃定人類的界線？是什麼讓我們與大自然和科技世界的其他種種如此不同？最終，我們可能會發現，這道界線其實並不如過去所想的那麼重要。我們可能甚至會發現，當人類進入情感智慧機器的新時代之際，我們正與一種新型態的意識共享未來，而這些意識其實不過就是我們本身的投影而已。

第三章 打造未來

美國任何一座城市——一九八七年

大多數人對於艾略特所實現的生活都只能滿懷憧憬，他是一位聰明機智、身體健康的企業律師，年約三十多歲，家有妻小、有房子、有錢，而且擁有一定的社會地位。然而，艾略特的生活忽然間分崩離析，他開始有著嚴重的頭痛問題，而且愈來愈難集中注意力。除此之外，他還出現一連串的行為變化，於是醫師懷疑艾略特可能罹患腦瘤，而這項懷疑很快就成為千真萬確的事實了。

那是一顆腦膜瘤，腦膜瘤通常是良性的腫瘤，從大腦的腦膜組織生長出來，而艾略特的腦膜瘤長得非常快。在診斷時，這顆腦膜瘤已經長到一顆柳丁的大小了，腦膜瘤正好長在艾略特的眼睛後方、鼻腔上端，因此對他的大腦額葉造成愈來愈大的壓力。雖然不是惡性腫瘤，但是如果持續放任它長大，最後勢必會導致大腦遭受可怕的破壞，並且危及性命。醫師決定動手術是唯一的選擇，在冗長的手術過程後，醫療團隊成功移除腫瘤及一些受到腫瘤破壞的組織，這樣的行為在此類手術中相當常見。

就生理上而言，艾略特恢復得十分良好，原本過人的智力似乎毫髮無傷，語言能力也維持正常；就認知上來說，他仍然能勝任許多手術之前從事的工作。即便如此，周遭的人卻很快就清楚地發現，艾略特整個人改變許多。雖然整體的理智看似正常，但是他再也無法做出個人決定，也沒有能力採取合宜的行動來執行這些決定。對艾略特而言，生活中的所有事物彷彿變得一樣優先、重要，讓他無法做出決定。他無法決定必須做什麼事或者不需要做什麼事，無論在什麼時間都不例外。一切事物（真的是**一切的事物**）都具有同等價值，因此現在沒有任何東西是相對有價值的。

舉例來說，當艾略特接下歸檔的工作時，他會非常有技巧地進行這份工作。但是，實在太有技巧了，因為他可能會花費一整天的時間，決定究竟是要以日期、文件大小、檔案編號或相關性來分類，還是使用其他的分類方式。就理智上而言，艾略特可以列出每一種做法的許多優缺點，但卻無法決定哪一種方法最好。接著，在歸檔進行到一半時，他可能會開始閱讀一份正在整理的文件，然後把剩下的時間都花費在這份文件上。簡單來說，他已經無法為每項任務賦予重要程度，並且依此做出合宜、及時的決策。雖然這麼說聽起來有點複雜而正式，但事實上這是我們每天都要進行數百次，甚至上千次的事。

在接下來的幾個月到幾年裡，艾略特失去了工作、妻子和家庭。他開始一系列可議又成本高昂的事業，造成很快就面臨破產的命運，他的人生陷入搖擺不定的狀態。

然而，在和艾略特談論他的損失時，他很顯然對於這一切毫無感覺，既不難過，也不生氣或怨恨。雖然他所有的知識與智力都還在，但是腫瘤的傷害從他的身上帶走更大的東西，就是他與情感之間的連結。此外，還進一步延伸到辨別生活中什麼事情重要、什麼事情不重要的能力。對他來說，生活中的一切大小事物都帶有同等的重量，最後他也因此失去了這一切。

❖

安東尼歐・達馬吉歐（Antonio Damasio）是一位神經科學家，他詳細研究艾略特的個案，並著手寫下他的苦難，同時也解釋這個中斷的連結。基本上來說，艾略特大腦受損的區域切斷了其他部位之間的溝通，而這些部位正是處理感受、動機不可或缺的要素。達馬吉歐的「軀體標記假說」（somatic marker hypothesis）主張，大腦的腹內側前額葉皮質在這項功能上扮演著至關重要的角色。這部分的皮質有一個大型的連結網絡，可以通往大腦的其他區塊，包括前扣帶回皮質與杏仁核。

艾略特和其他遭受類似損傷的病患進行許多測試，而測試結果一致顯示，他們都出現一些慢性問題，不再有能力產生或意識到自己身體的狀態；也就是說，他們身體發送的信號——心跳加速、流汗、腸胃緊張翻攪、毛髮直豎等，無法進入大腦相對應的部位，並由大腦加以分類，將這些生理、情感上的自知之明再與認知功能加以連結。根據達馬吉歐的說法，這些刺激結合而成的身體狀態會改變人類的高階認知處理，進而影響我們的決策過程。

在精神病學中，艾略特所罹患的病症被稱為「述情障礙」（alexithymia），也就是自己無法辨別、描述本身的情感。[2]述情障礙似乎存在一系列的原因，明顯的特徵包括情感意識與人際關係上的失能、缺乏同理心，以及無法辨識他人的情感。[3]除此之外，從艾略特的案例中可以看到，述情障礙也可能導致錯誤的理智判斷，因為在權衡取捨、決定自己該專注在什麼事情時出了問題。

這個問題並不只局限於人類而已，人工智慧的許多缺點也都在於：不知道該將注意力和焦點放在什麼地方。本章將會談到，缺乏類似情感的功能或許就是這些缺點背後的關鍵因素。

最簡單也最艱難的數位任務

自從電腦時代的初期以來，科學家與研究人員就持續嘗試打造人工智慧，讓電腦透過程式

1 Damasio, A. *Descartes' Error: Emotion, Reason, and the Human Brain*, Putnam, 1994.

2 這一點似乎支持詹姆斯的想法，也就是先體驗生理上的反應，然後才會出現情感，而不是相反過來的順序。

3 在艾略特的案例中，原因是出在他的內在體感發生神經無法連結的狀況，而他的大腦損傷正是起因。內在體感指的是身體內部器官所產生的感覺。

運作某些，甚至是所有的人類認知功能。在早期，人們以為這項遠大的目標很快就能被掌握。畢竟，當時的機器已經證明自己有能力完成大量的數位任務，而且速度遠比任何人都快上許多。因此，當時假設「教導」機器從事人類簡單的日常工作應該是輕而易舉的事。那時候是一九五〇年代中期，而許多支持者相信，與人類旗鼓相當的人工智慧在一個世代以內就能成真。

如今回顧來看，我們很難理解為何當時的挑戰規模會被錯估得如此天差地遠。從今天的角度而言，當時想在二十五年裡達成目標顯然是過度樂觀了。隨著時間的演進，困難也變得日益艱鉅。在打造智慧機器的道路上，每出現一次小小的勝利，同時也意味著數以百計的失敗。慢慢地，人類與動物智慧真正的深度和複雜性變得愈來愈顯而易見。即使是最簡單的一項任務，舉例來說，辨識茶杯的位置，然後將茶杯拿起來，其實都是巨大的挑戰。就許多方面而言，對機器來說，最難以複製的恰恰就是人類智慧裡最理所當然的面向。

為何當時這麼多的聰明人都誤判這項挑戰真正的本質，而且會錯得如此離譜呢？有很大一部分的原因在於，知識論的一大要點是我們並不知道自己所不知道的事。知識論是哲學的一個分支，關注知識的本質與範疇。知識論探索著我們知道什麼、怎麼知道的、為什麼知道、我們的所知是否屬實，以及知識的界線何在。在人工智慧的案例中，當時實在有太多自然智慧及心智相關的知識尚未被人們發掘，直到對大腦的認識顯著提升後，尤其是透過愈趨複雜、精密的運算與掃描方法，我們才有能力進一步推展這個領域，讓高階的機器智慧看似幾乎無可避免。

人工智慧的基礎能回溯的歷史比許多人想像的都還早。在十七、十八世紀的啟蒙時代期間，勒內・笛卡兒（René Descartes）、湯瑪斯・霍布斯（Thomas Hobbes）和哥特佛萊德・萊布尼茲（Gottfried Leibniz）等哲學家探索理性思維的本質，就試圖確立他們對這個主題的理解。他們認為理性是一個系統性的過程，類似數學法則。萊布尼茲甚至探索理性思考存在一種**普世語言**的可能性，嘗試將理性思考變得像幾何定理一樣單純、結構化。[4]後來，這些想法成為人工智慧這個新興領域的靈感，引領著人工智慧向前邁進。

在十九、二十世紀期間，數學邏輯的演進結合當時新興的電子學領域，促成機器邏輯的發展，以及後續一系列程式語言的問世。此外，二十世紀的神經學研究在不久前也才剛剛確認，大腦本身就是一個細胞網絡，內部交換著電流信號。當大腦被比擬為時下的電力、通訊網絡時，有許多人開始受到這門學科的吸引，並且趨之若鶩。

第二次世界大戰大幅提升運算能力，最後也使我們確信，人工智慧終將無可避免。受到戰爭緊張情勢的驅動，以及由於德國、日本當時使用的編碼訊息似乎無從破解，這些挑戰都促成科技上的大幅躍進，後來成為電腦科學領域的重要基石。[5]當時位於英格蘭布萊切利園（Bletchley Park）的

4 *Stanford Encyclopedia of Philosophy.* Leibniz's Philosophy of Mind.

5 英文的「computer」這個字原本指的是一個人或一台機器，其所從事的工作是運算或大量計算。在布萊切利園裡，這樣的角色完全只由女性擔任。

解碼團隊包括艾倫・圖靈（Alan Turing）在內，這些人花費數年的時間研究這個問題。[6]如果沒有他們的突破和進展，戰爭可能歷時更久，而且最後還可能會由同盟國吞下敗仗。後來的發展是，在第二次世界大戰結束後不久，電腦科學與理論開始進入下一個階段。有多位研究人員和科學家都認為，在不久的將來，人類將有能力創造出真正的機器智慧。

人工智慧思潮的演進

有鑑於這一切，我們不難理解，當時新興的電腦科學領域為何會錯估得如此離譜。機器「智慧」當時打贏戰爭——原本幾乎快要是德國的機器「智慧」得勝，最終則是同盟國的機器「智慧」獲得勝利。如果沒有科技，德國的恩尼格瑪（Enigma）密碼機就不可能加密、解密千萬筆看似無懈可擊的訊息；如果沒有更精密的科技（這些科技需要人類智慧這項關鍵要素加持），同盟國絕不可能破解當時最尖端，並且幾乎無可破解的加密技術。

戰爭之後，圖靈仍然必須在英國公務祕密法（Official Secrets Acts）的約束下保密，而他在一九五〇年發表著名的論文「運算機器與智慧」（Computing Machinery and Intelligence），論文開宗明義就寫道：「我主張人類應該思考這個問題：『機器是否能夠思考？』」[7]除了這一點之外，歷史上還有其他類似的洞見，例如：在十九世紀中期，由數學家暨邏輯學家喬治・布爾（George

Boole）所確立的邏輯，他同時也是《思考的法則》（*The Laws of Thought*）一書的作者。因此，我們甚至更容易看得出來，電腦科學家當時為何會無視自身所面對的困難。那時候，某些有史以來最複雜的智慧挑戰已然出現，只不過似乎不是由人類智慧直接面對，而是交由人類的管家來因應，也就是機器。

在第二次世界大戰之後的幾年裡，人們投入數百萬美元從事機器智慧研究。「人工智慧」這個詞彙創造於一九五六年，地點是在達特茅斯（Dartmouth）的一場研討會上，一般認為當時這場研討會開啟人工智慧領域。一九五〇年代後期，早期的人工智慧程式開始有了某些初步應用，例如：一九五六年的「邏輯理論家」（Logic Theorist）、一九五七年的「一般性問題解決程式」（General Problem Solver, GPS），以及一九五八年人工智慧程式語言ＬＩＳＰ的開發。然而，雖然這段全盛時期有許多的進展，卻也同時存在不少失敗的案例。最終，在一九七〇年代初期，由於進展遲緩再加上政治壓力，美國與英國的政府資助多半中斷。後來這段時期被稱為第一次的「人工智慧冬季」，意味著在這段期間裡，由於政府和企業界的失望，導致對人工智慧計畫的資

6 在這則解碼的故事中，有一部分時常會被人忽略，就是布萊切利園的團隊其實獲得一支波蘭數學家團隊的大力支持，在一九三〇年代期間，這支團隊破解德國的恩尼格瑪密碼機的初步版本，這份功勞應該要歸屬於應得的人。

7 這篇論文的另一點著名之處在於，它提出機器智能的一種測試方式，而後來這種測試也就被命名為圖靈測試（Turing test）。

助大幅減少。

在後來的日子裡，泡沫膨脹與破裂的循環為人工智慧研究領域帶來傷害，但是就許多方面而言，這其實是一個必要的過程。當環境條件在自然界形成壓力時，壓力最終會促成演化的物競天擇過程；同理，經濟與社會的現實狀況也會帶來科技的演化。在概念與想法的發展過程中，比較不成功的最後會遭到拋棄或擱置，而人們會進而探索新的想法和概念。如果陷入困境的概念仍持續享有資金挹注，人們的心力與資源就會遭致誤導。這些失望、幻滅的時刻扮演著重要的角色，讓我們能從穀殼中挑揀出珍貴的麥粒。

即便面對諸多挑戰，追求人工智慧的過程其實有一張重要的王牌，而且很多人早先並沒有留意到這一點：摩爾定律（Moore's law）。

許多事物都驅動電腦科技的持續發展，不過最重要的驅動因子無疑正是後來人們所稱的摩爾定律。「摩爾定律」這個詞彙大約出現於一九七〇年，而在一九六五年，當時擔任快捷半導體（Fairchild Semiconductor）研發主任的高登・摩爾（Gordon Moore）就撰寫一篇關於這個定律的文章。摩爾定律描述的是科技發展最重要的趨勢之一。在文章裡，摩爾呈現一條擁有四個資料點的曲線，而曲線所顯示的是：可以放在一塊積體電路的電子元件數量持續呈現翻倍成長。這個趨勢從一九六二年到一九六五年之間反覆出現，而摩爾預測這樣的趨勢還會持續一段時間。同時，他大膽估計，在十年內，積體電路的密度就會從六十四個元件，一路成長到六萬五千個元件以上。如此的成長（超過一千倍）符合連續十年每年翻倍的結果（二的十次方等於一〇二四）。後來到了一九七五年，摩爾修正他的預測，表示未來的加倍將會以每兩年一次的頻率發生。[8]

摩爾定律並非恆久不變的物理或自然法則，而是一項科技進步本質的觀察。即便如此，在過去超過半世紀以來的半導體產業中，摩爾定律一直都是經濟、商業決策的一大驅動因子。這個趨勢再加上其他驅動電子學發展的因子，形成速度愈來愈快、能力愈來愈強大的電腦，這些電腦後來促成數位革命，如今大幅改變我們的世界與社會。根據摩爾定律的推論，這會促使我們將愈來愈強大的電腦處理能力塞進愈來愈小的空間裡，並且減少每個處理器循環的耗電、排熱及最重要的成本。

摩爾定律後的第六個典範

就某些方面而言，這個速度已經在最近幾年放慢了，於是許多老生常談的預測又再次浮現，紛紛表示摩爾定律已經走到了終點。不過，這種說法的前提是，業界固守著同樣的生產方式與科

8 在差不多同一時間裡，英特爾的高階主管大衛・豪斯（David House）表示，如果晶片設計持續改良，電腦的效能將會每十八個月成長一倍。這組數字時常被誤以為出於摩爾本人。諷刺的是，豪斯的預估其實更趨近於實際的狀況：在摩爾定律問世的前四十年裡，是以每二十個月成長一倍的速度發生。

技。身為發明家、未來學家及作家的雷・庫茲威爾（Ray Kurzweil）指出，摩爾定律中所指的積體電路只不過是一股大趨勢中的第五個典範，而這個更大的趨勢可以回溯至二十世紀初期。機電加工、繼電器、真空管和電晶體全都依循著類似的模式，相對於成本的處理能力也都隨著時間而翻倍。未來是否會有第六個典範來取代半導體呢？許多公司正在為此下注，從事研發工作，並且希望這些研發能夠促成未來具有主導性的運算科技。

在現實生活中，這會產生什麼樣的意涵呢？人們常說，在許多人每天使用的智慧型手機裡，無論是處理能力或儲存容量都遠遠超過四十年前登陸月球的阿波羅十一號（Apollo 11）。除此之外，也許還有更令人驚嘆的統計數據，就是二〇一二年Google的烏迪・曼博（Udi Manber）和彼得・諾維格（Peter Norvig）所撰寫的一份報告：

> 當你在Google搜尋列中輸入一個字串，或是透過手機對著Google搜尋列說話時，你所驅動的運算能力已經足以將尼爾・阿姆斯壯（Neil Armstrong）和其他十一位太空人送上月球。而且不光只是飛行本身而已，還包括阿波羅計畫在十一年中，執行十七項任務的所有規劃需要的運算。[9]

在每天的日常生活中，我們時常會忘記自己運用了多少運算能力。不過，更大的挑戰往往在於，我們應該如何理解在相對短暫的幾年裡，世界究竟產生多麼天翻地覆的改變。

摩爾定律描述的是一種指數型的進展，而許多其他的科技「定律」也都抱持著類似的看法，舉凡克萊德定律（Kryder's law，其內涵為硬碟的儲存密度每十三個月會翻漲一倍），以及梅特卡夫定律（Metcalfe's law，其內涵為一個網路的價值與連網的使用者數量平方成正比）。[10]當一項事物以規律的頻率翻倍成長時，無論是每日、每年或是每個世紀翻上一倍，我們都會說這是指數型成長。這種類型的成長可以出現在任何事物上，如細胞生長等生物機制、動物的數量及投資的複利等。

指數型成長可能頗具誤導性，因為我們通常經歷的是一個線性的世界。分鐘、日、年都是接續式地運行，一個單位、一個單位逐漸累積，我們在從事大部分的工作任務時也都是這樣。就許多方面而言，指數型的變化對我們可以說是相當地陌生。

想像有一片小湖泊，湖面上漂浮著一片荷葉。荷葉的數量每天加倍成長，所以到了第二天，湖面上有了兩片荷葉，第三天有四片、第四天有八片，以此類推。十天下來，湖面上已經有了一千零二十四片荷葉，但是這些荷葉仍然只覆蓋湖面的一小區塊而已。假設湖泊的面積是一百萬

9 Google Inside Search: The official Google Search blog. "The power of the Apollo missions in a single Google search." August 28, 2012.

10 這些「定律」存在著不少歧見，然而它們還是能合理描述在特定一段時間裡、某一個趨勢的進展，因此也具備價值。基於許多的原因，包括幾乎無所不在的限制因子，這些定律不該被視為無懈可擊。

平方英尺，而荷葉的面積是一平方英尺，那麼即使到了第十五天，湖面也只被覆蓋三%。然而，就在短短四天之後，半個湖面上就已經布滿荷葉，而到了第二十天結束時，整個湖面已經完全被覆蓋了。此外，假使沒有上限，再過十天之後，一千個同樣大小的湖泊也將布滿荷葉，而一切的起點都只是一片荷葉而已。

這就是指數型的趨勢時常讓我們感到如此意外的原因：無論我們談論的是荷葉、流行病或是科技的改變，似乎還無法在直觀上正確預期指數型成長。這並不表示這樣的預期與推估對我們而言毫無可能，只是往往違背我們的直覺而已。

指數型的變化不只局限於積體電路和摩爾定律而已，也影響大半個科技世界。愈來愈多的科技學家與科學家都同意，指數型成長是科技發展的一個基本面向。由於科技帶來正面的回饋與強化效應，因此能持續賦予我們力量，並且以愈來愈快的速度改變我們的世界，形成日益加速的變化。這一點只會進一步強化共生關係：我們需要科技，而科技也需要我們。（至少目前而言就是如此。）由於這樣的共生關係，雙方都在持續前進的道路上發展，於是形成有能力自我維持的共同演化關係。就許多方面而言，人類已經不只是具有人性，更是科技影響下的產物。

這種逐漸加速的變化一直以來都伴隨著我們，不過近幾十年來的趨勢特別明顯，因為這個速度已經進展到了一定階段，所以有很大一部分的變化都發生在人類的時間框架內。當我們的原始人祖先開始製作工具時，變化通常發生得十分緩慢，即便是好幾輩子的時間也不可能感受得到。現今，新科技則是頻繁地改變社會。庫茲威爾把這個現象稱為「加速回報定律」（Law of Accelerating Returns），因為科技基本上存在於正向回饋的循環裡，所以隨著時間演進，改變的頻率自然也會加快。[二]這種強化效應的某些面向會形成指數型成長的第二個層級；庫茲威爾主張，指數型成長本身的成長也是指數型。

多虧指數型的進步與發展，人工智慧將在未來幾十年裡大幅躍進。這些大幅的躍進將會十分可觀，以至於我們很快就會面臨挑戰者出現，而人類智慧的絕對優越性將會受到挑戰。簡而言之，人類可能不再是「智慧之山」（Mount Intelligence）上的至高者。

解決人工智慧問題的方法

最近數十年裡，人們使用各種方法試圖解決人工智慧的問題，舉凡感知器、簡單神經網路、以決策樹（decision tree）為基礎的專家系統、反向傳播法（backpropagation）、模擬退火法（simulated annealing），以及貝氏網路（Bayesian networks）等。上述每一種方法都有各自的成功與應用，不過人們也逐漸明白，在這些方法中，沒有一項能促成任何趨近於人類等級的人工智慧。

二 Kurzweil, R. “The Law of Accelerating Returns.” *KurzweilAI*. March 7, 2001. http://www.kurzweilai.net/the-law-of-accelerating-returns.

一九八七年就面臨這樣的情況，當時有一位名為羅莎琳・皮卡德（Rosalind Picard）的年輕電腦工程師，她來到麻省理工學院（Massachusetts Institute of Technology, MIT）媒體實驗室（Media Lab），擔任教學暨研究助理，之後又在一九九一年加入視覺與模型（Vision and Modeling）小組擔任教職人員。皮卡德在那裡教書，並著手研究一系列的新科技與工程挑戰，包括開發能辨別模式的新型架構、數學建模、電腦視覺、感知科學及訊號處理等。皮卡德先前分別取得電機工程與電腦科學學位，因此當時已經在上述的某些領域做出重大貢獻。

然而，皮卡德後來進一步開發影像模型和以內容為基礎的檢索系統，這些更將她導向前人未曾預見的方向，甚至連她自己都意想不到。這些系統使用一系列的數學模型，模擬生物的視覺機制，效法我們從一個場景中找出物件、內容及意涵的方式，無論是一張圖片、一部電影或真實生活皆然。她與團隊最終開發的系統是全球最早的三個同類系統之一，同時也開創了現今Google圖片（Google Images）等系統的先河。

為了更了解大腦處理影像的方式，皮卡德開始與人類視覺科學家合作，著手研究視覺皮層。然而，即便模仿視覺皮層的某些面向，主要的挑戰依然存在，如果她的系統想要一致、穩定地運作，就必須克服這些挑戰。他們發現，無論是打造過濾器來勾勒場景，還是寫下硬性的規則，定義老虎、椅子或車子應該長什麼樣子，這些做法都還不夠。線條總是會有模糊地帶，顏色與質感難免有所重疊，陰影也會有淡化消失的時候，這就是光靠仰賴硬性規則的系統無法健全的原因。

人們說這樣的軟體系統太過「生硬」，意思就是過於缺乏彈性，無法在真實世界中使用。「生硬」是非常貼切的字眼，因為當這樣的系統面對新的條件或資料時，如果無法加以理解，基本上就形同破裂、崩解的狀態。

正是在這份工作的過程中，皮卡德了解到，如果這些系統知道應該把重點放在什麼地方，她正在研發的許多系統都可以大幅提升效率。畢竟，當人類看著一幅影像時，我們並非同時關注著所有事物，並不是對影像中的一切都感興趣。我們一次專注在一個元素，下一個片刻再關注其他的元素，我們的眼睛、焦點及注意力會根據自己感興趣的事物移轉：可能是顏色、對比或樣式。

皮卡德假設，如果她的程式可以納入類似注意力的機制，或許就能克服她和團隊當下面臨的挑戰。然而，如果要做到這一點，還需要更進一步效法生物的視覺機制，這個機制能夠積極辨識物件，並且判斷哪些是重要的元素。皮卡德這麼解釋：

感受其實會顯著影響我們的感官，它會影響我們的眼睛往哪裡看，影響我們做什麼、選擇做什麼，以及把注意力放在哪裡。而我了解到電腦所欠缺的就是這個，每一個光子、每一個位元，電腦都會一視同仁地對待，並不覺得哪些位元比其他的位元來得重要。事實上，電腦完全不覺得有什麼東西比較重要。於是，我就在思考：「如果電腦真的要能幫助我們，如果對我們來說，某些位元確實比其他的位元來得重要，電腦也必須具備這種權衡輕重的功能，讓它們知道有些東西確實比其他的東西重要。」

皮卡德舉了一個朋友為例，說明我們的感受會如何影響視覺與注意力。她在貝爾實驗室（Bell Labs）工作初期認識這位友人，當時這位友人正在開發影片壓縮系統，這是他博士研究的一部分。當時他已經曉得，未來要展示這項新方法時，考評委員會將由三名男性組成，於是他在影片裡放了一位胸部豐滿的啦啦隊隊長圖像，且非常確信委員的視線將會聚焦在哪一個區塊。他將這個區塊維持高解析度，並且大幅壓縮委員不會注意的其他區塊，因此這些其他區塊就產生了許多的缺陷和假影。然而，即便影像存在著這麼多的視覺瑕疵，現場卻沒有任何人察覺，考評委員會還將他的壓縮方法評鑑為優良。皮卡德以顯眼的肢體動作帶出結論：「這就是情感智慧啊！」

情緒、記憶和注意力之間的內在連結

即便如此，將這種情感智慧轉化為機器仍然是一項艱鉅的挑戰。對一台電腦而言，在影像中找到線條與邊角已經變得較為容易，但若是要依據重要性，在場景中識別、分類各個物件卻是截然不同的事。當時仍然存在的問題是：無論觀看的是什麼場景，我們要怎麼決定哪些事物是重要的呢？

一九九一年，皮卡德第一年擔任麻省理工學院的媒體科技助理教授，而當時她在《華爾街日報》（*Wall Street Journal*）的頭版讀到一篇文章，內容是關於科學家暨音樂家曼弗雷德．克萊恩斯（Manfred Clynes）。克萊恩斯相當聰明優異，有好幾項發明都是以他的名字來命名，他的研究有很大一部分聚焦於音樂神經科學，不過吸引皮卡德目光的卻是克萊恩斯的情緒記錄器（sentograph），也就是一台號稱可以測量情緒的機器。（sentire是拉丁文的「感受」之意。）當使用者按壓一個固定的按鈕時，克萊恩斯的機器會測量手指按壓時波形的細微變化。克萊恩斯主張，這些波形會參照代表著不同情感的波形樣式。皮卡德覺得這個想法非常有趣，竟然有人會想要測量情緒！於是，她將這篇文章蒐集歸檔。

之後皮卡德持續進行研究，也不斷遭遇問題，而這些問題都顯示她採取的方法有所局限。於是，她開始和視覺科學家合作，嘗試學習與模仿視覺皮層。視覺皮層也就是當我們看著影像、場景時，大腦中負責處理大部分工作的部位。雖然這種做法在某些方面來說有些幫助，但是系統仍然無法如研究團隊所願，完成所有他們要求的任務，還是會在過程中提出許多的疑問。舉例來說，我們怎麼知道應該要把注意力放在哪裡？為什麼一個物件或形狀在這個當下有趣，在下一個片刻卻變得無關緊要？或是就像艾略特在手術後所呈現的，我們的心究竟是如何**賦予價值**的？

在其他數位信號處理的工作方面，皮卡德也提出關於動機與優先順位的類似問題。當然，系統的打造可以包含一系列定義明確的步驟，為不同元素的重要性進行篩選、排序，但是如果遇到不尋常或出乎意料的情況，這些做法就會很容易失敗，這樣的軟體還是太生硬了。皮卡德認為，研究團隊有必要採取不同的做法，藉此增進這些系統的穩定性和適應性，讓系統變得更健全。

後來，在某一年的聖誕節，皮卡德閱讀《品嚐形狀的男人》（*The Man Who Tasted Shapes*）一書，作者是神經學家理查・塞托維克（Richard Cytowick）。這本書探索聯覺（synesthesia）的世界。「聯覺」這種現象指的是，人們將一種感官刺激體驗成另一種全然不同的感官刺激。舉例來說，有些聯覺者在聽到某些聲音時會看見不同的顏色；或者如果是詞彙與味覺之間的聯覺，某一個字可能「品嚐」起來像是某種食物或物質。在塞托維克的觀察裡，他主張我們的感官不僅與各自對應的皮層相連，也和邊緣系統有所連結。對皮卡德來說，這一點特別有意思，因為當時的人們已經曉得，大腦的邊緣系統在記憶、注意力**和情緒**上都扮演著關鍵角色。

這位年輕的教授知道，她對於記憶與注意力很感興趣，於是開始大量閱讀神經科學的文獻，結果卻發現：「情緒」這個主題一次又一次地出現。不同的研究都反覆證明，情緒、記憶和注意力之間存在某種內在的連結。皮卡德開始覺得，她可能找到了自己拼圖上還缺少的那一塊。

不幸的是，這對皮卡德來說可能也是最遙不可及的事了。當時她在科學、工程方面已經成績斐然，而這些領域對於非理性的事物通常感到不以為然，像是情緒。她曾經花時間前往喬治亞理工學院（Georgia Institute of Technology）進修，而她在班上往往是上百位男性中唯一的女性。雖然她以最高榮譽的殊榮獲得電機工程學位，但她研究的並不是感受這種既不客觀又不科學的東西。

探索情緒歷程的兩難

除此之外，皮卡德知道她在一年後就要為麻省理工學院的教職申請做準備。她一直都十分勤奮努力，在影像模式的模型領域方面進行開創性研究，並開發世界上第一套以內容為基礎的檢索系統。再者，她在一篇為電機電子工程師學會（Institute of Electrical and Electronics Engineers, IEEE）所寫的文章中提到：

當時的我非常忙碌，一週要工作六個日夜，試著打造全球第一套以內容為基礎的檢索系統，透過影像壓縮、電腦視覺、紋理建模、統計物理、機器學習，以及來自電影製作的概念，融合並創造出最終的數學模型。此外，我所有剩下的時間都用來指導學生，以及開班授課、出版著作、閱讀評論，並且出席永無止境的研討會和實驗室委員會。我努力工作，希望自己在人們的眼中是一位認真的研究人員，而我也籌措超過一百萬美元資助研究團隊的工作。我最不想做的事情就是

> 毀了這一切，然後和情緒沾上邊。我是一位擁有工程背景的女性，我不希望人們將我與「情緒」聯想在一起。在當時，情緒對我而言就是代表不理性的意思。[12]

皮卡德顯然非常擔心這項決定可能會對職涯造成影響，如果讓自己這樣偏離原本的正軌，所有先前的努力可能都會輕易遭受破壞與威脅。

然而，皮卡德很確定這種連結肯定有所蹊蹺。她也知道身為一位真正的科學家，必須秉持著專業訓練，跟隨著證據，即便這份證據違背一個人既有的想法，或是有別於整體科學界的觀點。她開始尋找可以接手這項研究的人選，理想上對方最好是一位已經擁有學術地位的男同事。這一切一定有些什麼，即使不是她自己執行，也絕對值得一探究竟。

隨著皮卡德持續進行手邊的研究，她也開始收到許多來自各方出乎意料的建議。人們說她需要冒一點風險，勇於讓自己被視為不因循守舊的人，也必須跳脫原有的框架來思考。這些主題一次又一次從前輩與同事的口中說出，也確實產生了影響。皮卡德認為，自己是麻省理工學院裡世界知名的媒體實驗室中較為守舊的成員之一，她是一名電機工程師，設計著以內容為基礎的檢索系統。這是一份重要的工作，但是有風險嗎？風險並不太高。如果真要說的話，這一點也正是其他人對皮卡德的看法。

皮卡德最後終於確信，情緒需要被探索與認識，而且是以一種前所未有的方式來進行。她利用聖誕節假期與隨後的一段獨立作業時期，花費幾週的時間寫下她自認的初步構想。除了所有需要在文件中呈現的技術材料與概念之外，皮卡德知道她也必須進行命名的工作。前文提到，「情緒運算」（emotional computing）和「情緒科技」（emotive technology）這些名稱都暗示著主觀與非理性的成分，也是皮卡德一直想盡辦法要避免的。最終，她決定使用情感（affect）這個詞彙，它在心理學上指的是體驗感受，而她認為這是一個很好的科學形容詞。

〈情感運算〉（Affective Computing）一文裡詳細記錄著截至一九九五年年初為止，皮卡德在研究過程中的各種想法與蒐集的證據。皮卡德悄悄將這份技術文件和實驗室裡接受度較高的成員分享，並且等著看他們會提出什麼回應。結果毫不令人意外，回應毀譽參半。有一位學生覺得皮卡德的想法很有趣，於是捧著一堆與情緒相關的書籍，出現在皮卡德的辦公室，說道：「妳應該讀一讀這些書。」而這也顯示在麻省理工學院裡，師生之間的關係有時候是相當特別的。其他的教職員就沒有這麼熱情了，或者只是單純沒有任何想法。對許多人而言，這個主題甚至在個人生活中都沒有什麼角色可言。「我毫無感覺。」一位評論者這麼說，而且認真地相信事實就是如此，他也同時指出，情感這種模糊不清的東西不僅無關緊要，而且也無從衡量。

12 Picard, R. W. "Affective Computing: From Laughter to IEEE," in *IEEE Transactions on Affective Computing*, vol. 1, no. 1, pp. 11–17, January 2010.

情感運算的崛起

不過隨著時間流逝，接受度開始逐漸增加了。皮卡德發現，自己愈來愈常撰寫、談論情感與衡量情感的方式。媒體和電視節目報導她的故事，並且發現民眾對她的研究充滿興趣。最終在一九九七年，也就是簽下一紙出版合約的九個月之後，皮卡德完成一本著作，書名與之前前言性質的論文相同。《情感運算》（*Affective Computing*）為世人介紹她大膽、新穎的想法，並且開創人工智慧與電腦科學的一個全新支派。

儘管皮卡德很擔心自己是否會被認真看待，但是她很快就發現，在這個從前幾乎無人聽過的領域中，自己已經是具有領導地位的專家了。此外，她先前非常擔心的教職申請也很快就被錄取，儘管她的申請內容被認為缺乏連貫性，還有一些委員會委員稱為「精神分裂」。皮卡德的申請文件裡包含經過同儕評審的內容導向檢索，以及較不那麼正式、探討情感信號分析的研討會論文，最後還包括她最新出版的、關於良好測量方式的著作。雖然這並非皮卡德的本意，但是她很快就清楚發現所冒的風險已經為自己帶來好幾倍的回饋與收穫。

然而，就許多方面而言，最容易的部分已經結束了。現在眼前還有許多的挑戰必須面對，包括開發能夠準確衡量情緒的電腦，以及建立世界上第一個情感運算實驗室等。

第四章 告訴我，你有什麼感覺

科羅拉多州科羅拉多泉（Colorado Springs）——二〇一五年四月二十日

西科羅拉多大道（West Colorado Avenue）上一個寧靜的傍晚，這裡是一個什麼都有的混合街區，有全方位醫療中心、速食餐廳及低調的工匠之家，而此時店家紛紛準備打烊。忽然間，槍聲劃破原本的寧靜，接著又是一槍，再一槍。街坊鄰居很快就數不清槍聲響起的次數，不止一位驚惶失措的民眾焦急地撥打電話。槍聲瞬間停止，和開始時一樣突然。

不久之後，寧靜再度被劃破，這一次是警車鳴笛的聲音。警察立刻趕到現場，但還是太遲了，他們很快就發現一場行刑式槍擊案件，類似的事件從來不曾在這座城市發生。凶手名叫盧卡斯・辛奇（Lucas Hinch），是一位三十七歲的老闆，因為挫折而喪失理智，於是將受害者帶往一處暗巷，然後掏出最近剛入手的九毫米Hi-Point半自動手槍。接著，辛奇按照自己冷血的預謀計畫，將八枚子彈射向他的二〇一二年款戴爾（Dell）XPS 410電腦，造成這台電腦傷重不治。

辛奇並未意識到自己做了什麼違法的事，他告訴警方，這台電腦已經為他帶來好幾個月的麻煩了。（在科羅拉多泉的城市範圍裡，不正當的開槍射擊屬於違法行為。）當惡名昭彰的Windows藍色當機畫面（Blue Screen of Death, BSOD）不斷跳出螢幕時，辛奇說他最後終於喪失了理智。

「我感到很光榮。」辛奇談論這起電腦謀殺案時這麼說，他還強調自己完全不覺得後悔。

❖

自從個人電腦問世之初，類似的事件變得愈來愈頻繁。有的使用者拿路易士威爾（Louisville）球棒砸毀自己的設備，有的則是從五樓的窗戶把電腦往下丟。一九九七年，在一段標題為「糟糕的一天」（Bad Day）的監視器影片中，有一位員工對自己的電腦實在覺得憤怒不已，於是不斷用拳頭捶打著鍵盤，最後還把螢幕摔到地上。這支影片後來廣為流傳，如今觀看人次已經高達上百萬人。這段影片固然帶來許多歡笑，但是它之所以會如此大受歡迎，原因幾乎可以確定是和我們共同的經驗有關，也就是許多人在面對電腦時所遭遇的挫折感。

這種對電腦進行的重度攻擊有多常見呢？大概比你想像的還多。根據哈瑞斯互動公司（Harris Interactive）為Crucial.com所做的調查指出，有超過三分之一的美國人承認，自己曾經在口頭或肢體上對電腦暴力相向。[1]這些暴力行為包括辱罵、大叫、怒吼，以及用拳頭或其他物品破壞設備，而通常原因不外乎電腦功能異常，或是出現重大的當機。

自從「電腦狂暴症」（computer rage）這個詞彙問世以來，人們就開始探索這個概念。納斯在《媒體方程式》中指出，我們和電腦的互動基本上是社交性的。然而，這些機器還不夠厲害，還無法從它們那一端滿足這種互動關係。我們和其他人類的互動無可避免地存在顯著的情感成分，但是目前電腦對此仍然無感，因此成為潛在的挫折深淵。隨著我們在工作上愈來愈常與科技相處，並且在生活的愈來愈多方面也必須仰賴科技，這些都只會造成更多的憤怒，除非我們想出一套方法，讓科技能在人機之間的隱性社交契約中設法滿足人類的需求。

這只是情感運算的前景之一而已，也就是要滿足一個其他方法都不太可能滿足的需求。皮卡德在她的開創性著作《情感運算》中就曾談到這一點。她了解使用者的挫折往往會構成學習新軟體的障礙，與此同時，某些輔助和支援不僅往往毫無幫助，甚至更加激怒使用者，而這一點正是微軟後來好不容易才學到的教訓。

1　哈瑞斯互動公司代表 Crucial.com 在二〇一三六月二十五日至二十七日，針對兩千零七十四人進行的調查。

慘遭滑鐵盧的微軟小幫手

一九九〇年代中期，微軟開始將Office小幫手（Office Assistant）納入公司受歡迎的軟體套件Windows Office中。Office小幫手是一個早期的智慧使用者介面，利用的是貝氏演算法，決策基礎來自於意圖的機率。Office小幫手會透過一個動畫角色與使用者進行互動，而預設的角色是一個會動的大眼迴紋針，名為克里彼特（Clippit）。〔不過，許多使用者比較喜歡將這個角色暱稱為克里彼（Clippy），因此克里彼這個稱呼更為常見。〕

克里彼經常在不需要出現的時刻冒出來，打斷使用者工作，並且針對它所偵測到的當下任務提供協助。問題在於，克里彼實在是太想要幫忙了，如果你在一串位址之後打了「親愛的」幾個字，這位熱情奔放的小幫手就會突然冒出來，讓使用者因此分心。「您看起來正在寫一封信。」小幫手會這麼說，然後進一步詢問道：「您需要一些協助嗎？」雖然原本的意圖是提供虛擬協助，但是小幫手不間斷的嘮叨很快就讓它成為一項惹人厭惡的功能。

納斯在二〇一〇年發表於《華爾街日報》的文章中也強調了這一點，寫道：「史上最令人唾棄的軟體設計之一就是克里彼，也就是微軟Office的動畫迴紋針角色。光是提到它的名字，使用者的心裡就會湧現憎恨的感受，而這種感受通常只會出現在被拋棄的情人身上，或是打得你死我活的敵人之間。」幾年過後，克里彼慢慢成為無止境的嘲諷對象，甚至形成一種「克里彼去死！」

（Clippy Must Die!）的文化，於是微軟在二〇〇一年淘汰這項功能。

雖然Office小幫手有不少執行面的問題，但是這些問題中最糟糕的就在於：小幫手無視於使用者的情緒狀態。除了滑鼠點擊或是鍵盤打字以外，小幫手沒有其他接收訊息的方法，因此與使用者的互動無法真正帶來幫助，尤其是真正需要幫助的人大概都已經惱羞成怒了。更糟糕的是，由於這個角色喜感、擬人化的外表，以及一對一的諮詢方式，因此使用者在下意識中更強化了類似人際互動的期待。

在媒體實驗室新的情感運算研究小組（Affective Computing Research Group）中，上述這些還只是一小部分團隊所致力因應、探討的課題。舉例來說，為了因應克里彼人人喊打的不受歡迎程度，微軟當時就聯繫該研究團隊，想知道如何才能改善Office小幫手的情緒智商（Emotional intelligence, EQ）與共鳴程度。皮卡德團隊想出的方法是一種擠壓式滑鼠，可以用來偵測使用者所施加的壓力。在展示這項裝置時，一位使用者試著將一封信寄給阿伯圖（Abotu）先生，但是他每嘗試一次，微軟Word就會自動把名字改成英文的About（「關於」之意）。此時克里彼偵測到使用者愈來愈緊握滑鼠，於是就會突然出現。

「你覺得很挫折。」克里彼說道：「我應該關閉自動校正的功能嗎？」雖然是較為簡易的裝置，但是擠壓式滑鼠針對使用者的狀態提供某種程度的回饋意見，而且幾乎是以即時的方式進行。在無須修改整體程式的格式下，大部分的問題都可以迎刃而解。然而，儘管這可能是受使用者歡迎的一項改良，但是對於命運多舛的克里彼而言卻為時已晚，而這也成為電腦介面設計史上的一大教訓。

麻省理工學院的跨領域研究

情感運算研究小組的手上有許多非比尋常的專案，而他們也採行許多非典型的做法，因應許多人甚至連想都沒想過需要面對的問題。不過，這正是麻省理工學院媒體實驗室在全球如此赫赫有名的原因。媒體實驗室是由麻省理工學院的尼古拉斯・尼葛洛龐帝（Nicholas Negroponte）教授與前校長杰羅姆・威斯納（Jerome Wiesner）共同創立的，是一個跨領域研究的實驗室，旗下專案致力於結合科技、科學、多媒體、藝術與設計學門。無論是機器人學、人工智慧、人機互動和使用者介面、生物機電、社交運算或其他的領域，這個實驗室都持續成就創新，使其名副其實地成為「尖端科技」的代名詞。

在一九九七年成立媒體實驗室的研究小組時，皮卡德獲得廣泛的支持，不過她也提到，當時媒體實驗室也許是全世界上唯一會這麼做的地方。然而，媒體實驗室跨領域的本質其實非常適合她的團隊，因為她後續的研究將工程與電腦科學結合心理學、認知科學、神經科學、社會學、教育、心理生理學、價值導向設計及倫理學等族繁不及備載的學門。

如此跨領域的做法十分重要，因為要將情緒表達轉化為電腦能夠辨識、處理的東西相當複雜。在研究小組中，有些學生和研究人員打造若干系統，利用靜態與影像攝影機辨識臉部表情。另外，有些學生和研究人員會錄製語音，並且設計程式，能夠從說話者的聲音、語調中辨識出心情，無論說話的內容是什麼都不會影響辨識結果。有些人利用的則是生理信號，舉凡肌電圖、血量脈搏、皮膚電流反應及呼吸等。許多學生和研究人員還利用一系列模式識別（pattern recognition）技術，藉此訓練系統偵測所表達的意涵與變化，也就是我們人類習以為常、可以不費吹灰之力做到的事。

模式識別是機器學習與人工智慧的一個分支，過去數十年來已經發展得愈來愈成熟。由於是人工智慧中非常明確聚焦的形式，因此模式識別有時候又被認為是相對狹隘、薄弱的人工智慧。儘管這些程式希望複製人類大腦裡不可思議、輕而易舉的模式識別能力，但是我們神經元的技術還無法完整透過機器邏輯來加以模仿。因此，為了達成這些任務，電腦採取截然不同的做法。

舉例來說，在機器的視覺模式識別方面，機器必須採取一系列的步驟才能為一個物件或場景賦予意義。首先是取得和前置處理階段，也就是機器取得影像，並且將影像加以清理。下一個階段是特徵提取，也就是找出線條、邊角、有趣的區塊等元素，也有可能包括材質、形狀和動作等。偵測與切分的過程可以將點和區塊進行分類，產生一個階層，留待進一步處理。隨後比較宏觀的處理會將資料進行分組、分類與標記。毫無疑問的是，即便是我們覺得很單純的影像，從電腦的角度而言可能都相當複雜。

情感運算的研究人員也發現，更直接測量情感變化的方法不僅本身可以帶來幫助，還能夠輔助其他的情感系統。如果能藉由生理信號的監控來辨識情緒變化，即可清楚掌握當事人的整體心理狀態。就許多方面而言，早在一個世紀以前，研究人員已經開始做這件事了，當時他們研究人體的自主反應，最終促成測謊器及其他測謊技術的發展。（更多相關細節請參見第十章。）

臉部表情的複雜編碼

然而，就許多方面來說，解讀臉部表情又比單純的視覺模式識別與對照來得困難，至少對機器而言正是如此。臉部表情存在著各種細微的變化，不僅有不同的文化與個人之間的差異，即便是同一個人，臉部表情也是變化多端，而這些變化如此繁多，因此不久前還有許多人認為這對電腦來說是一項難以克服的障礙。儘管當時的電腦已經具備模式識別的能力，但是偵測到的東西應該如何分類、區辨仍然是一大問題。舉例來說，表情誇張的人和保守拘謹的人之間就存在很大的差異；也就是你要怎麼區辨一個人是真心微笑，還是皮笑肉不笑呢？一個人究竟是嘲弄地咧嘴傻笑，還是氣憤地咬牙切齒呢？

所幸對情感運算研究小組及對全球產學界後起的各個情感運算科技實驗室來說，人們似乎已經有了答案。一九六〇年代期間，一位名叫保羅・艾克曼（Paul Ekman）的年輕心理學家開始從事一項跨文化研究，內容是關於：情緒的表達是否具有普世性？也就是說情緒的表達是否不受限於一個人的生活地點與方式？在那段期間，艾克曼在美國、巴西、智利和阿根廷等地遊覽，並利用一系列的影像與提問，探索普世的情緒表達究竟為何。

艾克曼在這些社會中發現高度的一致性之後，他想要消除跨文化影響的可能，因而前往巴布亞紐幾內亞旅行，並使用同樣的方法測試當地的部落居民，而這些部落可以說是全世界最遺世獨立的文化之一。在那裡，即便所接觸的居民與世隔絕，但是他仍發現這些人普遍都極有能力明確地辨識臉部表情。[2]（在測試過程中，受試者最難以區辨的是恐懼和驚訝的圖片。）根據這項初步研究，艾克曼指出，有六種基本的情緒：快樂、悲傷、憤怒、驚訝、恐懼與厭惡。雖然之後有些科學家表示應該是四種，不過艾克曼後來又繼續進行辨識的工作，並且根據自己的研究列舉出二十一種的情緒類型。

在艾克曼後來的職涯中，他不僅是一位心理學家和教授，還成為一家公司的老闆。該公司從事研究工作，並且生產與情緒技術相關的訓練裝置。艾克曼發展的許多理論和工具都圍繞著「情緒」這個主題。他在二十世紀最常被引述的心理學家中名列前茅，並獲選為《時代》（*Time*）雜

2 Ekman, P., Friesen, W. "Constants across cultures in the face and emotion." *Journal of Personality and Social Psychology* 17: 124–129, 1971. doi:10.1037/h0030377.

誌的一百位最具影響力人物，甚至成為一位電視角色的靈感來源，也就是《謊言終結者》（*Lie to Me*）裡的卡爾・萊特曼（Cal Lightman）博士〔由演員提姆・羅斯（Tim Roth）飾演〕。

不過，在艾克曼不勝枚舉的成就裡，對於情感運算研究人員特別有幫助的是他採用「臉部動作編碼系統」（Facial Action Coding System, FACS），並且將這套系統普及化。臉部動作編碼系統是一種人類臉部表情的分類學，在十年前由瑞典的解剖學家卡爾—赫爾曼・赫傑斯奧（Carl-Herman Hjortsjö）所開發。[3]（分類學指的就是系統性的分類機制。）這套系統將人類臉部肌肉的每個動作都視為一個運動單元，於是讓表情的每個成分得以被拆解，成為電腦程式可以分析、歸類的可處理單元，並且更加符合機器邏輯。對於情感運算這個才剛剛誕生不久的領域而言，如此結構化的系統有著極大助益。

接著，艾克曼開發其他幾種表情分析工具，其中最著名的是微表情訓練工具（MicroExpressions Training Tool）。這項工具可以辨識出細微、不自然的臉部表情，即便在當事人刻意壓抑情緒時也能夠加以辨識。[4]另外，還有細節表情訓練工具（Subtle Expression Training Tool），這項工具可以用來教導如何辨識非常小的情緒信號。然而，經過統計之後，在一萬個人類能做出的臉部表情中，其實只有三千個表情與情緒相關，於是其他的工具又陸續問世。「情緒臉部動作編碼系統」（Emotional Facial Action Coding System）和「臉部動作編碼系統情感解讀辭典」（Facial Action Coding System Affect Interpretation Dictionary）都是採用類似的分類學方法，但是只針對與情緒相關的臉部動作。[5]至少就臉部表情的初步情緒分類而言，這些工具都奠定了重要的基礎。

在使用艾克曼的臉部動作編碼系統等編碼系統時，人們明顯可以看到這些系統都是以靜態圖片為基礎，因而在影片方面的應用形成挑戰。不過，如果將臉部動作編碼系統延伸至非局部空間模式，同時納入時間資訊，就有可能從連續變化的表情中提取情緒資訊。[6]這是相當重要的，因為終極而言，它有潛力產生比靜態圖片更精準的解讀。我們的臉並不是靜態的，而是不斷在即時轉換與改變，而每個表情的特徵都會經歷採行、釋出及放鬆的階段。[7]因此，在表情變換的過程中，也就是當我們和他人面對面溝通的當下，表情理當更容易獲得正確的識別，尤其是細部的微表情。

然而，誠如皮卡德所指出的，辨識臉部表情與辨識表情背後的情緒並非永遠都是同一回事。即便如此，由於我們的臉是內在情感狀態最顯而易見的展現，因此臉部表情仍舊是最好的起點，能幫助我們了解表面之下的複雜感受。

---

3 Ekman, P., Friesen, W. "Facial Action Coding System: A Technique for the Measurement of Facial Movement." Consulting Psychologists Press, Palo Alto, 1978.

4 University at Buffalo. "Lying Is Exposed By Micro-expressions We Can't Control." *ScienceDaily*, May 5, 2006.

5 Eckman, P., Friesen, W. "EMFACS-7: Emotional Facial Action Coding System." Unpublished manual, University of California. 1983.

6 Essa, I., Pentland, A. "A vision system for observing and extracting facial action parameters." In *Proceedings of the Computer Vision and Pattern Recognition Conference*, pp. 76–83. IEEE Computer Society, 1994.

7 Picard, R. W. *Affective Computing*. MIT Press (1997).

從LED信號、穿戴偵測裝置到情感資料庫

新的媒體實驗室小組很快就開花結果，並且快速發展出一系列的專案，從許多不同角度因應情緒解讀的問題。[8]對這麼一個新的領域而言，這樣的做法對研究精神來說相當關鍵。唯有抱持著開放的態度，擁抱情感運算科技帶來的各種可能性，這些可能性才能獲得適切的探索。

其中一個團隊開發一個類似手套的裝置，名為「電流激勵器」（galvactivator），能夠追蹤穿戴者皮膚的導電性。[9]電流激勵器是由皮卡德與喬瑟琳・史艾爾（Jocelyn Scheirer）所發明，同時納入南希・蒂爾伯里（Nancy Tilbury）和喬納森・法靈頓（Jonathan Farringdon）的設計。這個裝置會將信號與LED對應，如果穿戴者的情感喚起程度愈高，LED也就愈亮。

後來，到了一九九九年，穿戴裝置的生物回饋機制被應用在電腦遊戲《雷神之鎚》（*Quake*），當玩家對螢幕上的事件覺得驚嚇時，遊戲中的角色就會往後一跳。這不過只是小組開發的眾多生物感測器之一，其他的感測器也能追蹤穿戴者特定生理狀態的變化。最終，電流激勵器的概念發展成日趨精密、複雜的穿戴裝置，包括某些如今已在市面上販售的商品。

其他情感運算小組的專案還包括情感索引（Affect as Index）。情感索引會接收一整個群體的生理資料，並將資料以不同的人口族群面向進行整合，最後再和媒體內容產生連結。[10]這讓不同的使用者群體可以「分享」情緒，並探索特定事件如何以不同的方式、原因影響參與者，促

進對話及理解。好幾個著重群體動態的其他專案也都能應用在社群媒體上。言語情感（Affect in Speech）則致力於彙整出一個資料庫，這個資料庫包含一系列的情緒變異，同時支援其他的專案，協助打造言語情感的自動偵測模型。[11]視覺綁架：見我所見（EyeJacking: See What I See）則是善用眾人的智慧，讓人們可以「綁架」另一個人的視覺，分享自己所看到的事物。[12]對自閉症的患者而言，這項技術可以幫助家人、照護者和同儕遠距離了解患者的世界，提供額外的資訊，以趨近即時的方式得知當事人看到了什麼。此外，這也提供一種方式，為機器人帶來某種視覺辨識智慧的引導。

這些專案都具有雙重責任，一方面努力達成本身的目標，另一方面也支援其他的專案目標。舉例來說，一個語音變異的資料庫可以被其他人用來開發語音軟體和裝置，也就是匯集群體情感的系統可以連結各式各樣的社群媒體應用，或是流行病學的研究。

有一個名為「自閉症的情感溝通」（Emotion Communication in Autism）的團隊，他們的一系

8 許多具有啟發性的專案發展都要歸功於情感運算小組的眾多成員，尤其是他們的努力與創意。雖然有些人曾經指出並肯定這些成員的成就，但是這些人所呈現出來的專案和人員名單仍然相當不完整。
9 Farringdon, J., Tilbury, N., Scheirer, J., Picard, R. W. Galvactivator.
10 Daily, S. B., Picard, R. W. Affect as Index.
11 Fernandez, R.; Reynolds, C. J., Picard, R. W. Affect in Speech: Assembling a Database.
12 El Kaliouby, R., Marecki, A. Picard, R. W. EyeJacking: See What I See.

列專案致力於幫助有口語溝通困難的人，協助他們因應根本性的問題，包括自閉症患者在內。[13]由於這些人也許外表看起來風平浪靜，內心卻可能早已瀕臨崩潰，因此這樣的工具就可以在他們崩潰之前協助找到觸發點，並且幫忙照護者發展出因應的策略，避免這些情況發生。

情感科技的問世

電流激勵器是早期從實驗室問世的情感科技之一，後來經歷一系列的進化和改良，在精密度與可攜帶性方面都有所成長。電流激勵器是一種膚電活動的感測器，這樣的裝置可以測量並追蹤皮膚的導電性。（電流激勵器這個名字源自於更早期的一個詞彙：皮膚電流反應。）電流激勵器的設計是一種無指手套，這個裝置的使用與測試包含各式各樣的群體情境，有時候甚至同時由多達一千多名觀眾穿戴，一次蒐集大量的數據。依據電流激勵器所習得的經驗，後來iCalm手環於二〇〇七年問世。iCalm是一個低成本、低耗電的無線裝置，可以追蹤好幾種自體生理機制，例如：膚電活動和心跳。這個裝置的設計具有輔助其他功能的潛力，舉凡睡眠監控、減重、壓力監測、身體活動追蹤、自閉症教育、產品測試，甚至還包括電玩的介面等。

在為電機電子工程師學會所寫的一篇回憶錄中，皮卡德訴說喬蒂的故事。喬蒂是一位罹患自閉症的年輕女性，她在一場年度聚會上向其他自閉症患者發表演說。[14]每當有任何預料之外的事情發生時，喬蒂和許多自閉症患者一樣都會備感壓力，於是皮卡德讓喬蒂佩戴一個手環。這個手環會測量三種生物信號：皮膚導電性、動作和體溫。在那之後，每當行程有所改變，而喬蒂感到焦慮時，手環都會留下紀錄，並且在她嘗試不同的因應方法時追蹤她的情緒狀態。多虧這些蒐集的資料，皮卡德團隊得以找出對喬蒂最有效益的行為，協助她免於陷入「崩潰」的狀態，也就是自閉症患者常見的失控。

儘管有許多的想法、專案和創新都在情感運算研究小組中應運而生，但是對這個實驗室而言，非常重要的一件事就是夥伴關係。情感運算研究小組擁有各種天賦異稟的人才，其中許多人也在小組任職期間建立重要的工作關係。在這些工作關係中，有一項後來造就出一系列的新科技，最終還促成新企業的創立。

自閉族群的新希望

拉娜・埃爾・卡莉歐比（Rana el Kaliouby）出生於埃及開羅，她在那裡長大，並且取得科

13 Goodwin, M., Eydgahi, H., Kim, K., Morris, R. R., Lee, C. H., Picard, R. W. Emotion Communication in Autism.

14 *IEEE Transactions on Affective Computing*, Vol. 1, No. 1 (January 2010), pp. 11–17.

學學士與碩士學位。在就讀研究所期間，她發現自己被利用電腦改變人們彼此連結方式的想法所吸引。大約在同一時間，她當時的未婚夫，也是開羅一家新創公司創辦人的韋爾・艾明（Wael Amin）給她看了一篇書評，而這本書就是皮卡德於一九九七年所撰寫的開創性著作。卡莉歐比自行訂購一本，最後也終於閱讀了——那已經是書籍到貨四個月後的事了。她覺得這本書極具啟發性，特別還是由一位女性工程師所撰寫，因此皮卡德就成為卡莉歐比的榜樣，後來也成為她的導師。這本書幫助卡莉歐比更加確信，開發出可以解讀人臉的系統就是她未來的目標。

在取得碩士學位之後（她的學位論文寫的是臉部追蹤系統），卡莉歐比於二〇〇一年移居英格蘭，開始在劍橋大學（University of Cambridge）攻讀博士學位。但是，她發現那裡並沒有人真正熟悉情感運算，她時常面對諸多質疑，人們會詢問她為什麼想要研究這樣的東西。在她的一場研究簡報中，有一位年輕觀眾發表評論，指出在嘗試讓電腦解讀人臉的過程裡，有一些卡莉歐比必須面對的挑戰聽起來很類似他弟弟在日常生活中遭遇的困難，而這位觀眾的弟弟是一名自閉症患者。

卡莉歐比並不了解自閉症，因此開始著手研究這個題目，希望能找出一些線索，解決她所面臨的問題。巧合的是，當時劍橋的自閉症研究中心（Autism Research Center）主任暨認知神經科學家賽蒙・拜倫—科恩（Simon Baron-Cohen）正在進行一項專案，試圖建立人類表情的影像目錄。這個專案的目的是為了幫助自閉症患者，讓他們能識別他人的臉部表情，因為臉盲症是自閉症患者常見的問題。在每一支影片都由二十位評審評定後，這個專案最後一共產生四百支有效的範例影片，可以讓卡莉歐比用來訓練她的程式。接著，機器學習演算法會處理所有標記為特定表情的影片，例如：屬於快樂或困惑的影片，然後在所有同類的影片中，找出一切臉部表情的共同點。於是，軟體就會**知道**特定的表情看起來的模樣，並能透過新增的樣本和回饋持續改善。

這些努力最後讓卡莉歐比開發出她的第一套情緒社交智慧義肢，包含一副眼鏡、一個網路攝影鏡頭，以及使用者面對的LED。在對話過程中，這套裝置會感測對方的表情，並且給予穿戴者即時回饋，比方談話的對象是正在專心投入、沒有反應或是覺得無聊。如果是專心投入，LED會呈現綠燈；沒有反應會呈現黃燈；覺得無聊則會呈現紅燈。在離開劍橋之前，卡莉歐比已經開發出精準度高達八八%的系統，並且可以辨識出真實世界中的更多表情，不單只是基本的表情而已，她決定將裝置命名為MindReader。

二〇〇四年，當卡莉歐比正在發展MindReader作為博士學位研究的專案之際，皮卡德造訪她的劍橋實驗室，兩人立刻一見如故。[15]皮卡德對卡莉歐比系統的精密性與健全程度感到驚豔，於是兩人很快就開始合作，希望讓系統更進一步發展。卡莉歐比邀請皮卡德擔任自己博士論文的

15 El Kaliouby, R. A. “Mind-Reading Machines: Automated Inference of Complex Mental States.” Dissertation. Newnham College, University of Cambridge. March 2005.

考官，而皮卡德則邀請卡莉歐比加入媒體實驗室的情感運算研究小組，卡莉歐比在二〇〇六年也真的以博士後研究員的身分加入。她們發現，兩人之間的合作相當愉快，不久之後也取得國家科學基金會（National Science Foundation）的一百萬美元開發iSET，這是以卡莉歐比的FaceSense軟體為基礎的情感義肢。

皮卡德與卡莉歐比以iCalm和MindReader技術為基礎，在好幾個專案上攜手合作。五年內，她們在羅德島普洛威頓斯（Providence）的自閉症研究機構葛洛登中心（Groden Center），對孩子們開發並測試她們的裝置。這項任務相當成功，對於在情感表達和辨識上有重大困難的人們而言，她們的研究成果帶來啟發與希望。

從惠普到微軟都看好的商業應用

在這個過程中，媒體實驗室每一年會舉辦兩次「贊助週」的活動，此時實驗室的研究人員會對企業贊助者呈現自己的專案，而這些贊助者都是高瞻遠矚的公司，非常了解這些研究背後擁有的潛力。除了本身立意良好之外，這樣的交流活動也能為研究人員帶來重要的回饋意見。然而，即便贊助者持續對皮卡德和卡莉歐比的研究進展感到驚喜，但是他們依舊覺得這些專案做得還不夠。經常會有人告訴這兩位研究人員，她們的科技存在各種商業應用的龐大潛力，尤其是在產品的品牌打造與市場調查方面。不久後，MindReader 軟體被上傳到媒體實驗室的伺服器，而企業贊助者則受邀測試尚在開發的產品。MindReader 很快就成為實驗室下載次數最多的軟體。皮卡德和卡莉歐比當然都為此感到興奮，不過隨著知名度大增，一連串的疑問也跟著浮現。

各個產業的公司都想要知道這究竟是什麼東西，以及背後的意涵。美國銀行（Bank of America）、福斯（FOX）、吉普森（Gibson）、惠普（HP）、賀軒（Hallmark）、微軟、美國太空總署（NASA）、諾基亞（Nokia）、百事可樂（Pepsi）、豐田（Toyota）及山葉（Yamaha），這些企業都對此展現興趣。皮卡德與卡莉歐比很高興看到，自己的成果除了幫助自閉症患者之外，或許還具備商業應用的潛力，但這一切還是有點令人害怕。畢竟，她們是研究人員，並不是商業人士，她們希望持續專注在研究工作上，而非經營一家新創公司。

漸漸地，皮卡德與卡莉歐比所開發裝置和系統的準確度持續提升。她們的機器學習演算法有許多的優點，其中之一在於提供給程式的資料樣本愈多，這些程式也會變得愈好。有時候，設計上的其他改變也能提高辨識率，例如：在臉部識別系統中，加入新型的不對稱嘴巴掃描器。原本這些系統是以對稱的方式追蹤人們的嘴巴，但是一個人嘴巴的形狀和位置往往兩邊並不相等。傻笑、奸笑、冷笑，所有這些表情通常都不是左右對稱的，所以當她們打造新的嘴巴追蹤器時，能夠兩側獨立追蹤，辨識率也因此大幅躍升。

即便偶爾會有這樣的修正、調整，但是機器學習仍舊持續走在演進的道路上。皮卡德和卡莉歐比愈來愈清楚地看到，如果要持續改良程式的準確度，就必須拿出更多的樣本資料來訓練程式，而且是非常多的資料。不幸的是，情感運算研究小組的成員就只能提供這麼多的樣本。此外，程式透過資料來學習的過程非常費時，需要成千上萬，甚至多達數十萬人才能訓練系統。皮卡德後來估算，如果以截至當時為止的做法來擴大規模、取得樣本的話，將會花費將近十億美元的成本！即便實驗室的運作相當成功，這筆預算無疑也遠遠超出可行的範圍。

贊助者仍然持續提出要求，於是最終皮卡德和卡莉歐比找上媒體實驗室當時的主任法蘭克・莫斯（Frank Moss），提議邀集更多的研究人員進入這項計畫，藉此滿足需求。莫斯拒絕了，他告訴她們，如果要發展她們的技術，就必須將研究成果轉化成為新創企業。「現在妳們應該要靠自己的力量了。」莫斯這麼建議，並且接著補充，在市場上營運將會讓她們的應用變得更健全，也更有彈性。[16]這兩位女性想要專注於研究，而不是經營一家公司，但是她們也感受到這股必然的趨勢，如果她們希望有機會真正推進研究成果，超越既有的水準，就必須走出自己熟悉的學術圈，一頭栽進狂野的商業世界裡。

16 Khatchadourian, R. “We Know How You Feel.” *New Yorker*, January 19, 2015.

第五章
啟動情感經濟

內華達州拉斯維加斯——二〇二九年十一月五日

傑森往後靠著椅背，目光越過自己的撲克牌，盯著每一位對手。在他的手裡，一對K有兩張二作為後盾。這當然不是勝券在握，但是現在比賽進行不到一半。當你參加的是由百威啤酒（Budweiser）贊助的情感撲克世界錦標賽（World Tournament of Emo-Poker）時，沒有什麼是穩贏的。

玩家隔著牌桌盯著彼此，打量著自己的對手；或者應該這麼說，他們正在使用各自的軟體打量著對方。每個人的帽舌上都裝設一台網路攝影機，也佩戴著智慧隱形眼鏡，這些都提供他們源源不絕的資料流。當然，每一串資料流都透過量子演算法加密，以確保沒有人能夠竊取任何其他人的信號，突顯出這是一場多麼重量級的競賽。

傑森把焦點放在迪米特里的身上，對方絕對是傑森碰過的玩家中最冷靜，也最強大的一位。傑森知道自己的角色，保持不動聲色，盡可能做到表情無法被解讀的人類極限，並且讓**情感機器人**發揮魔力。他放慢呼吸，恢復平穩，而資料也開始流入了。

迪米特里對自己充滿信心，有著極度的自信。他的信賴水準高達九九・一%，這個數字幾乎破表，高到不可置信。上一次傑森見到類似的情況是在里約，牌面為A、K、Q、J、10的同花大順，那一次他輸得分文不剩。但是，有一件事不太對勁，資料流的邊緣裡有著什麼，一個不該出現的微小細節卻出現了。他回頭檢索資料，直到找出來為止。迪米特里的表情影片流露出性交後的愉悅，雖然只有一丁點而已。

迪米特里當然是在掩飾著什麼，所有人都會這麼做，這是唯一能過關斬將到這個階段的方法。但是，這一次的情況並不一樣，他這一次的意圖是讓人分心，究竟是從什麼事情上分心呢？

迪米特里左眼下方微微閃爍一下，而這個細小的微表情洩漏天機。傑森並不是在和迪米特里對戰，迪米特里只是坐在那裡讓人分心、虛張聲勢，為的只是要讓他屈服而已。迪米特里並不是重點，他能夠以奇特的方式控制自己的交感神經。傑森真正的對手是格瑞高爾，他坐在傑森的右邊、牌桌的最邊緣。而傑森知道格瑞高爾已經黔驢技窮了，他刻意露出不在意的冷笑，揭穿迪米特里的虛張聲勢。錦標賽的贏家非他莫屬，他準備大獲全勝。

新的情感經濟已經到來了，就像上述的撲克牌競賽場景所示，情感經濟是一個舉足輕重的趨勢。雖然目前還只是初期階段，但是我們的技術能力與市場需求卻已經達到臨界點，過去單純只是新奇有趣，如今已經成為幾乎無可避免的趨勢。

這個趨勢將會如何展現呢？和其他的科學發展成果一樣，在剛剛走出實驗室之際，會先由幾家新創公司相互競爭，彼此搶著進入市場。

不過，人們已經一次又一次地發現，搶先進入市場並不保證後續能夠存活，更不保證可以成功。[1]這只不過是一系列科技的第一個世代，而在未來還有許多事物需要學習。資金會開始進駐，尋找那些少數的長遠贏家。市場價值會開始上升，也許會高到荒謬離譜的程度，直到泡沫破裂，或至少是滑落下來。一段令人不滿的時期會接踵而至，然後會有幾位勇敢的投資人重回投資場域，接著這樣的循環便會開始周而復始。於是，第二個世代的情感運算也就揭開了序幕。

市場將會看到一個包含各類型公司的生態系統發展出來，填補經濟上的利基空缺，而這些市場定位還很少人想到能夠予以填補。在這個過程中，利基市場將可以支持新的公司，讓它們所提供的服務成為可能，而這些服務先前是無法存在的。

[1] Lipson, J. "Being First To Market Isn't Always Best: Ask Microsoft About Apple Watch." *Forbes* (April 29, 2015).

從百億到上百億美元的情感經濟市場

過去五十年的數位時代已經讓這一切化為可能。電腦、人工智慧、網際網路及Web X.0全部都經歷近乎相同的過程，走過開發與投資的起伏模式，這一切都奠定了如今啟動新情感經濟所需的基礎。現今，公司可以透過一系列的不同方式，善用並傳播自己努力爭取的技術能力。應用程式介面（application programming interface, API）與軟體開發套件（software development kit, SDK）提供方法，讓其他的公司、個人，甚至競爭對手都能將這些新科技納入自身的流程中。同時，軟體即服務（software as a service, SaaS）也提供一系列的服務給所有人，包括被授權者、訂購者、由廣告所支持的網站及應用程式等。這一切（再加上其他更多的方式）讓人們足以開始打造新的功能與技術，滿足市場的需求。隨著這個趨勢持續，新的基礎設施也獲得發展，支持更進一步的創新，在其他的支援技術存在之前，這樣的創新並無可能。

有趣的是，這樣的市場行為如何創造出更多過去並不存在的產品、服務需求呢？在新科技的每個世代中，如此的正向循環會持續上升一段時間。而這樣的成長究竟會有多顯著、多快速呢？根據一份二〇一五年的市場研究報告指出，全球的情感運算市場將從二〇一五年的九十三億美元，快速成長到二〇二〇年的四百二十五億一千萬美元，其中美國市場的規模將是兩百二十六億五千萬美元。對於一個十年前還不存在的市場而言，這樣的成績並不算差。[2]

情感運算的商業領航者

當皮卡德和卡莉歐比於二〇〇九年四月成立Affectiva時，Affectiva是透過情感運算技術從事商業應用的前幾家公司之一，她們的初步規劃是以情感運算為基礎，先致力打造出一系列的產品，其中包含輔助性產品，讓在感知和表達情感上有困難的人能夠得到幫助，尤其是自閉症患者。同年，還獲得第一個外部投資人——彼得塞哲瓦倫伯格慈善信託（Peter Sager Wallenberg Charitable Trust）挹注兩百萬美元，後續又募集到一千八百萬美元的投資。由於在媒體實驗室的研究初期，她們建立許多關係與人脈，因此在Affectiva創設之初就已經擁有一定的客戶基礎。該公司初期的產品包括Affdex，這是以FaceSense為基礎的情緒感應與分析技術，還有Q Sensor，這是iCalm手環的更新版。

在公司創立之初，已經擁有二十四家企業的清單，大部分是《財星》（*Fortune*）五百大企業，而這些公司不約而同都想要利用該公司的科技。「不幸的是，這些公司想利用科技的目的並不一樣。」皮卡德說道：「你不可能推出二十四種產品。讓演算法運作是一回事，但當你是一家新創

2 MarketsandMarkets.com. "Affective Computing Market by Technology (Touch-based & Touchless), Software (Speech, Gesture, & Facial Expression Recognition, and others), Hardware (Sensor, Camera, Storage Device & Processor), Vertical, & Region—Forecast to 2020." September 3, 2015.

公司時，為這些不同的客戶做產品、做介面又是另外一回事。所以，我們花費很多心力思考著，應該先從二十四家企業中的哪一家著手，你不可能讓每一個人都滿意。」

Affectiva創立後，著手的前幾件事情之一就是全面重建FaceSense軟體，讓它成為能夠進入商業市場的Affdex。這麼做的原因之一在於，自從該軟體首度問世以來，模式識別技術與人工智慧的其他分支已經在短時間內有了許多的改變。舉例來說，雖然人工類神經網路（artificial neural network, ANN）從一九九〇年代以來不再受到青睞，但是二〇〇六年，傑佛瑞・辛頓（Geoffrey Hinton）和盧斯朗・薩拉克迪諾夫（Ruslan Salakhutdinov）在兩篇關於機器學習的重要論文中展現重大的進展，於是又讓人工神經網路重回人工智慧研究的主流。[3]他們和其他學者的研究都介紹重要的新方法，這些方法能建立並訓練多階層的神經網路，進而達成全面改造。無論是在聲音辨識、語言轉譯、影像搜尋或舞弊偵測等領域，這些新的方法似乎都已經開始受到廣泛應用。

神經網路是以人類的大腦作為模型，[4]將相互連結的軟體或硬體節點（代表神經元）打造出階層，並且針對特定的輸入資料逐步改善解決方案，例如：一幅影像。這些階層中有一些是隱藏的，也就是說它們取得輸入，然後進行運算、找出解決方案，之後再將解決方案送往下一個階層，而下一個階層會再重複同樣的程序。

在影像辨識的案例中，這意味著每一個階層所提取的是這幅影像愈來愈高階的特徵。最終，結果會被送往負責輸出的階層，而負責輸出的階層可能還會對結果做一些進一步的調整。隱藏階層之所以會有這樣的名稱，是因為人們並不清楚這些階層的結果究竟是如何產生的，其中有一部分的原因在於，神經網路已經透過監控與非監控的方式進行愈來愈多的**訓練**。在校正網絡的工作上，找出最佳的節點數量、階層數量、資料輸入及訓練都是整體挑戰的一環。

一般來說，藉由增加隱藏階層的數量，網絡能提高運作時的準確度。（雖然到了某一個臨界點之後，準確度其實就會開始下滑。）提高準確度的權衡取捨在於，如果使用的節點和階層愈多，運算所需的時間也會愈長。所幸就在二〇〇六年論文發表的同一時間，圖形處理器（graphics processing unit, GPU）的可取得性增加，成本也下降許多。這些處理器能大幅加速神經網路的訓練，在進行重要的數字運算工作時，原本所需的數週時間可以減少到幾天，甚至短短幾個小時。

深度學習技術的持續進展

有許多方法也進一步改善這些深度學習的技術，這些方法的名稱包括受限玻爾茲曼機（restricted

3 Hinton, G; Salakhutdinov, R. "Reducing the Dimensionality of Data with Neural Networks." *Science* 313: 504–507. 2006.

4 在這裡，與其說是「以人類的大腦作為模型」，倒不如說是「受到人類大腦的啟發」。在第十七章裡，我們將會談到在面對神經元和電晶體兩種如此不一樣的東西時，建立模型的方式存在著一定程度的局限。

Boltzmann machine）和復發神經網路等。這些因素都大幅提升深度學習演算法在各種模式識別工作上的應用。過去十年來，持續的進展促成人工智慧的顯著成果，其中包括臉書（Facebook）DeepFace的開發。DeepFace能夠在影像中辨識人臉，並且具有九七%的準確度。

二〇一二年，多倫多大學（University of Toronto）由辛頓和兩位學生組成的人工智慧團隊透過一個深度學習神經網路，贏得一年一度的ImageNet大規模視覺辨識競賽（ImageNet Large Scale Visual Recognition Competition），並在競賽期間造成轟動。[5]到了更近期，Google DeepMind利用深度學習開發會下圍棋的人工智慧AlphaGo，而且透過擁有三千萬筆專家級棋譜的資料庫對AlphaGo實施訓練。二〇一六年三月，AlphaGo以四勝一敗的成績擊敗世界級圍棋好手李世乭。和西洋棋相比，下圍棋被認為是艱難許多的人工智慧挑戰。原本人工智慧圈子還預期，這種等級的表現至少要再等十年才會出現。

雖然基本的演算法相當重要，但是相較之下，訓練的方式至少是同等重要的。Affectiva重新打造FaceSense的另一個原因在於，原本的程式以往都是透過較少數的參與者和研究人員進行訓練。當新的系統完成後，Affectiva推出一個先導專案，內容是在線上串流超級盃（Super Bowl）廣告，並且取得觀看者的同意，在他們觀看廣告時利用網路攝影機進行分析。這讓卡莉歐比的團隊得以蒐集到所需的結果，對系統進行再訓練，而且這一次是上千名真實世界的觀眾。此外，透過參與測試的觀看者，廣告和其他的媒體內容為Affectiva帶來更多真實的情緒表達資料。這一點非常重要，在使用機器學習來訓練系統的辨識能力時，他們使用的最好仍是夠細緻的情緒表達，因為即便是一位好的演員，在表演這些細緻的情緒時，依然有可能會出現一些有別於真實情緒的特徵。隨著Affectiva透過每一支廣告蒐集到愈來愈多情緒回應的樣本，這個系統也變得愈來愈精進。正如同卡莉歐比在一場專題演講中所說的：

> 我們藉由觀看臉部表情來掌握情緒。臉是傳遞社交、情緒資訊最有力量的管道之一，而我們利用電腦視覺與機器學習演算法來追蹤你的臉，包括你的臉部特徵、眼睛、嘴巴及眉毛，然後和情緒的資料點做對照。接著，我們利用這些資訊與情感狀態進行比對，如困惑、感興趣、享受等。從開始運行這些資料以來，過了幾年後，我們發現如果擁有的資料愈多，情緒分類也能愈準確。當我們訓練同類型的分類器時，如果只有一百筆樣本，準確度大概只能停留在七五%；但是如果使用將近十萬筆的正向訓練資料樣本，準確度就可以一舉超過九〇%。這真的非常令人興奮，而我們也持續增加更多的資料，幫助提高準確度。[6]

5 有趣的是，辛頓的曾曾祖父就是數學家暨邏輯學家布爾，而布爾的學術成果被譽為電腦科學的重要基石。

6 2014 Strata Conference + Hadoop World, New York, NY. Rana el Kaliouby keynote: "The Power of Emotions: When Big Data meets Emotion Data."

這是應用眾多資料集和機器學習的一個重要面向，成功基本上會進一步地帶來更多的成功。

分析百萬臉孔與百億情緒的廣告測試

而後到了二〇一一年初期，一家英國的跨國市場研究公司明略行（Millward-Brown）邀請Affectiva為他們展示Affdex。明略行在一年前就成立自己的神經科學部門，希望應用科技進行廣告測試。[7]不過，明略行和其他起步更早的公司都發現，在實驗室裡所做的不見得能夠放大適用到其他的場景。這些系統需要將電極與感測器接在觀看者身上，因此相當笨重、不易攜帶，還非常耗時，更遑論往往在無意間會為觀看者帶來焦慮和不適的感受。

因此，明略行的高階主管發表一項提案：他們事前已經自行測試四支廣告，而如果Affectiva的團隊與軟體可以正確分析出觀看者對於這四支廣告的回應，他們就願意成為Affectiva這家年輕公司的客戶與投資人。其中一支廣告是一部得獎作品，內容是聯合利華（Unilever）為自家的多芬自信基金會（Dove Self-Esteem Fund）所做的宣傳，標題名為「猛烈襲擊」（Onslaught）。這支廣告的意圖是：喚起人們對商業導向的審美觀與身材期待之意識。廣告內容呈現一位天真無邪的小女孩，她遭受各種廣告影像和訊息的猛烈襲擊，而這些影像和訊息所突顯的都是媒體加諸於女性的刻板形象，廣告最後以一句標語：「在美容產業開始和你的女兒對話前，你應該先和她對話。」

作為結束。

Affectiva的程式觀察超過一百名觀看者觀看廣告的過程，並且確認明略行已經知道的事：觀看者覺得看了這支廣告之後覺得很不舒服。但是，Affectiva的系統還發現，在廣告結尾的地方，幾乎所有觀看者不舒服的感覺都終止了，並且在最後標語出現時鬆了一口氣。這是對廣告的一個簡短回應，而在這些觀看者中，沒有一位利用較為傳統的問卷和測試方式表達意見，這套軟體確實偵測到一些其他技術錯過的訊息。

測試通過，而明略行也信守承諾，投資Affectiva四百五十萬美元，[8]並且開始使用這套軟體測試上千支廣告。截至該年的夏天，Affectiva已經擁有一百萬美元以上的營收。不久後，該公司發布原始的軟體開發套件，讓其他公司與個人也可以利用這套軟體提升自家的軟體。這不只開始擴大人工情緒智力生態系統，而且許多這類廣告更是增加Affectiva資料庫的樣本數量，讓系統可以藉由訓練更進一步提高準確度。

現今，Affdex已經分析兩萬支以上的廣告、超過四百萬張臉孔，並且產生出五百億個情緒資料點。此外，Affdex的使用橫跨超過七十五個國家。由於樣本包含各式各樣的臉型、類型，同時

7 "Millward Brown launches neuroscience practice." *Ad Week*, April 2010.

8 透過它的母公司WPP。

跨越許多不同的文化，因此這也強化情緒表達具有普世性的概念。

從臉部辨識到人聲情緒，眾多公司加入戰局

在Affectiva崛起的過程中，當時的執行長大衛・柏曼（David Berman）逐漸將公司帶離輔助式科技的方向，朝著獲利性高出許多的市場研究領域靠攏，因為這個領域擁有吸引投資人目光的更高潛力。因此，皮卡德原本利用穿戴裝置、追蹤生理參數的重心逐漸被轉移。Q Sensor愈來愈被邊緣化，到了二〇一三年四月，公司更正式終止Q Sensor的販售。皮卡德被迫與她創立的公司漸行漸遠，於是轉而成立Physiio，而Physiio很快便與Empatica Srl合併為Empatica公司。

如今，Empatica銷售兩種不同版本的感測器：E4針對研究人員，而Embrace鎖定的則是一般消費者。Embrace的行銷與當今許多的穿戴式裝置一樣，都是能追蹤並量化生活不同面向的工具，例如：生理壓力、短暫覺醒、睡眠及身體活動等。此外，目前相關的研究也正在進行，希望能將Embrace應用於癲癇發作的偵測、警示機制，協助照護者的工作。E4則能以無線的方式提供研究人員一系列的即時原始資料，幫助研究人員追蹤生理資料。

當然，Affectiva絕對不是唯一一家聚焦情感科技的公司，也不是唯一關注臉部表情、情緒分析的公司。事實上，位於聖地牙哥的Emotient成立的時間還比Affectiva更早，早在二〇〇八年就

已經成立了。Emotient的方法類似於臉部辨識，會偵測並分析人們在體驗特定感受時幾乎都會呈現的微表情。為什麼在這個領域會忽然冒出這麼多的公司呢？

Emotient的執行長肯・登曼（Ken Denman）解釋：「在此之前，有利因子並不存在，攝影機的技術還不夠強大，所以我們無法真正量測人們臉上的微表情。這些微表情是我們下意識的反應，在我們有意識地停止之前，這些微表情就已經出現在臉部的肌肉上，因為微表情是一種衝動。」登曼繼續提及，現在的處理能力也已經到位了，所以我們才能運用深度學習的神經網路，讓一切得以實現。

正因如此，數十家公司紛紛進入這個領域，著重的不只是臉部資訊，還包括其他的情緒溝通方式。位於以色列特拉維夫（Tel Aviv）的Beyond Verbal就是一家情緒分析公司，重心放在提取、辨識人聲語調所傳達的感受。Beyond Verbal初步的主要應用是在客服中心和其他客戶服務，試圖解讀並掌握消費者當下的情緒和感受。現今，他們正在拓展其他的市場，特別是健康與照護領域。[9]Beyond Verbal的系統立基於二十一年以上的物理學家、神經心理學家研究，並且已經使用來自一百七十四個國家、超過一百六十萬個語音樣本進行訓練。每一筆樣本都經過三位心理學家

9 約朗姆・勒瓦儂（Yoram Levanon）表示，他們的技術還可以辨識出一系列的疾病，根據的就是這些疾病對聲音產生的影響，例如：某種特定的發抖或顫音。

的分析，而三位心理學家必須同意樣本所傳達的情緒，取得共識之後才能進入訓練資料庫中。

根據該公司表示，這套軟體不只可以偵測出通話者的主要與次要情緒，還可以掌握他們在態度和個性上的某些面向。這些都可以用來指引自動化系統與客服人員，藉此滿足顧客的需求。客服中心能以不同的方式來使用這套軟體，找出特定情境的最佳回應。舉例來說，如果是不滿意但想要認真尋求解決方法的顧客，處理策略就會有別於純粹想要抒發不滿的顧客。

Beyond Verbal的科技使用深度學習和模式識別的技術，從語音的聲波中提取情緒內容。雖然我們的聲音本身並未演化到能夠傳遞具體情緒的程度，但是我們的生理條件卻會界定並局限這些聲音可能的成形方式。在與Beyond Verbal的科學長約朗姆・勒瓦儂（Yoram Levanon）博士討論情緒如何導入我們的發聲機制時，他認為答案似乎在於：伴隨著我們的情緒所造成的身體變化會改變語音的特徵。就某些方面而言，這一點相當類似克萊恩斯的想法，也就是情緒可以透過手指的按壓波形感測出來。根據勒瓦儂博士的說法，我們很早就學會辨識這些情緒的聲音特徵，甚至可以說是在子宮裡已經開始學習了。理論上來說，在這段早期的學習過程中，相關的神經元會自我組織，發展成最能夠識別人聲情緒的狀態。[10]

Beyond Verbal提供應用程式介面與軟體開發套件給開發人員，讓他們能將語音導向的情緒分析納入自己的應用程式中。Beyond Verbal還推出Moodies這個號稱全球第一款智慧型手機上的情緒分析應用程式。該公司表示，這個應用程式能將結果分類為超過四百種的情緒變異，並且藉此辨識出各種感受和態度。該公司的執行長約瓦・莫爾（Yuval Mor）預測，在不久的將來，情緒分析軟體將能夠內嵌在任何支援語音的裝置或平台。

有數十家公司正在快速發展中，希望能在情緒辨識領域裡扮演一定的角色。有些公司從零開始開發自己的產品，有些公司則是透過許多已經成熟的公司和科技，利用它們提供的應用程式介面與軟體開發套件。

在臉部表情辨識的領域中，除了Affectiva與Emotient之外，還有許多其他的公司，像是Eyeris、IMRSV、Noldus、RealEyes、Sightcorp及the Affective Computing Company（tACC）等，甚至連微軟都透過微軟認知服務（Microsoft Cognitive Services），以Emotion API這款應用程式介面加入戰局。這款應用程式介面提供自然且脈絡化的互動式工具，藉此提升使用者體驗。目前而言，這套應用程式介面主要聚焦的是臉部表情辨識。

在情緒偵測的領域中，還有Emospeech這家公司。Emospeech和Beyond Verbal一樣，都是開發語音情緒辨識的軟體。另一家也是位於以色列的公司Nemesysco，處理的則是語音壓力分析，藉此偵測詐騙舞弊的行為。瑞典公司Tobii的業務著重在眼睛的控制與眼球的追蹤，目的是研究人

10 我同時推測，同樣一個神經網路也會受到其他聲音驅動，尤其是帶有情緒的樂音。針對同一段樂音，人們的反應會有所不同，而差異的根據就是同樣一套系統組織。

類行為。雖然走路和站立的姿勢分析被認為是情感運算領域的一部分，而且在某些領域中愈來愈常被使用，例如：物理治療與人體工學，但一致的情緒狀態指標仍是記錄情緒的一大挑戰。也許地理定位科技會找到某種解決方法，又或者穿戴式相機能提供足夠的回饋，為穿戴者的行動補充更多資訊，屆時這些功能的分析也將獲得進一步提升。

將情感融入軟體與機器人系統

在情感運算這枚銅板的另外一面，還有一些將情感整合進入軟體與機器人系統中的方法。有幾家公司已經開始進入這一塊市場，提供方法讓機器帶給人一種具備情緒的印象。舉例來說，以倫敦和紐約為據點的Emoshape能製造一種「情緒處理單元」（emotion processing unit, EPU），這種單元可以用於裝置中，讓使用者感覺這些裝置擁有情緒。[11] 情緒處理單元被譽為是人工智慧、機器人與消費性電子裝置的第一款情緒晶片，透過與感測器的連結，晶片會在互動過程當中辨識使用者的情感，然後將資訊反映在自身的行為上。情緒處理單元能監控臉部表情、語言和聲音語調，因此也可以判斷使用者的情緒層次。

其他的公司勢必也將跟進，也許是如同Emoshape一樣製造公司專屬的情緒處理單元，或是開發並販售自己的情感引擎，同時讓其他程式可以連結這些引擎的應用程式介面。這些可用來改良機器人、軟體應用程式及人工智慧個人助理的行為和動作，曼蒂就是一個很好的例子，也就是我們在第一章一開始認識的那個數位個人助理。

在這一切之中有趣的一點是，著重臉部表情辨識的新創公司位居主導性地位。原因似乎在於兩個關鍵因素。首先，有一連串的技術條件現在已經到位，讓這種特定形式的情感辨識能夠發展，例如：擁有足夠解析度和速度的網路攝影機與智慧型手機相機；所有裝置的處理能力，無論是桌上型電腦、筆記型電腦，或者也許是我們最重要的智慧型手機；此外，還有連線能力與傳輸速度，讓裝置能夠連接伺服器和服務，無論是有線網路、Wi-Fi無線網路或行動裝置上網。

第二個原因就更有意思了，是由於近幾年來以電腦為基礎的模式識別與深度學習取得顯著的精密度和能力。在某些方面而言，這可能會促成能力遠比一般人還高的模式識別；而就其他方面來講，模式識別的能力卻又遠遠不足。這可能是因為如果一件事物存在著可以一定程度結構化的普世特徵（例如：叉子都有叉尖、汽車都有四個輪胎，或像是字母的特徵等），以人工神經網路為基礎的視覺系統就可以透過訓練達成絕佳表現，即便在條件不佳的情況下也不會受到影響。

同樣地，大多數的臉部表情辨識系統都立基於結構化分類學，最常見的就是艾克曼對於個別臉部肌肉動作的拆解，這種做法的假設是基於人類情感的臉部表情相當具有普世性。或許多虧定

11 ZDNet. Brown, E. "Emoshape gives emotional awareness to gaming and artificial intelligence devices." November 19, 2015.

義如此良好的分類學，因此目前大多情緒分析公司似乎占據臉部情緒辨識的領域。然而，隨著其他情緒辨識管道的技術問世，並且為人了解，這一點可能將會有所改變。

情感運算產業的併購風潮

當然，就像其他的產業一樣，情感運算產業也會出現併購的現象。先前曾提到，在二〇一四年四月，Physiio與Empatica Srl合併成立Empatica公司；而在二〇一五年，臉部辨識軟體公司Kairos也以兩百七十萬美元買下IMRSV，藉此提供顧客想要卻不在原本專業內的能力。二〇一六年一月，世界巨擘蘋果（Apple）收購Emotient，收購金額不為人知。雖然截至筆者撰稿前，蘋果並未聲明收購Emotient的原因，但是許多人紛紛臆測，蘋果希望藉此開發個人助理軟體Siri的改良版。在同一時間，蘋果的其他收購案似乎也支持上述的猜測，這些收購案包括英國的自然語言軟體公司VocalIQ、深度學習影像辨識公司Perceptio，以及動畫面部分析新創公司Faceshift。正如前文所言，打造能以更自然的方式理解、回應我們的軟體系統是持續存在的一股動力，而這股動力讓這些科技得以不斷演進。

還有一些其他的因素也會影響這個新興領域的成長，例如：專利與智慧財產（intellectual property, IP）法規。舉例來說，二〇一五年五月，Emotient取得一項一天蒐集並標記多達十萬張臉部影像方法的專利。在此一年前，蘋果也申請了一項一套以臉部表情為基礎的心情評估系統之專利。智慧財產保護是非常重要的創新驅動因子，可是同時在既有的法規中，新科技獲得的專利範圍卻往往過於廣泛，或是新科技本身缺乏新意。不幸的是，對於新興科學領域的不熟悉常常會導致心態錯誤的過度保護。一九九七年與一九九八年Myriad Genetics的BRCA乳癌基因專利就是一個顯著的例子，而該專利已於二〇一三年裁定無效。[12]

過於廣泛的專利保護可能會壓制創新與發展。評價類似Emotient等專利並不在本書的討論範圍，但是我們或許應該提出質疑，如果是群眾外包（crowdsourced）引導機器學習的方法，這樣的方法獲得專利保護是否明智？時間將會提供解答。在新興科學發展的初期階段，真正重要的事情在於，我們不應該設立不必要的路障。想像一下，如果在一九八〇年代或一九九〇年代，有人取得一項描述人類表情整體分類學的專利，雖然這在當時看來可能是相對新穎與創新的一套流程，但是如果保護範圍過於廣泛，這樣的專利可能反而會抑制整體情感運算領域的發展！

這裡的重點在於，在這樣的初期階段，我們尤其應該建立額外的預防機制，防止明顯不利於

12在一九九〇年代，基因定序（Gene sequencing）仍然是非常新穎的，而當時許多不屬於該專業領域的人士，包括專利律師與專利要求評估人員，並不夠了解相關的程序。BRCA1和BRCA2基因分別於一九九七年與一九九八年獲得專利，然而專利內容過於廣泛，最終於二〇一三年宣判無效。當時美國最高法院一致判定：「自然存在的DNA片段是天然的產物，因此不能只因為經由定序被獨立出來就獲得專利。」

公眾最佳利益的專利保護出現。更重要的是，我們必須記得，除了核發專利之外，美國專利與商標局（US Patent and Trademark Office）的核心宗旨還包括「推動美國的產業和科技發展，強化國家經濟」。在這個日新月異的世界裡，我們必須謹慎地取得平衡，弄清楚專利保護當局究竟是在為誰服務。

在自由市場經濟裡，人們很容易聚焦於獲利，將獲利視為創新的關鍵驅動因子。然而，獲利只是其中一項要素而已，甚至不見得是最重要的一項。對於許多所見略同的前瞻者而言，周邊支援的基礎設施也是至關重要的環節之一；此外，如果社會已經做好準備面對新科技可能帶來的所有（或部分）潛力，對於長遠的成功來說也相當重要。創新無法在真空中發展出來，而是奠基於已經準備就緒，並能相互啟發與滋養的想法和概念。如果能夠藉由發展中的科技開放某些面向，同時保護真正值得的智慧財產，科技的生態系統就能成長並茁壯，這不只會對社會有利，對創新者本身也能帶來好處。

卡莉歐比似乎也支持這項論點，她曾說：「我們最大的挑戰在於這項科技有著許多的應用，於是我的團隊和我了解到，我們不可能完全靠著自己打造。所以，我們開放這項技術，讓其他的開發人員也可以藉此創造一些東西，發揮自己的創意。」[13]

語音客服、線上互動的情緒運算前景

由於這一切的進展，在情感運算的所有不同形式和應用中，我們能對未來的持續發展抱持什麼樣的期待呢？不同的產業彼此將會如何支持與競爭？情感生態系統將會如何發展，又可能會如何影響其他的科技？

在檢視產業中某些領導者的評論時，我們可以明確得知他們自身的期待，或是他們希望看到什麼樣的未來。如同前文所言，Beyond Verbal的莫爾認為，情緒分析軟體很快就會幾乎在所有支援語音的平台上看見。這意味著包括Siri等軟體助理，或是遠在地球另外一端的客服中心，未來都能在你與他們互動的當下，立刻判斷出你的心情和狀態。此外，當你打電話給朋友時，除了自然傳遞的情感以外，還包含提供情緒管道的選項。理論上來說，為了保障個人隱私，如果你沒有意願，上述這些都會提供選擇，至少在初期會存在著這樣的選擇，因為投入的公司希望維持良好的顧客關係。

卡莉歐比經常分享她對未來情感運算發展的願景，像是會說：「未來有一天，我們所有的裝置都會有情緒晶片，你的裝置會依據你的情緒加以回應並調整。」這意味著她的願景包含不止一

13 TEDWomen 2015. el Kaliouby, R. “This app knows how you feel—from the look on your face.” May 2015.

個情緒管道，比方不只有臉部表情這個管道，也許是包含所有的管道；或至少是所有已經能放上一塊晶片的情緒管道。卡莉歐比曾說：「我以前認為自己所有的情緒都會在網路空間裡消失。」[14]她的意思是，在我們大多數的線上溝通裡，難免都會有情感訊息大量流失的現象。如果我們能透過額外的管道，彌補人類史上大部分溝通裡的這個重要環節，某些至關重要的元素或許可以失而復得。

在臆測情感運算的未來時，皮卡德表示：「我認為在二十年後，我們在各個地方都會看得到情感運算的蹤影，每一個穿戴裝置、每一支手機、每一台筆記型電腦和每一部機器人，無所不在。只要是與人互動的科技，而且人們期待在互動過程中具備智慧的科技，都會存在著情感運算。」正如同卡莉歐比所言，在皮卡德眼中的未來裡，我們大多數的裝置都將具備強大的情緒敏銳度。有趣的是，皮卡德的重點不只延伸到運算裝置，還擴及機器人。在下一章裡，我們即將看到她絕對不是唯一正在思考這件事的人。

14 同上。

第六章 像人的機器人，或像機器人的人

伊拉克費盧傑（Fallujah）——二〇〇八年五月二十四日下午一點零六分，阿拉伯時區（世界標準時間加三小時）

幼發拉底河河畔，拆彈專家達內爾・哈里斯（Darnell Harris）坐在裝甲運兵車上，專注地看著傑瑞・史布林哲（Jerry Springer）出動執行任務。這位忠實的戰士謹慎移動著，通過眼前的鋼骨橋梁。伊拉克豔陽高照，穿透夏季天空中的沙塵。哈里斯抹去額頭上的汗水，並且快速掃視隊友一眼。拆彈連裡沒有人說半句話，大家都屏氣凝神地看著他們的隊友朝著簡易爆炸裝置（improvised explosive device, IED）前進。

忽然間，形勢不變。

「他的訊號中斷了！」傑克森突然在無線電裡大喊道。

「他正往邊緣前進！」另一個人大叫道：「注意！」

哈里斯抬頭就看見史布林哲衝向橋梁的左側。

「把他關掉！」皮爾森中尉下令道。

「我正在試。」傑克森喊道：「但是他沒有回應！」

「把他關掉！他要跨過……」

就在那一瞬間，所有人都安靜了。哈里斯往橋梁的方向俯瞰，馬上就明白了。史布林哲忽然在原先的路徑上一動也不動，而且停止得正是時候，他矮小的軀體有三分之一在橋梁的邊緣驚險地懸空。他本來應該會掉進下方的河流裡，要不是他手裡握的水瓶炸彈有著一定的重量，原本應該是會掉落的。

史布林哲還是沒有動作，這是一台遠端遙控的雙軌車體，擁有可延伸的手臂、可三百六十度旋轉的手腕及四台定焦彩色攝影機。是標準款的「魔爪」（Talon）軍用系列，在伊拉克交付給七一七拆彈連，史布林哲是一台機器人。

隊員連忙營救他們的隊友，他們不敢派人上橋，因為那一枚簡易爆炸裝置隨時都有可能引爆，所以他們唯一能做的，就是再派出另一台機器人。

這台小型的背包（Pacbot）機器人被他們稱為丹尼・德維托（Danny DeVito），朝著橋梁前進三分之一的距離後，接著就緊緊用手抓住魔爪，然後開始用力拉。但是不論再怎麼用力，就是拉不動這台比它還大的機器人，因為兩台機器人的重量實在相差太多了。

隊員別無選擇，只好再調整策略。他們召回背包機器人，並且快速附上一條五百五十磅重的尼龍傘繩。接著，德維托再次被派回橋上，並且把繩子快速固定在史布林哲的握把上。只有這樣，士兵們才能非常謹慎、小心地把史布林哲從橋梁邊緣拖回來。

如果你覺得這聽起來有些古怪，你並不是唯一這麼想的人。不過，事實上隨著軍方在軍事行動中加強使用機器人，愈來愈多類似的事件也開始不時上演。在任務過程中，士兵經常會為他們的機器人同袍賦予性別、名字及個性。更重要的是，他們也很在乎這些機器人的安危，彷彿這些機器人就是團隊的成員。其實從許多方面來說，這些機器人也真的是團隊的一分子。

拆彈人員與機器人互動的實地訪查

二〇一三年，華盛頓大學（University of Washington）的博士候選人茱莉・卡本特（Julie Carpenter）訪談了二十三位拆彈人員，藉此研究他們與機器人之間的互動關係。[一]卡本特發現，

—Dissertation: “The Quiet Professional: An investigation of U.S. military Explosive Ordnance Disposal personnel interactions with everyday field robots.” 2013. Carpenter, J. University of Washington.

許多的受訪者經常會將機器擬人化。當機器人受損時，他們會感到同情；當機器人毀壞時，他們也經常表達憤怒或悲傷。在幾個案例裡，有人甚至還為了在任務中毀壞的機器人舉行葬禮。

還不只如此，在卡本特研究範圍之外的不少案例裡，常與機器人共事的士兵甚至表示，他們會為機器人頒發勳章，甚至還會在機器人袍澤不幸犧牲時，以二十一響禮炮表達崇敬之意。[2]

為什麼這些士兵要這麼做？又為什麼會有人想要這麼做？

卡本特和其他的學者都點出，人類擁有一種自然的需求或傾向，希望與我們的工作夥伴建立認同和連結，即便這些夥伴並不是人類。如果你仔細想一想，這其實也不是什麼異常的行為。我們時常會為自己的汽車、船隻或是一些工具命名，並且和它們說話，所以士兵在戰場上做同樣的事並不令人意外。有一位士兵曾在軍事留言板上寫道：「汽車、吉他、武器……為科技用品命名並不少見……所以如果考量機器人為了拯救生命而犧牲，為機器人取名字也不為過。」[3]

更清楚地說，這些士兵並沒有對自己的機器人產生過度的情感連結，以至於影響自己的任務，也沒有因此在他們的人際關係中帶來衝突。卡本特詢問一位名叫杰德的士兵，當機器人被炸毀時有什麼感覺，而杰德回答道：

> 感覺很複雜。嗯，首先，你會有些生氣，因為有人炸了你的機器人，所以你會有點不快。這樣一來，你的戰力又會下滑，而且更有可能必須自己下車處理。然後，你懂的，這種感覺有點像

是，嗯……這個機器人犧牲自己的生命來拯救你，所以有點讓人難過。不過，話又說回來，不過就是一台機器、一部工具在那裡被炸毀了，而這原本是你可能會遭遇的事，所以你會非常……非常開心，因為被炸掉的是機器人，而不是自己。所以，各種情緒五味雜陳，一開始是憤怒，有點不悅，然後想到只不過就是有人炸毀一台機器人。你失去一個常常仰賴的工具，而且這個工具拯救了你的性命……可憐的小傢伙。

——杰德，四十一歲，海軍一等士官長

將物體擬人化的原因分析

即便尚未達到極端的程度，但是這些士兵顯然在將這些機器人擬人化。擬人化所指的是，將人類的特質與品性賦予在非人類的個體上，如動物、無生命物體，或甚至是暴風雨、驚濤駭浪等自然現象。心理學家點出許多原因，說明人類為何會這麼做。

首先，這個物體可能在某些方面長得像人類，例如：一隻泰迪熊或是小孩玩的娃娃。然而，

2 "Soldiers are developing relationships with their battlefield robots, naming them, assigning genders, and even holding funerals when they are destroyed." *Reddit*, 2013.

3 同上。

這個物品其實完全不需要看起來像人，也就是不見得需要在外表上具備人的特徵，而是可能擁有某些內在特質，會讓我們聯想到人，好比凶狠的感覺，或是很有耐心。

我們擬人化的另一個原因在於，這麼做可以幫助了解自己不熟悉的事物。如果把事物放進我們熟悉的脈絡裡，即便這個脈絡並不是完全精準，卻還是能幫助我們掌握它的功能。在我們的語言中到處都可以找到簡單的例子。就外觀而言，椅「腳」或是一個組織的「頭」號人物，其實只有一點類似生物上的「腳」與「頭」，但是這些詞彙很快就能傳遞訊息，表達出這些事物發揮的功能。

最後，還有一個原因就是，我們社交連結的需求。人類情緒、社交互動方面的天賦顯然會幫助我們和其他人、事、物產生連結，讓我們更了解這個世界，這一點似乎也在歷史上賦予人類演化的優勢。

卡本特也同意這一點，因為她觀察到「我們會將與一件事物互動的常規視為典範，並且套用在其他認為類似的事物上，這對人類來說非常自然；對我們而言，這是一種學以致用的有效方式。有趣的是，在某些情境中，有些士兵會將人與人或是人與動物的互動典範，套用在人與機器人的互動上。這不只是為了社交而社交，而是一種試著了解人類與機器人互動關係的聰明方式，好讓這樣的互動關係盡可能地發揮最大效率。」

不幸的是，就我們的機器而言，人機互動一直以來都是單向的。無論我們多麼想讓故障的烤麵包機了解自己的不滿，烤麵包機永遠無法得知我們的觀點，或是根據我們的感受來調整它的行為，至少以前就是這樣。

全球第一台社交機器人上市

時間是二〇一四年六月，一條長長的人龍正耐心排隊等候著，地點是東京澀谷購物區的軟體銀行（Softbank）旗艦店。所有人都想趁機一睹Pepper的真面目。Pepper是一台身形矮小的機器人，被譽為全球第一台市售社交機器人。Pepper的外殼是閃閃發亮的白色塑膠材質，身高略低於四英尺。這台可愛的人形機器人會說話，也會比手畫腳，可以和客戶進行一對一的互動，還準備了一連串的問題與笑話。Pepper使用精密的語音辨識機制，同時加上若干視覺與聽覺技術，可以解讀一個人的心情，並且以一種聰明、合理的逼真方式進行對話。雖然距離真正人類等級的對話還很遙遠，但是Pepper仍然展現出科技令人嘆為觀止的成就。

法國的機器人公司Aldebaran是軟體銀行集團旗下的成員之一，這家公司發明了Pepper，並且將其譽為全球第一台真正的社交陪伴機器人。Pepper能辨識臉孔，理解語音和觸覺，會說十七國語言，甚至還有幽默感。然而，最重要的是Pepper能理解並回應情感，這對任何機器來說都不是一件簡單的事。二〇一五年年中，當Aldebaran和軟體銀行開始銷售這款機器人時，據稱才開賣一分鐘就售出一千台。[4]這多少顯示人們對這類科技的需求程度，至少在科技愛好者與早期採用者之中可見一斑。Pepper的售價不到兩千美元，是設計用來陪伴日本逐漸增加的老年人口。雖然Pepper的設計還無法做家事，不過以它的敏捷程度與學習能力來看，這樣的能力很有可能在接下來的機種實現。

Pepper絕對不是第一台可以接收並理解情感的裝置，它只是第一款大眾可以直接購買取得的。過去二十年來，社交機器人成為情感運算中愈來愈重要的一個分支，而隨著這些機器日趨精密，未來也勢必將會延續這個趨勢。

如果情感運算是立基於一系列各式各樣的科技與系統，社交機器人就更是如此了。社交機器人不只需要像情感運算一樣，能透過各種信號確認使用者的情緒，還必須自行回應與互動。在開發這些功能的過程中，研究人員學習到非常多的事物，不只是關於如何製造這些機器，還包括人類本身的心理，以及如何與人類的心理成功互動。

為了打造能與人類自然互動的機器人，這些機器人理想上應該可以用人際溝通的方式和人類進行互動。為了做到這一點，機器人必須能辨識出一個人、判斷這個人在做什麼，以及這件事情做得如何，這意味著機器人要能精準評估一個人外在與內在的狀態。在人類心理學中，這被稱為「心智理論」（theory of mind, ToM），這是大部分孩童在二至五歲間開始發展的能力。[5]經由這樣的發展，我們能辨識他人的心理狀態，並且與自己的心理狀態加以區隔，這些心理狀態包括知識、信念、情緒、欲望、意圖，以及其他各種狀態。

某些人工智慧的圈子認為，要在機器人和其他人工智慧中打造並應用心智理論是一項艱鉅的挑戰。我們難以保證這件事情能否在未來實現，但是如果採取還原主義的觀點，也就是心智可以還原，簡化成生理上的大腦實體，這項目標最終應該可以達成。[6]在這種情況下，機器人在未來可能將會具有意識。[7]

機器人應該要逼真到什麼程度？

同時，心智理論還有另外一種方式能讓機器人更加活靈活現，重點就在於人類這一方。從人類的角度而言，機器人並不需要真的和人類一樣具有對他人的意識，而是只需要模仿到一定的程度，讓人們**以為**機器人具備意識就夠了。這是很重要的差別，因為機器真正的意識不見得會在未

4 "Personal Robot That Shows Emotions Sells Out in One Minute." Gaudin, S. *ComputerWorld.* June 22, 2015.

5 Theory of mind. https://en.wikipedia.org/wiki/Theory_of_mind.

6 在這個脈絡之下，還原主義所指的概念是：心智可以被還原為一系列的生理過程，而這些過程能夠在另外的基質或環境中被加以模仿或複製，先決條件則是擁有夠先進的科技。Ney, A. Reductionism. *Internet Encyclopedia of Philosophy.* IEP, University of Tennessee.

7 這裡的假設是，心智理論能夠被機器人或人工智慧加以內化，並且真實經歷，而不單只是在演算法上得到模仿。

來實現，而在真正實現前，模仿或許就夠了。

為什麼我們要這麼做呢？因為這種方式能促進最逼真的介面社交互動。由於我們無法明確知道意識是什麼、如何運作或是如何浮現，所以人工智慧可能還需要一段時間才能擁有意識，甚至永遠都不一定做得到。（更多關於這方面的細節請參見第十七章。）藉由了解心智理論的運作，我們有可能騙過觀察者，讓觀察者以為和自己互動的也是具有意識的「另一個人」。即使人們在常識上知道機器人並非真的具有意識，但還是願意暫時放下懷疑，而這一點也能鼓勵互動，促進雙方更好的交流。

模仿意識的這項權宜之計可能相當重要，因為可以讓我們更完整也更投入地與機器人進行互動。由於社交機器人本身就是一個介面，而我們透過這個介面取得機器人的功能，因此人類很可能會持續努力，試圖讓這個介面盡可能地自然與擬人。

有一位科學家一直扮演著領航者的角色，試圖打造有一天能融入心智理論的機器人，她就是麻省理工學院的辛西婭・布雷齊爾（Cynthia Breazeal）教授。布雷齊爾表示，她在年輕時十分著迷於個人機器人這個想法。在她的著作《設計社交機器人》（*Designing Sociable Robots*）中，布雷齊爾透露，當《星際大戰》（*Star Wars*）系列電影首度於一九七七年上映時，她有多麼著迷於機器人Ｃ３ＰＯ和Ｒ２Ｄ２。[8] 幾年後，布雷齊爾取得工程學位，並擁有科學專業知識，而且正在麻省理工學院深造人工智慧碩士。當時的主任羅德尼・布魯克斯（Rodney Brooks）帶領她進入機器人學的領域，這改變了她的一生，而布雷齊爾也明白，這是她命中注定要走上的道路。

當時是一九九七年，布雷齊爾正在麻省理工學院求學，旅居者號探測器（Sojourner Rover）登陸火星，成為史上第一台登陸其他行星的機器人。當時身為機器人新秀學家的布雷齊爾不禁思考著，為什麼人類已經可以把機器人送上太空，但卻還是無法把機器人放進家裡呢？最後她的結論是，因為機器人還無法以社交或自然的方式和我們互動。這項啟發促使布雷齊爾開始研發她的第一台社交機器人，同時也成為後來她的博士論文，研究人類與機器人社交互動的基礎。

在接下來三年裡，布雷齊爾和她的團隊推出一台名為「Kismet」的機器人，這個名字來自土耳其語，意思是**命運**或**注定**。Kismet不只是一台金屬機器而已，它有著表情豐富的大眼睛、可以彎起的嘴唇與能夠移動的耳朵，而Kismet透過這些可以傳遞出非語言訊息，就像是小狗或人類一樣。在和Kismet一同坐下之後，你可以把一個物體交給它，並且對這個物體提出評論。Kismet的頭和眼睛會追蹤說話者的臉孔，接著轉移到物體上，再回到還在繼續說話的人身上。在整個過程裡，Kismet會活靈活現地眨著眼睛，並且發出一些非語言的聲音。雖然Kismet顯然只是一台機器，但人們還是會把它幾乎當作活生生的人看待。

就介面的發展而言，Kismet標誌著相當重要的一步，顯示機器與人類或許真的能以人類的溝

8 Breazeal, C. *Designing Sociable Robots*. MIT Press. 2002.

通方式彼此連結，即便在大部分的時候，只有人類這一方真正達到社交的程度。布雷齊爾表示：「這台小小的機器人能透過某種方式，進入人類深層的社交本質，而這一點也讓我們期許未來能以全新的方式和機器人互動。」[9]

雨後春筍般的社交機器人

在接下來的幾年裡，布雷齊爾在麻省理工學院媒體實驗室建立並領導個人機器人學小組（Personal Robotics Group），而後來她在這裡也監督各式各樣、五花八門的社交機器人開發工作。[10] 表達能力極強的Leonardo就是一個例子，它是一隻毛茸茸的擬真機器動物，同時也是與史坦溫斯頓工作室（Stan Winston Studio）的合作項目，這間工作室本身即是許多好萊塢特效強片的幕後團隊，如《魔鬼終結者》（*Terminator*）和《侏儸紀公園》（*Jurassic Park*）。〔有趣的是，Leonardo看起來有點像是《星際大戰六部曲：絕地大反攻》（*Return of the Jedi*）裡的伊沃克人（Ewok），還擁有小精靈的長耳朵，可以達到良好的偵測效果。〕

Nexi是一台白色、塑膠材質的移動輕巧社交型（mobile-dexterous-social, MDS）機器人，擁有表情豐富的雙眼和臉孔，而與Kismet和Leonardo不同的是，Nexi說的是自然語言。小組推出的另外一款機器人是Autom，設計者是柯瑞・基德（Cory Kidd），Autom是他博士論文的一部分，目的是為了幫助使用者達成減重的目標。除了上述的機器人以外，還有其他更多的機器人，而這些機器人讓布雷齊爾被封為個人機器人學之母。

接著到了二〇一四年七月，布雷齊爾為了宣傳全球第一台居家社交機器人，在群眾募資網站Indiegogo發起一項募資活動。[11]這台機器人名叫Jibo，而這場活動很快就成為有史以來最成功的機器人群眾募資，在短時間內就募集到超過三百七十萬美元，其中的兩百三十萬美元用在五千台機器人銷售前。過了一年多之後，這家機器人新創公司又進一步募集到三千五百萬美元的資金。[12]從視覺上來說，這台矮小的家庭助理是極簡主義者的夢想，擁有簡單的曲線加上白色的形體，而它被設計從事各種居家活動，從拍攝全家福照片、傳遞訊息，到說床邊故事給孩子聽都包括在內。二〇一六年春天，第一批的Jibo開始出貨。

Jibo絕對不是唯一號稱史上第一台居家社交機器人的產品，顯然Aldebaran的Pepper也可以打著這樣的名號，而Blue Frog Robotics公司的Buddy也不例外，Buddy是一台滾輪式互動型的居家機器人。事實上，有一大批的居家社交機器人正準備在接下來幾年內推出。許多開發人員認為，

9 TED Talk: "Cynthia Breazeal: The rise of personal robots." TEDWomen 2010.
10 MIT Media Lab—Personal Robots Group. http://robotic.media.mit.edu/project-portfolio/systems/.
11 "JIBO, The World's First Social Robot for the Home." Indiegogo. https://www.indiegogo.com/projects/jibo-the-world-s-first-social-robot-forthe-home.
12 Guizzo, E. "The Little Robot That Could... Maybe." *IEEE Spectrum*, vol. 53, issue 1. January 2016.

差不多是時候讓這些裝置問世了，而這和及早搶占市場的重要性不無關聯。

不過，目前還只是初期階段，而在這些機器人系統中，很可能會有一些在真正準備好前就先行出貨。對於某些早期採用者而言，只要缺陷不是太嚴重或許都還可以接受。雖然這些早期採用者是科技循環很重要的一部分，但是如果和原本的預期落差太大，他們也會直接宣判某項產品死刑。就這些機器人而言，只有時間能夠證明哪一些會成為長遠的贏家，或者是否會有任何長遠的贏家出現。

這一切都顯示，如今在世界各地有許多研究人員都正在開發新的社交機器人與平台，他們有著各式各樣的哲學和方法，盡可能要讓機器人與人類進行完整互動。舉例來說，大衛・漢森（David Hanson）和他在Hanson Robotics的團隊都是設計表情豐富、栩栩如生的機器人臉孔，並且使用許多低耗能的促動器與馬達，藉此模擬人類臉部、頸部六十塊以上的主要肌肉。接著，這些促動器和馬達會再覆蓋一層類似皮膚的新型材質，這種材質是漢森研發出來的，命名為Frubber〔就是flesh（肉）和rubber（橡膠）的結合〕。

根據漢森表示，這種已經取得專利與商標的材質「有著如海綿般的彈性，使用的是磷脂雙層奈米科技，讓材質能自行集結成類似於人體的細胞壁。」[13]每一台機器人都受到以人工智慧為基礎的角色引擎所控制，而這些引擎會為臉部動作的模擬指引方向，因此所有機器人都可以擁有屬於自己的獨特表情。透過這些科技，Hanson Robotics開發出一系列令人讚嘆的機器人，這些機器人能根據不同的用途大量生產製造，包括教育、研究、博物館及居家等用途。漢森這麼做的目標之一在於，這些對話角色機器人（Conversational Character Robots）可以作為一個起點，藉此「為開發擁有同理心的機器人播下種子，如果它們達到人類水準的智慧，或是極有可能超越人類水準的智慧，可能就會是我們未來的希望種子。」[14]

進攻接待、行政甚至照護領域的機器人

在商業場域中，已經有不少使用社交機器人的嘗試出現，讓這些機器人在不同的商業情境中成為初步的接觸點。許多公司都在致力研發服務機器人，而這些裝置正試著將至少一定程度的社交功能融入機器人的運作中。有一些機器人的設計是以問候為目的，或是取代購物中心原本的自助服務機（Kiosk），例如：東芝（Toshiba）的Junko Chihira。Junko Chihira是一台人形機器人，設計用來與店家的顧客互動並提供指引。[15]

另一項來自日本的創新則是日本知名的怪怪旅館（Henna Hotel），這家旅館的營運幾乎完

13 Hanson Robotics的網站：http://www.hansonrobotics.com/about/innovations-technology/。

14 TED talk: "David Hanson: Robots that 'Show Emotion'." TED2009.

15 "Muoio, D. Toshiba's latest humanoid robot speaks three languages and works in a mall." *Tech Insider*. November 9, 2015.

全仰賴機器人，包括接待、提取行李等服務。[16]上海的一家購物商場主打的則是陽陽。陽陽是一位女性人形機器人，她會說話、握手、唱歌，還會擁抱顧客。新加坡的南洋理工大學（Nanyang Technological University）也將一台學校所研發的機器人投入接待工作，還將這台機器人取名為Nadine。[17]

隨著這個趨勢的快速發展，值得注意的是，大部分的問候機器人似乎都採用女性的形體。其中有一部分的原因可能在於，人類社會普遍認為女性比較沒有威脅性，但也意味著這些機器人可能會取代傳統上由女性所從事的工作。這個趨勢會持續下去嗎？我們是否會看到，在行政、照護等領域中，社交機器人的使用愈來愈頻繁，以至於產生性別失衡，取代原本工作場域上的女性工作者呢？（就像我們從前看到的，過去數十年來，許多以男性為主的工作都逐漸由工廠機器人取而代之。）

二〇一六年世界經濟論壇（World Economic Forum）的一份報告指出，勞動市場顛覆性的變革包括機器人與人工智慧使用的增加。這份報告預測，到了二〇二〇年，世界上會出現五百萬個工作機會的淨流失，其中辦公室與行政部門的工作流失占了整體預測的三分之二。總體而言，對女性的衝擊會高出許多：女性每增加一個工作機會的同時就會流失五個工作機會，而男性每增加一個工作機會的同時只會流失三個工作機會。這是一個不幸的趨勢，而我們也必須持續關注。

隨著現今有著如此眾多的科技，社交機器人學也出現不少開放原始碼的做法。Ono是一個

DIY社交機器人開放原始碼平台專案（DIY Open Source Platform for Social Robotics Project），源於比利時；Poppy也是一個開放原始碼的機器人平台，以3D列印為基礎；而Open Robot Hardware則試著將開放原始碼的概念應用到機器人系統上。這些平台都包含社交機器人的設計與程式。（所謂的平台指的是一個技術組合，可以支援其他應用程式與服務的開發，在這個案例中也包括機器人開發。）有人可能會說，和某些商業導向、機構導向的機器人實驗室所推出的其他產品相比，機器人較沒有那麼精密、複雜；即便如此，如果要說歷史提供什麼指引，我們可以看到像這樣的平台將會在持續創新的循環中扮演愈來愈重要的角色。

激發同情反應的機器人

在談論情感運算時，必須記得這個領域囊括許多不同的學科與科技。辨識臉孔和理解臉部表情所傳遞的情感是人類幾乎都會的事，由於十分習以為常，因此我們往往沒有意識到整個過程。但是，我們必須使用攝影機先捕捉一個人的特徵，再透過精密的、經過數千張樣本影像訓練的臉

16 Smith, M. "Japan's ridiculous robot hotel is actually serious business." *Engadget*. July 31, 2015.
17 Burns, J. "Meet Nadine, Singapore's New Android Receptionist." *Forbes*. January 15, 2016.

部辨識軟體，才能讓機器開始執行相同的任務。

語音辨識軟體做的也是同樣的事，利用的則是能感測聲調起伏的麥克風。肢體語言和手勢能傳遞許多訊息，因此人們現在正在探索理解肢體語言與手勢的方法。生理上的一些變化也是其他的研究領域，如血流與皮膚電流反應。這些技術都連結到一個事實，就是這些科技都使用模式識別演算法，而這種軟體可以從原始資料中感測、提取模式和關係，且表現得遠比任何人類都好。

雖然情感運算與社交機器人學擁有這麼多的共同點，但後者仍具備一項重要的特色，就是我們與社交機器人互動的方式。情感運算的程式可以非常精密，但多半都還是軟體，而和擁有實體的程式相比，使用者還是較難對這些軟體產生認同。另一方面，好幾項研究都顯示，在與機器人互動時，使用者也會產生同理心，就和與其他人互動時差不多。[18]

正如卡本特在軍隊研究中所呈現的，拆彈專家顯然展現對機器人夥伴的某種認同感。雖然這些機器人長得不像人類，不過它們仍然擁有一個形體，讓使用者可以與之互動。這一點非常重要，因為研究顯示，當一個東西和我們愈相像，我們就愈能對它產生認同與同理心。（至少可以達到一定的程度，這一點會在下一章進一步探索。）一套軟體程式本身無法引發同理心，大概是因為軟體程式不具有形體，然而即便只是一台小型的機器人玩具，我們都有可能和它進行許多深層的互動。

德國杜伊斯堡—埃森大學（University of Duisburg-Essen）的艾斯楚德．羅森薩爾—馮德爾普頓（Astrid Rosenthal-von der Pütten）領導一項研究，在這項研究中，志願受試者在觀看影片的同時，也進行功能性磁振造影（functional magnetic resonance imaging, fMRI）大腦掃描。[19]在影片中，志願受試者看到研究人員分別熱情地和一個綠色盒子、一隻綠色玩具恐龍或是一位穿綠色T恤的女性互動。研究人員可能會擁抱對方，或是搔癢、撫摸對方。

在玩具恐龍的案例中，它是一隻名為Pleo的機器玩具。Pleo配備一系列的麥克風、擴音器、感測器與馬達，可以依據自己被對待的方式移動、扭轉並發出聲音。剛開始，恐龍先是被搔癢和擁抱，於是會以愉悅的叫聲回應。接下來，志願受試者觀看不同的影片，影片中研究人員假裝以不好的方式對待對方，於是盒子、恐龍和女性一一遭到毆打、搖晃、撞擊及更糟糕的對待。

舉例來說，當Pleo被勒住時，會發出叫聲與咳嗽、呼吸困難的聲音，和影片中的女性反應差不多，而這台機器玩具對其他不良對待的反應也一樣強烈。之後志願受試者的大腦掃描接受分析，而研究團隊對於所發現的事情感到驚訝。並不令人意外的是，觀看盒子時所引發的同情反應最低，不過原本團隊預期觀看機器人的反應應該會落在盒子和女性之間，但是在觀看恐龍時，大

18 Riek, L., Rabinowitch, T., Chakrabarti, B., Robinson, P. "How anthropomorphism affects empathy toward robots." Proceedings, HRI 2009 Proceedings of the 4th ACM/IEEE international conference on Human robot interaction, pp. 245–246.

19 Rosenthal-Von Der Putten, A. et al. "Investigations on empathy towards humans and robots using fMRI." *Computers in Human Behavior*, 33, pp. 201–212, April 2014.

部分的大腦掃描結果都非常接近觀看女性時的掃描結果。雖然在看見女性遭受不良對待時，反應確實會比Pleo的反應來得大，不過這樣的結果依舊相當發人深省。

在另外一項研究裡，麻省理工學院的研究人員凱特・達爾琳（Kate Darling）邀請好幾位受試者和Pleo玩。[20]在玩了一個小時後，她給所有人刀子和其他武器，並要求他們虐待並肢解自己的玩具，所有人都拒絕這麼做。達爾琳進一步表示，告訴他們如果殺害別人的恐龍就可以拯救自己的恐龍，所有人也都拒絕了。直到達爾琳下了最後通牒：如果沒有任何一台玩具機器人被破壞，所有的Pleo都將會遭到屠殺，這時候才有一位男士站出來，用斧頭砍了其中的一隻恐龍。受試者都陷入沉默，對這種野蠻的行徑感到震驚。

「達爾文按鈕」觸發的深層反應

為什麼研究中的這些受試者會如此回應呢？是什麼喚起他們對這些無生命裝置的同理心？關鍵或許就在於機器人的行為。麻省理工學院的雪莉・特克（Sherry Turkle）教授談到某些行為，如眼神的接觸、肢體語言及手勢，將這些會啟動人類與生俱來自然反應的行為稱為「達爾文按鈕」（Darwinian button）。[21]這些按鈕會觸發我們某些深層，甚至直覺的反應，讓人類相信我們所觀察的對象擁有某種形式的智慧，甚至可能具備意識。就許多方面而言，這其實不外乎是一種魔術伎倆，利用的正是演化對我們帶來的弱點。

這些研究和其他許多研究都顯示，無論我們目睹的行為是來自真人或機器人，都會有同樣的幾個情感機制被啟動。由於這樣的反應機制，有些機器人學家因此呼籲訂立妥善對待機器人的道德指導方針，或甚至是保障「機器人權」。雖然這對很多人來說顯得很荒謬，不過達爾琳表示，在我們的法律中其實已經存在先例，就是保護動物免於遭受殘忍對待的條文。

達爾琳指出，我們選擇保護的動物並非一視同仁，也缺乏一致性。在許多文化中，人們會殺害昆蟲和囓齒類動物，但卻不忍心傷害海豚或寵物犬。我們每天都有許多人吃肉，而這些肉品源頭的動物飼養條件惡劣不堪，但是同一群人中的大部分卻又有意識地拒絕食用寵物倉鼠或獼猴。達爾琳認為，當我們制定這些法律的時候，可能就是因為過分同情特定物種的苦難遭遇。就某方面而言，這就像是舉起一面鏡子，將這些行為投射到自己的身上，也就是啟動達爾文按鈕。未來我們很有可能決定為機器人做類似的事，未來也還會有許多新世代、新款式的社交機器人，和我們進行愈來愈活靈活現的互動。

20 Fisher, R. "Is it OK to torture or murder a robot?" BBC.com. November 27, 2013.

21 Turkle, S. *Alone together: Why we expect more from technology and less from each other.* New York: Basic Books. 2011.

未來隱憂：當我們對機器人的接納超過了人

我們似乎比較容易認同機器人，這一點雖然有機會帶來不少的好處，卻也可能造成至少一樣多的問題。隨著我們進入一個新的時代、花費愈來愈多時間與機器人工作，並且以更全面的方式和它們互動，我們對於機器人將會更加認同、關心，因而增加人類家庭對機器人的接納。同樣有可能發生的是，我們與機器人的互動會因此提升，並且從交流中創造更多的價值。這些價值可以在許多方面實現，無論我們談論的是服務業的客戶應對，還是與社交上相對孤立的人進行互動。

另一方面，當人類願意認同機器人，甚至將其視為我們定義的模糊遠親時，問題也將隨之而來。我們或許會發現，由於人類看待這些裝置的方式，可能會在一些人際關係上做出不是最理想的決策。有些人會利用我們的弱點，迎合他們本身不正當的利益，試著欺瞞、詐騙他人。

除此之外，或許最重要的是有些人可能會把與機器人的關係以及與其他人的關係一視同仁。事實上，有一部分的人非常有可能還比較屬意與機器人的關係。當然，這件事情的問題在於，至少就現階段的機器智慧而言，機器人其實並不具備意識。（至少目前還沒有。）更口語一點來說，其實**無人回應**。

此外，機器人對我們也沒有任何近似情感回報的東西可言。機器人目前還無法成為人類真正的朋友或知己，即便對某些人來說，這無可避免會成為未來的幻想。有許多人可能寧願選擇這條路，也不願和其他真人進行更全面，有時卻也顯得麻煩的互動交流。隨著機器人科技的持續進展，這樣的誘惑只會持續增加。然而，這一切可能會在有一天達到臨界點，也就是機器人與人類的互動再也無法和人與人之間的互動加以區別。為了迎接這一天的到來，機器人學家必須克服許多的障礙，包括極具挑戰性的「恐怖谷」鴻溝，接下來即將探討。

第二篇

情感機器的崛起

第七章 深陷恐怖谷

加州洛杉磯——二〇一一年三月十一日

二〇一一年三月十一日，華特迪士尼影業（Walt Disney Pictures）推出最新的動畫長片《搶救老媽大作戰》（*Mars Needs Moms*），這部電影是根據知名卡通大師柏克萊・貝瑞斯特（Berkeley Breathed）的著作改編，並由羅勃・辛密克斯（Robert Zemeckis）製作，而辛密克斯也就是《回到未來》（*Back to the Future*）和《威探闖通關》（*Who Framed Roger Rabbit*）的推手。《搶救老媽大作戰》擁有上述這些賣座條件，然而最後卻成為電影史上第四大的票房炸彈。除了損失一億三千七百萬美元之外，這部電影據稱也成為壓垮駱駝的最後一根稻草，加速迪士尼的數位影像製片廠（ImageMovers Digital）關門大吉。

過去數十年來，辛密克斯一直都是好萊塢的重要人物，無論是身為導演、編劇或製作人，他都有一長串的成功作品。在整個業界，人們都說他勇於推展技術的邊界，藉此傳遞他獨特的視野。二〇〇四年，他身為賽璐珞底片轉型至數位影片的早期倡議者，執導的《北極特快車》（*The Polar Express*）就採用數位的表演捕捉技術，將真實演員轉換成高度逼真、寫實的動畫角色。這項技術同樣也運用在二〇〇七年《貝武夫：北海的詛咒》（*Beowulf*）中，而在同一年裡，迪士尼和數位影像（ImageMovers）聯合成立數位動畫工廠——數位影像製片廠。

這項結盟的嘗試卻非常短命，在《搶救老媽大作戰》的一次初步剪輯放映，以及宣布結盟將近三年後，迪士尼表示將會在年底結束該製片廠。雖然《搶救老媽大作戰》還要等一年才會推出，但是由於已經投入太多，高階主管認為擱置這部電影為時已晚。《搶救老媽大作戰》是數位影像製片廠的第二部，也是最後一部作品。

儘管辛密克斯在二〇〇〇年到二〇一〇年期間相當多產，但是在這段時間內，他有好幾部作品都因為動畫角色的關係，接連得到「詭異」的批評。《北極特快車》、《貝武夫：北海的詛咒》、《聖誕夜怪譚》（*A Christmas Carol*）〔由派崔克・史都華（Patrick Stewart）飾演動畫角色史古治（Scrooge）〕，以及《搶救老媽大作戰》全都招致觀眾類似的回應，這和辛密克斯比較早期的《威探闖通關》等電影截然不同。根據某些影評人與產業分析師的說法，這些角色已經變得**太過**活靈活現，也就是落入一般所謂的「恐怖谷」（uncanny valley）之中。

恐怖谷心理學是由心理學家恩斯特・詹池（Ernst Jentsch）與西格蒙德・佛洛伊德（Sigmund Freud）率先在二十世紀初期提出的。接著到了一九七〇年代，機器人學教授森政弘發表〈恐怖谷〉一文，英文就是「The Uncanny Valley」。[1]在這篇文章裡，森政弘提出個體「與人類的相似度」與「觀察者感受到的親和力」之間的關係。

總體而言，這篇論文指出，在我們的世界裡，愈是近似於人類的事物，我們所感受到的親和力也就愈高。[2]在之前的章節裡曾經談到，當動物、物體和機器與人類愈相像時，我們就愈有可能將其擬人化，並且對它們產生同理心。然而，森政弘表示，在這個趨勢中存在

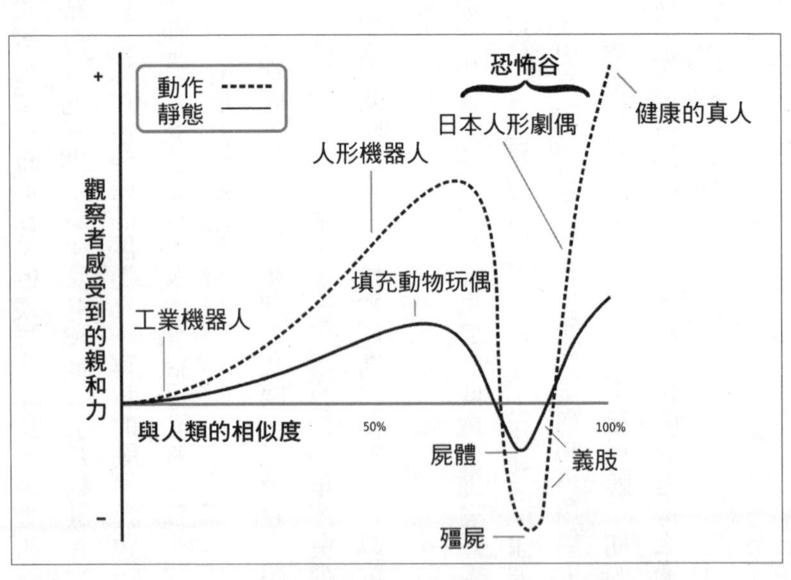

資料來源：以森政弘和卡爾・麥克多曼（Karl MacDorman）的圖表為基礎。

圖一　恐怖谷

著一道斷層。在量尺的某一個點，觀察者對實體所感受到的親和力會大幅下滑。這一道斷層（參見圖一）也就是森政弘論文中**谷**這個詞彙的依據，並不只是觀察者變得沒有那麼喜歡這個物體而已；當一樣東西看起來太像真人，但卻又不**完全**是真人時，觀察者往往會覺得厭惡，結果就是有反感或噁心的感覺。根據森政弘的研究，似乎在某一個臨界點後，無論是機器人、娃娃或動畫，這些實體也會變得**過於**寫實。

深植基因遺傳中的直覺式迴避

這個現象對於我們未來與科技的關係有非常重大的影響，尤其是在情感運算和社交機器人方面。與基本電腦應用或生產線工業機器人不同的是，這些領域致力打造的系統會實際和使用者產生情感連結。如果一個本意是提供協助的系統卻讓使用者倒盡胃口，還有什麼更糟的反效果呢？

在探討恐怖谷存在的某些可能原因，或是它的運作方式之前，我們應該注意到，並不是所有

1 Mori, M. "Bukimi no tani." *Energy*, vol. 7, no. 4, pp. 33–35, 1970 (in Japanese). 1970; Mori, M. "The Uncanny Valley." K. F. MacDorman & N. Kageki, Trans. *IEEE Robotics & Automation Magazine*, 19(2), 98–100. (1970/2012); "Bukimi no tani" doesn't actually translate to "The Uncanny Valley." A closer translation would be "Valley of Eeriness."

2 森政弘教授的「恐怖谷」一詞在早期的翻譯中造成一些混淆，主要原因在於，翻譯出來的詞彙不容易傳達出日文原文完整的意思。日文原文的「shinwakan」包含「熟悉感」、「討人喜愛」、「自在的程度」及「帶有感情」等意思。

人都接受恐怖谷這個概念的有效性或真實性。有許多人認為，恐怖谷不過就是大眾心理學的一些奇談軼聞。然而，有幾份近期的動物與人類研究紛紛指出，恐怖谷其實是貨真價實存在的現象。

二〇〇九年，普林斯頓大學（Princeton University）演化生物學家表示，獼猴的眼神迴避擬真獼猴臉孔的頻率高於迴避真實獼猴或漫畫獼猴臉孔的頻率。[3]這項結果的解釋是，獼猴對於擬真臉孔的影像感覺較不自在。另一項研究則邀請人類受試者為一系列的機器人臉孔排名，排名的依據是喜好程度和可信賴感。這項研究呈現強而有力的正相關，足以支持森政弘的假設。[4]幾份其他的研究也都得到類似結果。另外一些其他的測試則要求受試者觀看真人、一般機器人與人形機器人，同時接受功能性磁振造影掃描大腦，而這些測試也顯示恐怖谷確有其事。

為什麼會有這樣的現象？而它又會如何影響情感運算這個領域呢？有些認知科學家表示，恐怖谷現象的原因可能在於，我們使用大腦不同的部位來分類與理解這個世界，然而這些部位之間卻缺乏連結。這些學者指出，當我們根據一個實體的外表做出預期，但是這些預期卻與該實體的某些行為特質或面向有所落差時，就會出現上述認知失調的現象。

在描述這種失調現象時，動作常被用來作為範例，因為人類或其他動物的活動方式十分獨特。上述的圖一就突顯出動作的重要性：當實體並非靜態、靜止不動時，所產生的效果會進一步加乘。舉例來說，屍體與殭屍基本上都是已經死亡的軀體，然而殭屍卻帶來更負面的反應，原因多半是因為殭屍原本不應該會動，但卻在動。此外，殭屍的動作既不像是（靜止不動的）屍體，也不像是活生生的人類，於是便與我們的預期產生衝突，而這一點也獲得前述功能性磁振造影研究的支持。即便如此，這樣的解釋並不完全讓人滿意，因為我們在生活中的其他領域時常都在經歷感知上的衝突，但是這些衝突也鮮少引發厭惡感。這顯示著應該還有其他的運作機制存在，或是也許有其他的機制與上述的假設並行。

我們之所以會有恐怖谷體驗的另一項解釋在於，這可能是來自於演化過程的一種直覺，可以幫助我們遠離病原體，或是遠離可能會對我們造成傷害的人。一般而言，屍體和罹患疾病到軀體變形的人最好都應該予以迴避，尤其是在現代醫學尚未發展的時代。因此，如果這種直覺式的迴避寫入我們的基因遺傳，基於它對人類生存帶來的助益，這樣的直覺就會代代相傳。

對死亡的焦慮與恐懼管理理論

有一種想法結合上述兩派學說，就是恐懼管理理論（Terror Management Theory, TMT）。[5]恐懼管理理論源於社會心理學，提出人類的獨特之處就在於，我們是唯一意識到自己有一天終將

3 Steckenfinger, S., Ghazanfar, A. "Monkey visual behavior falls into the uncanny valley." Proceedings of the National Academy of Sciences, Vol. 106, No. 40, October 12, 2009.
4 Mathur, M. B., Reichling, D. B. "Navigating a social world with robot partners: A quantitative cartography of the Uncanny Valley." *Cognition*, January 2016; 146: 22-32. Epub, September 21, 2015.

死亡的物種。於是，死亡的不可避免與我們想要存活的欲望產生直接衝突，因而引發恐懼。文化提供一部分的解決方法，賦予生命意義和價值。然而，這還不足以完全消除問題。恐懼管理理論假設，我們的生命中有很大一部分的時間都在迴避這份焦慮。一方面，我們利用不同的策略來忽視這項生存威脅；另一方面，我們也花費很大的力氣避免自己無可避免的死亡。

包括麥克多曼等的幾位理論家認為，在恐懼管理理論和恐怖谷效應之間或許存在連結。[6]一旦機器人、動畫或其他物體變得過於活靈活現時，如果我們心中啟動失調機制，希望將這個實體從有生命轉變為無生命時，就有可能出現這種反應，並且提醒我們（即便只是以非常幽微的方式），未來有一天自己也終將從有生命轉變為無生命的狀態。[7]當有一件事物提醒我們終將一死時，我們並不會每次都嚇得魂不守舍、驚惶失措，因為這可以讓我們繼續以一種還算有效率的方式過生活。如此一來，當我們對死亡的恐懼真的被較為嚴重的事件啟動時，才有辦法快速逃離，或是排除問題的原因，藉此改善我們的情況與存活的機會。

如果這真的是我們感受到恐怖谷的原因，唯一的解決方法可能就是：謹慎地劃清恐怖谷效應的界線（而這種效應很有可能會因人口與社會族群而異），並且努力予以避免。如果你想要刻意喚起這樣的反應時，顯然也可以反向操作，例如：某些恐怖片和其他形式的娛樂就會想要達到這種效果。

其他的恐怖谷理論則將我們的厭惡感與求偶行為相互連結，當某些要素不太對勁時，這種厭惡感可以幫助我們迴避不健康或不合適的求偶對象。雖然相關議題目前還存在很大的爭議，但極有可能的是真正的原因結合兩、三種上述的解釋。

雖然「恐怖谷」這個詞彙的誕生較為近期，但是這種效果已經伴隨著我們數十萬年之久，或許長達上百萬年了。在人類的每日生活經驗裡，只需要環顧周遭就可以或多或少地看見恐怖谷效應。對某些人而言，造訪一趟杜莎夫人蠟像館（Madame Tussauds Wax Museum）就能啟動這種效應；或是你第一次撞見某個人裝有義肢或假手；又或是如果你原本的生活較為封閉，而有一天認識一個新朋友，而他和你從前見過的人長得非常不一樣。和許多的心理效應一樣，恐怖谷效應也會隨著熟悉、適應而有所消滅，不過需要時間。

有一項現代事物可以突顯我們的大腦是否善於辨識「詭異感」，就是整形手術。當一個人動了微整形手術後，看起來可能會和大多數人有些「不同」，即便我們在手術之前並不認識這個人也不例外。這一點恰恰證明了，人類對於一張「自然的」臉龐解讀得有多麼細微。[8]

---

5 Becker, E. *The Denial of Death*. New York: Simon & Schuster. 1973; Greenberg, J., Pyszczynski, T., Solomon, S. "The causes and consequences of a need for self-esteem: A terror management theory." In *Public Self and Private Self* (pp. 189-212). R. F. Baumeister (ed.), Springer-Verlag (New York). 1986.

6 MacDorman, K. F. "Androids as experimental apparatus: Why is there an uncanny valley and can we exploit it?" CogSci-2005, Workshop: "Toward Social Mechanisms of Android Science," pp. 108–118. July 25–26, 2005. Stresa, Italy.

7 這可能與稍早提到的獼猴測試有所衝突，但是也不見得。恐懼管理理論不應該被套用在其他的物種身上，除非這個物種對於如此的恐懼反應存在著較為本能的基礎。

令人毛骨悚然的恐怖谷效應

在我們與機器人相處的同時，有沒有什麼方法可以讓我們更了解恐怖谷效應呢？機器人學家石黑浩在做的就是這件事。在放棄油畫生涯以後，石黑浩開始接觸機器人學。不久後，他成為該領域的一名教授，致力於打造盡可能無法和人類區辨的機器人。石黑浩將他的許多機器人複製品稱為Geminoid（這個字源自拉丁文的gemini，意為「雙胞胎」），而過了幾年，這些機器人變得愈來愈擬真且栩栩如生。他與同事的工作成果彰顯出許多恐怖谷的真實面向，以及要複製人類的特徵與動作是多麼困難的事。

值得一提的是，石黑浩本身並不確定恐怖谷背後的原因。他有好幾次指出，許多的解釋都太過簡化了，無法說明人類對於擬真機器人的反應。即便如此，許多人也時常表示，石黑浩的作品讓他們覺得毛骨悚然。石黑浩甚至還說，四歲的女兒在看到和自己一模一樣的機器人時，幾乎害怕得要哭出來了。然而，石黑浩的工作成果也顯示，人們很快就能適應機器人的存在，機器人會隨著時間而不再讓人感到如此厭惡。

恐怖谷不僅限於機器人與動畫角色的外觀，其他特徵也有可能出現恐怖谷效應，尤其是動作。森政弘在早期圖表的修訂版中曾提到，導入動作其實會加劇讓人不安的感覺，把原本屍體的古怪放大成殭屍的恐怖。自然而然的動作其實非常細微，其中充滿許多資訊，因此就許多方面而言，動作甚至比靜態的臉龐還要更難複製。如果你看過《不死咒怨》（*The Grudge*）這類恐怖片，就會發現電影裡的厲鬼都是以非常不自然的方式活動，這時候你可能就會感受到這種落差所引發的驚恐感受。基於這一點原因，我們不太能用語言描繪出這種效應，也許只能說感覺就像是目睹一個物種在陰錯陽差下穿上另一個物種的外皮。

和這幾乎全然相反的就是某些機器人的生物引導驅動機制，好比Boston Robotics的BigDog和Cheetah。這些機器人各自都包含數十個，甚至上百個馬達、促動器及迴路，而這些都裝設在實體的金屬框架上。人們不太需要花費什麼力氣讓這些機器人看起來自然、活靈活現；相反地，這些機器人的鋼鐵結構與關節，以及驅動這些機器人的人工智慧都是由生物機械學精準引導的，因此它們無論是走路、跑步或跌倒爬起來的動作，都彷彿是真的生物。看著它們失去平衡，接著再重新取得平衡的過程，就像是看著一匹小馬的骨骼結構，看著牠第一次用自己的腿站起來，不過當然還要加上這個可怕的畫面所引發的一切不適感受。

其他可能也屬於恐怖谷的例子，還包括穿戴擬真的義肢。看著原本健康的手臂現在變成義

8 這是一個極不容易撰寫的段落，因為要不冒犯到人又不被誤解並不容易。無論是什麼樣的整形手術、成功與否，以及基於什麼需求，在手術之後，當事人仍然和手術前一樣具備完整的人性；同樣的道理也適用於義肢，或是任何我們身體所經歷的其他過程。我在這裡書寫的目的，是為了更清楚理解這樣的一個現象，這個現象在人們的生活中似乎相當常見，甚至普遍。雖然基於生物機制，我們可能會有特定的感受，但是這並不表示我們無法透過理智駕馭這些感受，我們其實有能力喚起大腦執行功能裡更強的意志與社會化的精神。

肢，心裡會出現許多令人關注的感覺，這就顯示有些理論家表示恐怖谷效應是來自死亡對人類的衝擊有可能說對了。有鑑於這些理論，或許恐怖谷背後的心理學太過複雜，無法簡化為單一的原因或機制。

恐怖谷效應的延伸

這就要帶入人工情感的議題。解讀、理解人類的感受和其他非語言線索是一回事，而精準產生逼真的情感又是另外一回事。根據其他關於恐怖谷的經驗，這會是相當艱鉅的挑戰，不過也是我們最終應能達成的任務。

解讀、表達情緒是一種複雜的技巧，而人類似乎在年紀非常小時就已經習得這項技巧。隨著我們日漸年長，這些溝通管道會透過文化適應、有意識的強化過程，甚至是鏡像神經元，變得愈來愈工整、洗練。正如同人類另一個主要的溝通管道——口頭語言，我們大部分解讀、傳達情緒的能力都是在生命早期所習得的。

因此，當我們成年時，幾乎可以訴諸直覺，明白在特定的時刻裡，什麼樣的情緒可以被接受，或什麼樣的情緒無法被接受。這也就是為什麼當有人對特定情境回應得不恰當時，我們往往會感到錯愕的原因，例如：在葬禮上大笑，或是在慶典上發怒等。我們都擁有內建的社交預期，知道和其他人應該如何應對進退，而當行為舉止太過離譜時，我們往往會說當事人不得體或是缺乏品味。

然而，我們感知出格情緒的能力遠比這些更細微。在特定的當下，一瞬間的竊笑或抬起眉頭往往就透露出重大的意涵。語調的轉變或聲音中微乎其微的顫抖，也承載著舉足輕重的訊息。因此，毫無意外的是，在早期的情緒程式裡，我們很容易就察覺到不同於人類常理的細微差異。不過，隨著這些程式持續演進、日益精密，它們終有一天會趨近於人類的水準。屆時，是否也會存在著落入恐怖谷的臨界點，而讓我們感到不舒服呢？

這一切仍然非常理論化，所以我們來檢視一個例子。目前，語音合成程式正在演進中，而且和自然語音已經愈來愈難以區別。如果再結合其他的軟體，將情感特徵導入合成的語音裡，屆時要知道說話的是不是真人可能將會是一大挑戰。這樣的程式是否不會被人們察覺出破綻？還是會不會有一些瑕疵，反而啟動人們的負面反應，形成語音版的恐怖谷？

對於電話行銷使用的程式而言，這會導致一定程度的問題，但如果我們談的是虛擬治療師或悲傷輔導員，這個問題又會完全不一樣了。顯然地，如果使用者的反應負面，原本應該帶來幫助的程式也會完全導致反效果。而如果我們討論的是危機處理中心，希望利用自動語音軟體防止民眾輕生，這個問題又會更加嚴重，因為錯誤的回應可能會導致悲劇性的後果。

「情感義肢」對身心障礙者的幫助

此外，還有另一項議題，就是人們使用情感義肢來因應情緒智慧方面的短缺不足。我們已經知道卡莉歐比在MindReader上的初步努力，也就是幫助自閉症使用者的社交智慧義肢。這很可能只是一個開端，未來還會有一系列各式各樣的情緒輔助裝置。透過擴增實境（Augmented Reality, AR）和情緒模式識別技術的使用，未來會有多少情緒解讀工具其實都不無可能。想像一下，穿戴式義肢或許可以幫助腦部受損的病患，也就是類似第三章開頭艾略特的情況，像這樣的裝置肯定能造福許多人的人生！

很多現代電腦介面的科技都已經被用於幫助身心障礙者，讓他們能夠因應、克服困難和挑戰。視覺與聽覺受損的人已經可以透過科技，讓自己的世界得到拓展。下肢癱瘓患者、四肢癱瘓患者，甚至是閉鎖症候群的患者人生因而改變，[9]藉由情感運算而促成的介面未來也不會例外。隨著演算法持續進步，而裝置也變得愈來愈便宜、可攜帶，這些介面將能造福許多人，改善他們的生活品質。這一點原因說明，恐怖谷與情感運算有所關聯，而且需要被探索、了解，並且盡可能加以克服。

不過，這只是一個開始。早期人們使用的是修復型義肢，而現在則逐漸演變成能提供強大力量的四肢與外骨骼；從前人們使用視網膜假體取代受損的視力，而未來有一天，視力還可能進一步擴增，變成望遠鏡般的視力，讓人們看得見自然可見光譜以外的事物。同理，情感義肢也將成為情緒與情緒敏銳度方面的擴增。這些類型的演進將會在第十五章更深入地探索，不過現在先來談談，隨著我們進入人類機能擴增的時代，恐怖谷可能也會帶來一系列的問題與困難。

從人類存在以來，就一直致力於透過科技改善生活。雖然許多人不見得認為我們的生活有多大的改善，但是別忘了，有些人可能就缺少我們大多數人視為理所當然的關鍵功能。義肢、人工電子耳（恢復聽力之用）、人工心臟，這些都是不同形式的擴增。就連佩戴眼鏡和使用拐杖都是重要的科技輔助，取代我們原本喪失的功能。基於這點，如果可以保障安全的話，為什麼人們要擔心其他形式的擴增呢？只是因為這些擴增提供的優勢嗎？這會是擔憂或頒布禁令的正當理由嗎？

超人類主義的疑慮

我們正快速進入一個新時代，科技已經愈來愈能取代或改善人類天生的自然功能。雖然這些擴增的每一項都可能被視為重要或有幫助，但是就許多方面而言，這些擴增也都使我們遠離了所謂人類的定義。如果缺乏妥善的措施，這是否意味著可能會有愈來愈多人落入恐怖谷之中（至少

9 閉鎖症候群的患者雖然具有意識，但是卻因為全身肌肉完全癱瘓而無法行動。

在某些其他人類夥伴的眼中看起來就是如此）？

這不只是純粹的腦力激盪，也不是**思想實驗**（gedankenexperiment）。我們正在打造的新世界有可能會為不同群體帶來更多的怨恨、反感，樹立各種的**自己人**和**其他人**。文化常規的破碎化可能也會造成更多利益的分化、面對不平等所感受到的更多憎恨，以及對於我們所稱的**他者**抱持著更多的懷疑。

恐怖谷是否會讓這一切變得更糟呢？恐怖谷會不會下意識喚起我們對死亡的恐懼，因而導致仇外的行為？根據一系列驅動這種反應的差異（人類以這些差異為基礎，或多或少確立基準常規），我們是否會更容易將對方去人性化？

最後，這可能遠遠不僅止於獲得擴增的人類，也會影響我們的科技世界。首先，機器人與人工智慧的確不是人類，但是一旦它們取得足夠的能力，或甚至是意識，我們對它們的直觀回應是否可能會導致不必要的敵意，甚至是攻擊性呢？

或許這聽起來像是顯而易見，或甚至無關緊要的擔憂，但是當人類開始認真、有方法地從事擴增，藉由科技大幅進行自我改善時，究竟會發生什麼事呢？這樣的進展會導向人們常說的「超人類主義」（transhumanism，或是最終的後人類主義（posthumanism））」，而過去數十年來，相關的對話一直都在科技愛好者中持續進行著。其中一個不斷出現的主題是，這將會是一個兩極化社會，面臨各式各樣的衝突。這其實並不令人意外，對我們來說，在面對威脅時很少有什麼自然反應會被自己視為將對方去人性化的反應。如此一來，我們敵意的、非人性的行為舉動才能為自己所接納。

我們必須體認到，人類和機器之間的介面持續在演進，而至少對某些人來說，其中一部分的演進意味著未來我們將和科技進一步結合。無論我們談的是生理與心理的殘疾障礙（或是能力有所不同），無論是DIY擴增，還是以美國食品藥物管理局（Food and Drug Administration, FDA）之標準為基礎的政府核可程序，未來數十年，人與機器都將持續結合，時間甚至長達幾個世紀之久。一旦這樣的演進被視為有其效益，而且當人與機器能在美學上結合得趨近（但是尚未達到）天衣無縫，我們將會預期自己和其他人有什麼樣的「自然」演化回應呢？

前文曾提到一個由社會所訂定的基準常規。在人類社會裡，我們有時候會利用膚色、口音、宗教信仰、眼睛的形狀，以及其他的容貌（臉部特徵），藉此將「他者」的標籤貼在其他人類的身上，然而人類其實有九九・九九九％都是相同而無可區辨的（根據的是基因差異分析）。然而，為什麼這些特徵不是血型或扁平足呢？其中有一部分的原因可能在於可見度，或者這項特徵是否顯而易見。現今，膚色、臉部特徵，甚至是口音都可以輕易被察覺，並因此受到攻擊；不過未來你有沒有可能透過裝置或演算法，讓自己獲得一些調整？

另外，也必須考量的是，這些厭惡並非普世一致。某些社會可能比較容易接納膚色（膚色是人類最普遍的偏見來源之一），而某些社會卻可能將膚色差異視為殺人的正當理由，甚至是大規模屠殺。即便是在單一社會裡，隨著時間、區域或社會群體的不同也會出現差異。什麼樣的改變會影響我們的行為呢？在一個人口群體中，什麼原因會促成正常化的發生？

幾乎可以確定的是，其中一項調整因子就是習慣成自然：時間、熟悉程度，並且特別體認到人與人之間的共通點遠遠超過差異性，無論是真實或想像的差異皆然。如果擁有足夠的時間，有沒有可能這一切都能劃上完美的句點？基於人類臉孔可以被接受的範圍，再加上心智上的神經可塑性，我們不可能接受比較不屬於典型人類的外觀嗎？如果可能的話，又會接受到什麼程度呢？只是單純拓展我們可以接受的範圍，還是最終能完全消除恐怖谷反應呢？

當然，有時候光是習慣成自然還不夠。更精確來說，有時候習慣成自然的速度還不夠快；有些時候，某些人口中的子群體會在整體社會裡，倡導接納的態度與行為的改變，而此時社會中尚不具備已經準備好進行調整的一定成員數量。有時候，這麼做的結果會加速提升接納程度，並且在真正被廣為接納前，先透過立法的手段將差異予以正常化。然而，如此的加速也有可能會適得其反，反而導致放逐化、隔離化，甚至是更糟的後果。我們必須理智地檢視恐怖谷所帶來的啟示，藉此幫助我們做好充分的準備，更理想的是能夠避免如此的演進在未來可能帶來的衝突。

從對恐怖谷的生理反應中學習

為了要將這些關於恐怖谷的想法劃下圓滿的句點，不妨想像一個機器擁有意識、能夠感知情緒的未來。面對著生命有限的事實（機器的壽命不見得會比典型的人類壽命長多少或短多少），這些機器是否會被迫採取類似的防禦機制，藉此避免焦慮和其他形式的生存危機呢？如果基於某項原因，這件事情無法達成，又會怎麼樣呢？人工智慧是否會變得神經質，或是甚至更糟？如果我們在超級人工智慧中意外啟動了這一點，未來可能會發生什麼事？這些可能乍看之下像是隨意的胡思亂想，或是毫無可能發生的情境，但是如果不至少思考一下可能性，也未免顯得不負責任，畢竟這關係到人類物種的存亡。

很有可能的是，人類對於恐怖谷的生理反應是一個有效又實用的機制，而且即便我們想要消除也沒有辦法。這個機制的存在可以保護我們的弱點，而這些弱點則是直接源自於人類意識自我反思的能力，以及我們對於終將不免一死的認知。如果沒有這個機制，我們的生命有可能就無法這麼有效率。儘管如此，人類還是能從這個名為恐怖谷的反應中學習，並獲得許多可觀的洞見。在下一章將會看到，情感運算可以幫助我們學習許多事物，而上述的例子只是其中之一。

第八章 社交互動與學習效益的飆升

麻薩諸塞州波士頓，J．F．卡頓小學（J. F. Condon Elementary School）——二〇三一年九月六日

一位十一歲的女孩手裡拿著一張紙，站在教室前演說。在演說的最後，她的視線從紙張移開，接著抬頭看。「……所以我真的迫不及待明年夏天再回到爺爺、奶奶的小木屋。以上就是我今年暑假做的事。」

女孩完成演講後鬆了一口氣，露出緊張的微笑，接著快速回到座位上。站在教室一旁的桑多瓦爾女士，她是一位中年教師，頭髮有著舊式的粉紅與灰白相間顏色。她微笑著點點頭，道：「非常好，珍妮，謝謝妳和我們分享妳的暑假。好的，下一位是誰？」

一位坐在教室側邊的男孩用力舉起手。老師有點不確定地看著他，教室裡的其他同學也陷入

靜默。桑多瓦爾女士向男孩示意，道：「好的，傑森。如果你覺得已經準備好，就可以上台了。」

傑森站起來，走向教室前方，他的手中並沒有講稿。

「我的暑假，」傑森開始以一種自然、輕鬆的方式演講。「今年夏天，我裝了一個神經義肢，我每次都不太會念這個字。」他一邊說，一邊緊張地微笑。「華納醫師和其他的醫師把這個東西裝進我的腦袋裡。在我小的時候，醫生說我有ASD，也就是**自閉症**，因此我的大腦無法做一些其他人會做的事。不同的小孩，狀況都不一樣，不過基本上有些人覺得很簡單的事，我的大腦卻認為很困難，尤其是在了解其他人的感受方面。」

傑森環顧教室，看了幾位同學的眼睛，接著繼續說：「不過幸運的是，現在有這種新的東西，他們把它放進我的腦袋裡，幫我解決了一部分的問題。現在我只要看著你的臉，就可以了解你是快樂、悲傷或無聊，好像其他人一樣。以前我沒有辦法做到，但是這一切不會再讓我感覺這麼……這麼**多**了。這不是最好的形容詞，但差不多是這個意思。」

一位名叫貝拉的女孩舉起手，沒有想太多就發問道：「傑森，這是說你已經被治好了嗎？」

傑森搖搖頭。「不是的，」他平靜地回應道：「我的大腦永遠都會有點不一樣，我也覺得沒關係，但是在我腦袋裡的這個東西確實讓許多事情變得簡單許多，我可以做很多其他人原本就能輕鬆做到的事。有一件很酷的事情是，我的狀況還變得愈來愈好，因為這個東西被使用得愈久，學習得也就愈多。有時候我會去看華納醫生，他會做一些調整，這也很有幫助。」

「所以你就像是機器人一樣嗎？」坐在教室後方的布蘭登大笑道。

「布蘭登！夠了。」桑多瓦爾女士嚴肅地說。

「沒關係的，我媽媽說人們會嘲笑自己不了解的事。」傑森輕鬆地說，接著轉向同學繼續道：「不是的，比較像是你必須戴眼鏡才能看到黑板上的字，或者像是有人要戴助聽器才能聽得見一樣，有些小孩子也會因此嘲笑，但是這很……令人難過的。華納醫生說，現在還只是初期階段，未來的科技還會隨著時間進步，等我長大之後就會變得更好，到時候有很多人都會裝上這樣的東西。所以，以上就是我想說的，這就是我暑假做的事。」

❖

如果一個人長期必須因應自閉症的諸多挑戰，上述的情境或許聽起來有些天真，或是樂觀得不合情理。然而，當我們更進一步了解大腦的許多運作程序，就可以在這些程序出差錯前及時加以因應。情感科技的某些研究成果或許最終能促成這些解決方案，也可以提升主流的教育。

前文曾經提到，情感運算的許多初期研究和開發造就一些裝置，而這些裝置最終有機會幫助自閉症患者。膚電裝置（如iCalm、Q sensor和Embrace），以及情感社交智慧義肢（如MindReader）都點出未來的潛力。

思考一下介面發展所取得的長足進展：研究人員設計出新的方式，幫助擁有不同感官困難與障礙的人。庫茲威爾為視障者開發可攜式閱讀器。各種不同的方法都致力於利用電腦，彌補受損的視覺、聽覺或行動能力，甚至還有腦機介面（brain-computer interface, BCI），希望能讓下肢癱瘓的患者與閉鎖症候群的患者利用想法就可以溝通，並且操作輪椅等裝置。基於這些非常真實的需求，這項研究已經獲得認可與資助，如果只是單純學術研究的話，這項研究大概無法取得同等的資金。

現在我們正開始看到類似的事物出現，裝置與介面也可以改善情緒障礙者的生活。就和其他的介面一樣，這些科技終將進入更為商業導向的場域，找到之前人們未曾思考的市場與應用。這提供了大好的機會，如果對於動機、學習及記憶的形成而言，情緒處理是如此重要的元素，人工情感智慧對於未來的教育可能存在什麼意涵？這些科技能否促成真正需求導向的教育，提供前所未有的個人化學習？無論是早期的自閉症偵測，還是為最有天分的學習者做好學習引導的妥善配置，情感運算都有機會為整體教育流程改頭換面。

填補自閉患者的情感鴻溝

自閉症是一輩子的病症，一般認為成因包括基因、後基因（epigenetic）及環境因子的累積。和某些普遍的觀念正好相反的是，罹患自閉症的人絕對也有情緒。然而研究指出，他們往往在與別人進行社交互動時，較難以解讀並處理情緒中細緻、幽微的成分。

近年來，有顯著的證據顯示，早期的覺察與介入可以為神經和行為帶來重大的影響，對往後的生活品質也不例外。雖然一般而言，自閉症在三歲左右以前並不明顯，但是某些指標可能非常早就已經出現了，而情感科技正可以為這些指標的辨識提供協助。舉例來說，如果在和機器人玩的時候，機器人能夠監測使用者的眼神接觸，長期下來，這台機器人所能做到的遠比真人照護者能做的還要精確許多。由於眼神追蹤可以作為自閉症的指標，因此這樣的機器人就能提供非常早期的覺察，尤其是針對有近親也罹患自閉症這類高風險的孩子（因為自閉症具有明顯的遺傳性）。如此一來，治療和介入就能夠及早開始，促成良好的結果。

機器人正以許多方式運用來幫助自閉症患者，或是具有罹患自閉症風險的患者。有一個領域被稱為社交輔助機器人學（socially assistive robotics），該領域發展並研究各種方法，將機器人應用於人際互動，其中也包括若干治療應用。許多罹患自閉症的孩童在社交互動能力上都有嚴重的障礙，尤其是在情緒因素方面，以及在語言和非語言溝通上能力也有所不足。

機器人已經愈來愈能在人類治療師與孩童之間，扮演協助的中介角色。這顯然十分有幫助，因為機器人的行為與動作可以被高度簡化，而且完全具有重複性，所以和真人相比，機器人在執行上的可預測性高出許多，這一點在與自閉症孩童互動時相當關鍵。

根據認知神經科學家，同時也是劍橋大學自閉症研究中心主任的拜倫—科恩表示，對於患有自閉症的人而言，人際互動的挑戰性可能高出許多，因為這樣的互動缺乏可預測性。「他們覺得，**不照規則走**（unlawful）的情境是很棘手的。」拜倫－科恩解釋道：「他們沒有辦法應付這種情境，所以會遠離人群，把注意力轉向物體的世界。」[1]、[2]

就本質而言，自閉症治療的時間密度也非常高，有可能一週要花費數十個小時的時間，接觸不同的治療師，如此一來，才能因應一系列行為、社交與溝通方面的問題。因此，毫不令人意外的是，接受訓練的治療師十分短缺。社交輔助機器人可以大幅填補這道鴻溝，其中一款這樣的機器人叫作Bandit，開發者是瑪亞・馬塔里奇（Maja Mataric），她是電腦科學、神經科學及小兒科的教授，同時也是南加州大學（University of Southern California）機器人與自主系統中心（Robotics and Autonomous Systems Center）的主任。

Bandit裝設感測器和馬達，如果感測到有趣的事物，便會朝著該事物的方向前進，若是可怕或具有挑戰性的事物則會後退。Bandit能重複一個人的動作，藉此吸引使用者的目光。此外，它還可以帶領團康遊戲「賽門說」（Simon Says）（編注：是類似「老師說」的遊戲，帶領者在指令前加上「賽門說」，則所有人都要執行該動作，如果沒說就不用照做，違反規則的人就算輸），

1 Mone, G. "The New Face of Autism Therapy." *Popular Science*, June 1, 2010.

2 在此處，拜倫－科恩使用「不照規則走」這個字，指的是出乎當事人預期之外的舉止行動。

而且時間多長都可以，甚至一次好幾個小時都不成問題。

比人更容易建立情感的機器夥伴

一直以來，丹佛大學（University of Denver）持續進行一項縱貫性前導研究，希望檢視機器人互動可以為高功能自閉症孩童所帶來的效益。丹尼爾菲立克斯瑞奇工程與電腦科學院（Daniel Felix Ritchie School of Engineering and Computer Science）的一支團隊使用NAO來探索這些互動。NAO是一款自主、可程式化的機器人，由法國機器人公司Aldebaran製造。

這款機器人平台可以設定為走路、跳舞，甚至是歌唱模式，上面裝設四個麥克風和兩台攝影機。這些配備的功能在於，和高功能自閉症或亞斯伯格症（Asperger syndrome）的孩童互動時，可以進行模仿、臉部表情識別，以及眼神追蹤與回應。機器人會提供一些簡單的社交練習，而如果任務順利完成，孩童就會得到一份獎勵，例如：機器人會和他擊掌表示恭喜。由於機器人的功能有所簡化，而且動作又遠比人類可以預測，因此孩童顯然不會感受到威脅，比起與大人的相處很不一樣。

有趣的是，研究人員發現，這些孩童往往更能與機器人建立緊密的情感連結，而不是和其他真人，原因可能是他們覺得機器人更容易親近。穆罕默德・馬胡爾（Mohammad Mahoor）是電機與電腦工程的研究領導人暨副教授，他的觀察是：「我們的機器人看起來非常像人類，但是並不具備人類所有的功能。這一點可以為自閉症患者帶來幫助，因為機器人較為單純，可以讓他們一次專注在一個社交溝通的面向上。」[3]

這份研究顯示，當NAO在說話時，罹患自閉症的孩童對NAO有較多的眼神接觸、較少的視線轉移，不過當他們自己說話時就沒有這樣的現象了。儘管這只是一份小型的研究，但是仍指出社交輔助治療對許多的研究參與者都能帶來助益。

另外有一款更逼真的機器人叫作Zeno，由Hanson Robotics製作，目前已經被用在一些專案和研究中，藉此改善罹患自閉症孩童的社交能力。Zeno大概兩英尺高，有著小男孩的外表，這款機器人的臉上覆蓋著Hanson Robotics取得專利的Frubber材質。Frubber是一種多層次的彈性聚合物，當下方的馬達和促動器驅動時，可以讓機器人形成寫實的臉部表情。

卡羅林・加弗爾（Carolyn Garver）是達拉斯自閉症治療中心（Dallas Autism Treatment Center）的主任，她與德州大學阿靈頓分校（University of Texas Arlington）進行合作，利用Zeno做了一系列的可行性測試，目的是為了幫助自閉症患者正確地辨識臉部表情。加弗爾注意到，這些孩童往往不容易對人產生認同，她表示：「這款機器人就像是一座橋梁，孩童們會對Zeno有所回應，而

3 Mullin, E. "How Robots Could Improve Social Skills In Kids With Autism." *Forbes*, September 25, 2015.

且Zeno不會有任何價值判斷，它不會生氣，同樣的事情也可以一次又一次地反覆進行，而且它不會累。」[4]最終，幫助這些孩童建立情感連結的目的相當成功，不過仍有許多的改善空間。

Zeno也和其他某些機器人一樣，被用於偵測嬰兒與幼童的自閉症跡象，而且時間遠比傳統方法對家長發出警示要來得提早許多。由於自閉症目前無法透過生物因子察覺，因此傳統上多半是根據行為因子加以診斷。許多這些行為因子都必須藉由社交互動和語言發展，才能發現問題，不過由於這些跡象都非常語言導向，所以在兩歲以前並不容易觀察出來。這或許正是自閉症的覺察通常都要等到兩、三歲以後才會發生的原因。然而，如同前文所提到的，透過仔細的眼神與動作監控，這些機器人能夠辨識各項的生物指標和時機點相關的問題，讓自閉症可以更早被發現，因此一系列的治療與療法也就能更早導入。

以情緒反應判斷學習效益

情感運算與社交輔助機器人學的前景不單只是克服這類嚴重學習障礙而已。舉例來說，在二〇一三年北卡羅萊納州立大學（North Carolina State University）的一份研究中，研究人員使用攝影機來研究程式設計概論課程的學生，試著藉此評估他們對這門學科的個別挫折程度。研究團隊使用電腦表情辨識工具箱（Computer Expression Recognition Toolbox, CERT），這個工具箱的來源是加州大學聖地牙哥分校（University of California, San Diego）的機器感知實驗室（Machine Perception Laboratory）。電腦表情辨識工具箱是一款軟體工具，可以進行全自動而即時的臉部表情辨識，而且提供學術研究免費使用。這款工具箱可以處理艾克曼的臉部動作編碼系統的十九種臉部動作，以及六種臉部表情的原型，並將這些動作和表情自動編碼。在分析六個小時的影片後，研究團隊比較他們與同一批影片人工評估的結果，並且發現有著高度正相關；換句話說，這支程式能藉由學生的表情，判斷誰在課程上遭遇到困難，以及誰覺得課程過於簡單。

這只是情感科技一個較為單純、直白的應用，可以解決現今人們遭遇的問題。在許多的課堂上，教師的數量往往比學生來得少。像這樣的工具就能即時提醒教師，告知哪些學生需要更多的關照。此外，有了這樣的工具，課程也更有可能針對每位學生的個別需求量身打造。這種做法可以讓程度進階的學生保持投入，也可以避免其他學生產生不必要的挫折感。此外，和許多人工智慧的應用不同的是，這套工具並不會減少工作機會，反而能幫助教師工作得更有效率。

由於學習與記憶的形塑會受到情緒狀態的高度影響，因此有許多教育的面向最終都有可能受益於情感科技。舉例來說，在一份二〇一二年耶魯大學（Yale University）的研究裡，研究人員邀請一百位參與者解決一系列的難題，並且偶爾接受機器人的指導。[5] 參與者會接收到下列五種條

4 Montalbano, E. “Humanoid Robot Used to Treat Autism.” *DesignNews*, August 13, 2012.

件的一種：沒有任何指導、機器人提供隨機指導、機器人的聲音提供個人化指導、機器人的影片提供個人化指導，或是機器人在現場提供個人化指導。

機器人指導的效度接著受到評斷，評斷的依據是參與者解開難題所需的時間。平均而言，最快解開難題的都是接受機器人現場指導的參與者。這項研究及其他後續的研究都顯示，當指導者在現場時所提供的輔助似乎能帶來認知上的助益，即便指導者是機器人也不例外。理論上來說，這種「社交互動」應該是與我們情感中的某些面向產生連結，於是促成這樣的反應。

如果這不單只是教學品質產生的結果，那麼只要有這位認知促進者的存在（即便是非人類），就足以啟動我們某種社交行為反應嗎？值得思考的是，在教育研究中有所謂的「布魯姆的兩個標準差問題」（Bloom's two sigma problem）。[6]這個學說源自於一九八四年教育心理學家班傑明・布魯姆（Benjamin Bloom）的觀察和報告，也是好幾項研究的結果。在這些研究中，如果與未接受指導的學生相比，接受指導的學生排在第九十八百分位（也就是統計學上高於中位數兩個標準差的位置），[7]這樣的效果在好幾項研究中都反覆出現。

基於這一點，我們應該如何理解？只要有機器人指導員在場，似乎都能穩定地帶來一個標準差的進步（大概也就是中位數以上，第六十八百分位）？這是否表示這樣的現象不僅和實際的指導品質有關，也與我們自身的心理同樣有關呢？這樣的效果會持續很長一段時間嗎？還是會隨著學生逐漸習慣指導員之後，效果就會有所消減？唯有時間和更多的研究能夠解答這一切，不過這些問題確實值得一探究竟。與此同時，布魯姆的兩個標準差問題也指出，某些有趣的策略也可以用來改善其他方面的教育成果。

更精準的個人化學習

有許多的研究人員都認為，社交輔助機器人指導員與人工情感智慧機器是通往個人化學習的道路。[8]這不只是透過新的管道提供資訊與指導，更是以一種全新的方式看待學習。

教育者長久以來都體認到，情緒在學習過程中扮演至關重要的角色。在教室裡，當學生面對反覆而過度的困難時，往往會發展出根深柢固的焦慮感加以回應。身體的「對抗或逃跑」（fight-or-flight）反應會帶來壓力，而這樣的壓力可能讓學生難以負荷，導致無法投入、專心，進而讓學

---

5 Leyzberg, D., Spaulding, S., Toneva, M., Scassellati, B. "The Physical Presence of a Robot Tutor Increases Cognitive Learning Gains." *CogSci* 2012 Proceedings.

6 Bloom, B. "The 2 Sigma Problem: The Search for Methods of Group Instruction as Effective as One-to-One Tutoring," *Educational Researcher*, 13: 6(4–16), 1984; Wikipedia. https://en.wikipedia.org/wiki/Bloom's_2_Sigma_Problem.

7 在常態分配中，兩個 σ 或是兩個標準差大約等於九五．四五%。然而，在布魯姆的論文裡，他所指的幾個資料來源都超過九〇%，並且聚焦在九八%的成績表現。

8 Leyzberg, D., Spaulding, S., Scassellati, B. "Personalizing Robot Tutors to Individuals' Learning Difference." Proceedings of the 2014 ACM/IEEE International conference on Human-robot Interaction, March 3–6, 2014, Bielefeld, Germany.

習變得更加困難，甚至完全無法學習。

在光譜的另一端，有些學生則覺得自己接受的挑戰不夠，因而喪失興趣、持續感到無聊。這會侵蝕學生的專注力，讓學生在面對新的、真正具有挑戰性的素材時反而無法專心。維持熱忱與好奇心是教室中的主要目標，這樣才能讓心智（與身體）保持在期待的狀態。為了克服上述兩點挑戰，許多教育者往往會「針對程度中等的學生進行教學」，於是犧牲程度最好與最差的學生。有鑑於此，找到平衡點、讓所有學生都不會感受到學習過程的威脅，同時延續每個人的好奇心與新鮮感，絕非不可能達成的任務。

對的情緒狀態可以讓我們的大腦提升並做好準備，讓大腦更能獲得並記住新的資訊和理解；而不對的狀態則可能會抑制學習。雖然在情緒背後的程序已經有所演進，讓我們得以自動回應自然的環境，但是在現代教育中，我們仍然必須致力於善加利用這些程序，藉此幫助學生達成更好的學習目標。當然，光是在一對一的情境中，這就已經很有挑戰了；而在一間教室裡，每一位學生都具備獨特的心智與個性，所以要成功是不可能的（至少如果成功的衡量基準在於：我們幫助所有學生發揮潛能的能力）。

現今，我們有一批新的科技，而這些科技也許能幫助我們促成有助於學習的特定情緒狀態，同時遠離不利於學習的情緒狀態。我們已經看到，光是機器人指導員在現場就足以提升學業成績。如果這位勤奮不休的指導員也能觀察我們的興趣與投入程度又會如何呢？機器人可以依據安排，調整自己的程式，藉此更符合學習者的需求，或是也能將資訊傳送給主導課程的程式。教材可以個別最佳化，符合最適合每一位學生的學習風格，無論是視覺、聽覺、講授性質的課程、體驗性質的課程等。最終，所有人都會擁有一套個人化教學，藉由促進學習者的大腦與身體盡可能地調整到接受力強、記性好的狀態，將他們習得知識的能力加以最佳化。

以大數據打造適性學習科技

以科技因應這項問題或許是解答的一部分，不過在科技具備情感意識之前，這樣的做法很有可能無法全面成功。舉例來說，Knewton這家公司目前正透過適性學習科技（adaptive learning technology），集結學生表現資料，藉此打造個人化教育。這些資料會被用來建立個人學習檔案，找出每一位學生在特定時間點上的最佳課程與教學方法。這個流程減少教育者自行上傳的大量教材與學生評估，將解決方案從原本基於教育理論導向轉變成藉由以大數據流程來驅動。

雖然Knewton並不是適性學習科技領域的唯一一家公司，但卻是最知名的企業之一。該公司看起來似乎有一些成果，它的科技號稱累積二十萬筆內容，並且已經獲得超過二十個國家、一千萬名學生使用。Knewton表示，這項科技並不是要取代教師，而是一種可以協助教師創造出更多時間的方式。

如果要說Knewton長久以來遭受什麼批評，就是缺乏情緒互動了。批評者表示，無論是教師的同理心，還是激勵學生熱忱的能力，都是這項科技所缺乏的關鍵要素。他們表示，如果能理解孩童挫折背後的原因，就可以幫助他們找出最好的方法緩解挫折。基於這項缺陷，像Knewton這樣的適性學習科技在未來勢必能從中受益，將情感意識科技融入其中，藉此更能滿足這些需求。

社交輔助機器人以一種全然不同的方向引領著個人化教育這項議題。Tega這台機器人是設計作為一對一的同儕學習者，由麻省理工學院的個人機器人學小組（Personal Robotics Group）所打造。Tega能夠辨識學生的情緒回應，並且根據這些線索提供個人化的激勵策略。位於特拉維夫的新奇實驗室（Curiosity Lab），戈倫・戈登（Goren Gordon）就是打造Tega的團隊成員之一，而他也繼續研究Tega在教育場景中的使用。

Tega系統使用兩支智慧型手機來操作：第一支手機處理動作、感知和思考，讓機器人可以回應學生的行為；第二支手機則具備Affectiva的臉部辨識軟體，用來監測、解讀臉部表情。這項研究使用不同的方法保持學生的興趣，包括複製他們的情緒性行為，當孩童表現出興奮或無聊時，機器人也會跟著做出同樣的表現，因為這種做法顯示能成功維持某些學生的投入程度。這項專案增加每一位學生對Tega的個人化反應，結果顯示不同的孩童會受益於不同的情緒策略，幫助他們保持興趣。研究人員覺得十分有趣的是，隨著時間演進，孩子也會開始將Tega視為如同儕般的夥伴。

「好奇心比較強烈的孩子能夠克服挫折，和其他孩子一同學習，並且成為相對成功的終身學習者。」麻省理工學院個人機器人學小組的主任布雷齊爾做出如此觀察。

在一次試驗中，學習西班牙語的學生得到機器人的鼓勵。機器人像是朋友一樣，給予學生提示，並分享學生的挫折與成就感。

「不可思議的是，」布雷齊爾說：「孩子們和Tega的互動就像是同輩的夥伴一樣，而這也開啟了發展下一代學習科技的新契機。」這一點也獲得一系列其他研究的證實，這些研究紛紛探索機器人在社交輔助應用中的潛力。

機器人輔助學習的正面成效

在耶魯大學的電腦科學系中，有好幾項其他研究也紛紛完成，而且輔導員機器人同樣都扮演同儕的角色。在一份呼應麻省理工學院的研究裡，有一台小型的同儕機器人與四、五歲以西班牙語為母語的孩童進行互動，幫助他們依據句子的上下文，學習英語的動詞變化。當孩童大聲朗讀時，機器人偶爾會要求他們暫停，並且詢問他們某個英文字的意思。透過這種尋求協助的方式，機器人讓孩童肩負權威的角色，而在過程中則是以趣味的方式和他們互動。

電腦科學系也與耶魯大學的心理學系合作，探索在互動式的說故事情境中，使用多重機器人角色與孩子交流。互動的結果顯示，在幫助孩童發展對情感的理解及社交相關技能方面，這樣的做法相當具有潛力。在一項研究中，當孩童為一隻毛茸茸的龍形機器人設計餐點時，機器人也同時和孩子分享營養相關的資訊。這麼做可以讓孩童與機器人互換師生角色，促進彼此的互動交流。這種做法不僅能夠累積知識，還可以提升信心和自主能力。

為什麼這類機器人輔助學習會帶來如此正面的效果呢？原因可能在於，人類終究還是非常社會性的物種，而這種做法與我們互動的方式正好符合人類的演化結果。即便這些是機器人，而非其他人類，但是只要提供對的情緒信號，基本上我們對於這些信號的回應並沒有什麼不同。

舉例來說，荷蘭台夫特理工大學（Delft University of Technology）的研究顯示，人形機器人的表情和肢體語言可以影響人類觀察者的心情。在一項實驗裡，一名機器人教師對兩群不同的碩士班學生講授同樣的課程。在其中一群裡，機器人透過肢體語言的使用，傳達出積極、正面的心態；而在第二群裡，機器人呈現的則是負面、消極的心情。在較為正面的班級裡，不只是學生的心情有所提升，成績也比另一群學生來得高，就連課程結束時的掌聲都有所差別，而兩群學生的教學內容其實完全一樣。有鑑於學生的心情和感知如此容易受到影響，顯示這樣的做法具有非常大的機會與潛力。

當然，還有其他的方式能將人工情感智慧融入教學中。二〇一六年五月，《華爾街日報》刊登一則報導，內容是關於喬治亞理工學院人工智慧課程的一位教學助理。這堂課有三百多位學生，一共有九名教學助理，其中一位名叫吉兒・嬅笙（Jill Watson），她非常健談、博學又有效率。嬅笙其實也是電腦科學教授艾學克・戈爾（Ashok Goel）開發的人工智慧。嬅笙是以IBM的華生（Watson）平台為基礎，運作的信賴水準可以達到九七%。[10]戈爾估計，在一年內嬅笙將能夠處理所有線上學生四〇%的提問。雖然就目前的形式而言，嬅笙並不具備情緒管道，但還是成功地騙過戈爾的學生，因為這個角色在大部分時候不需要具有情感意識的人工智慧。然而，隨著這項科技持續演進，如果能進一步加入情緒面向，像這樣的數位助理在互動性與接納性都會更高。

人工情感智慧融入教學的挑戰

許多想法也都可以應用到線上訓練系統與大規模開放線上課程（Massive Open Online Course, MOOC）上。就許多方面而言，這些想法甚至能改善線上課程和其他的虛擬教育場景。有些人時常指出，和傳統的課程場景相比，虛擬教育場景存在著社交與動機方面的缺點，然而上述的這些

9 Korn, M. "Imagine Discovering That Your Teaching Assistant Really Is a Robot." *Wall Street Journal*. May 6, 2016.

10 信賴水準指的是，一個參數落入明確數值範圍內的機率。在這個案例中，所指的是開發人工智慧時特別針對問題的回答。

想法正好能夠加以因應。

在諸如視覺表情感測等遠距離觀測方法中，應該能做到即時辨識愈來愈多類型的學生情感狀態。然後，隨著這些技術跨越一定的門檻後，課程的規劃、教法與習作即可加以調整，讓學生回到最佳的學習狀態。如此一來，我們應該就能將學習個人化，藉此讓學生保持熱忱、專注和挑戰性，同時也不會過度逼迫他們，以至於在情緒上產生超載與抗拒的現象。

宏觀而言，在更長遠的未來裡，我們可能會看到更直接的情感、認知影響方式。舉例來說，學生的反應可以更迅速被觀察到，也許透過的是腦電波圖（electroencephalogram, EEG），或其他大腦掃描的方式。接著，大腦中的某一個區域可能會受到刺激，而刺激有好幾種方法，例如：顱磁刺激（transcranial magnetic stimulation, TMS）。顱磁刺激是利用磁場來影響大腦的小區塊，在這個案例中的目的是提升接受度與鞏固記憶。目前，這類型方法已經出現在國防高等研究計畫署（Defense Advanced Research Projects Agency, DARPA）的研究中，目的是改善警覺能力與獲取新知的速度。（請參見下一章。）隨著我們的理解進一步提升，應該善用對於認知、情感流程的更加理解，以及對於特定受影響神經元更細緻的掌控，藉此來達成更好的結果。

這些研究都指出，我們擁有許多機會應用這些新的科技，而這些應用也將為學習與教育流程帶來顯著的效益。雖然基於各種原因，並不是所有應用都會得到核可，但是有許多仍將隨著時間而日漸普及。每當我們談到要以更精確的方式解讀、影響大腦時，不免都會出現個人隱私與自主性的疑慮，而這些疑慮也理當存在。當然，可以學習多少、學習多快也是非常重要的事。我們將在下一章看到，這些都是人們非常關注的議題。

第九章 前進戰場

北卡羅萊納州布雷格堡（Fort Bragg），沃梅克陸軍醫療中心醫院（Womack Army Medical Center Hospital）——二〇二二年一月十七日

麥可想不起上一次能正常睡上一晚是在什麼時候，他知道至少是距今三年前，在他從第十七策略心理作戰隊光榮退伍之前許久。每一晚，他都掙扎著找回意識，努力呼吸，拚命想要尖叫。彷彿有一輩子那麼久，總是一片黑暗之後又是另一片黑暗，而他在渾身溼冷酸臭的冷汗中醒來，接著喘息、顫抖，努力壓抑夜裡的恐懼。

麥可的服役單位原本是到阿富汗坎達哈（Kandahar）市區外執行空中作戰任務，透過架設在UH-60黑鷹直升機上的擴音器，加強廣播心戰宣傳。突然間，下方街道的敵軍朝著他們開火。彷彿幾秒鐘不到，他們就被擊落了，而麥可是飛機墜毀時的唯一生還者。從那一刻起，直到獲救並

空運後送就醫很久，麥可的記憶和惡夢融合成一團恐懼、痛苦及煎熬。

「麥可。」床鋪上方的擴音器傳來女性的聲音。「我是珮緹兒醫生。你還好嗎？腦電波圖顯示你處於快速動眼期狀態，是你跟我說過的那個夢嗎？每天晚上都做的那個夢？」

麥可在床上坐起來，並且努力保持鎮定，想起自己正在接受觀察。「差不多。」他回答，竭力控制聲音，「都會有些不同，只是沒有差太多。」

「很好。」珮緹兒醫生說：「我不是說必須重新經歷那一切很好，而是說這讓我們蒐集到有效的重要數據。在為你做治療時，就能精準確定需要針對的神經元。我確信到了下週的這個時候，你的創傷後壓力症候群（post-traumatic stress disorder, PTSD），還有你的恐懼，都將成為過去。」

麥可仰頭望向嵌在牆上的擴音器，道：「天啊！醫生，但願如此，我真心希望如此，謝謝妳，謝謝。」

明白黑暗即將被拋諸腦後，麥可流下眼淚。

❖

平民百姓就算想到軍隊與戰爭，大多也是著眼於科技、策略及指揮系統。然而，有一個要素是被大部分的人忽略，但是卻會對軍事行動的每個層面都造成影響的，就是情緒。從參戰或加入戰鬥的決定，到解決退役軍人服役結束之後的諸多特殊需求，情緒扮演著獨特且重要的角色。

從平凡百姓到團結的戰鬥小組成員，這種轉變對士兵的健康幸福，以及最基本的求生是必不可少的，更別說軍中的所有同袍了。從進入軍隊的那一刻起，接踵而來的是漫長的過程，重點在於讓新兵調整適應。每天塞滿力求增進體力與耐力的強化訓練。在心理方面，新兵被強制對即將面對的許多挑戰培養心理適應能力，但同樣重要的是因此產生的情緒條件反射作用。

這一點至關重要。多年身為平凡百姓，這些年輕人的行為一直受到社會的薰陶教導，讓他們對人類同類表現斯文有禮。這不只是學習禮貌，還延伸到社會期望中根深柢固的是非對錯之分，包括不管是宗教信仰或世俗看法，都相信傷害別人的身體，特別是殺害別人，是不好甚至不道德的。對許多人而言，這種認知牢不可破，如果做出相反的行為，可能會造成他們的生理，乃至於心理痛苦煎熬。

然而，軍隊的目的正與這種社會化大相逕庭。儘管軍事訓練努力確保個人忠誠及同伴之間的情誼，但是對敵人的做法卻正好相反。軍事訓練包含用許多手法壓抑對敵人的同情，包括有系統地將對方去人性化，讓殺戮變成一件輕而易舉的任務，一只不過是職責的一部分。但是，如果國家的捍衛者要成功且有效率地發揮作用，這又是不可或缺的，稍有差池最後可能會導致全軍覆沒。

儘管如此，好的軍人必定不是冷漠的武器，而是恰恰相反。在戰場上，屢屢要運用情緒智慧來評估危險、處理衝突雙方的平民百姓，並且維持同袍之間的密切關係。

這些對軍人情緒的要求相互矛盾，產生創傷和認知失調，可能導致創傷後壓力症候群、憂鬱症，以及其他心理問題，種種情況可能在服役期間與回歸平民生活時造成困難，家庭暴力、崩潰和自殺，只是經歷戰爭可能引發的幾種情緒波動結果。[2]根據全球政策智庫蘭德公司的報告指出，至少有二〇%越戰、伊拉克戰爭及阿富汗戰爭的退役軍人，罹患創傷後壓力症候群和憂鬱症，多次派往戰爭地區的軍人，比率更攀升到三〇%。以參與這些戰爭又生還的五百萬以上退役軍人來說，就是有一百五十萬人在戰鬥結束後依舊長期飽受痛苦煎熬。

如此看來，或許有人會想，軍隊大概對處理這個問題極感興趣，事實上也確實如此。二〇〇九年，美國軍方開始實施一項復原力方案，希望讓士兵的情緒和心理層面更堅強。不過，無論方案是否有效，這種方法可能影響有限，因此正朝著其他幾個方向努力，特別是在情感研究與情感科技方面。

大腦晶片對疾病的治療

國防高等研究計畫署透過合約，在治療或減輕士兵與退役軍人因戰爭摧殘而蒙受的身心痛

1 Grossman, D. *On Killing: The Psychological Cost of Learning to Kill in War and Society*. Back Bay Books. 1996.
2 Center for Military Health Policy Research, Rajeev Ramchand, and Inc ebrary. *The War Within: Preventing Suicide in the U.S. Military*. Santa Monica, CA: Rand Corporation, 2011.

苦下了不少工夫。一個稱為「系統化神經科技新興療法」（Systems-Based Neurotechnology for Emerging Therapies, SUBNETs）的計畫於二〇一四年正式展開，宗旨就是開發可以植入軍人腦中的晶片。

這種**大腦晶片**設計成封閉迴路系統。首先，提供蒐集軍人大腦活動信號的方法，並能即時解讀個別神經元的信號，以便確立在正常和不正常情況下，大腦系統與路徑的運作模式有何不同。研究團隊「之後將利用這些模式，決定安全有效的治療性刺激方法。」[3]這就牽涉到試圖以低量電流治療諸如創傷後壓力症候群、憂鬱症及焦慮等疾病，或許可用直流電或磁刺激，改變受影響的神經元，打斷會導致軍人失調不適的信號。

來自勞倫斯利福摩爾國家實驗室（Lawrence Livermore National Lab）、加州大學舊金山分校（University of California at San Francisco），以及醫療設備公司美敦力（Medtronic，可植入性神經刺激系統的主要製造商）的團隊，正為了這個目標努力開發電極可深入大腦內部的晶片。國防高等研究計畫署負責系統化神經科技新興療法的計畫主持人傑斯汀・桑傑斯（Justin Sanchez）博士表示：「國防高等研究計畫署正在設法找出上至大腦網絡，下至單一神經元的哪些區域會對不同的情況產生作用，並且開發治療設備，能記錄活動、針對目標發出刺激，以及最重要的是在腦部出現變化時自動調整療法。」

國防高等研究計畫署的計畫是在五年內發展出原型樣品，再尋求取得食品藥品管理局的晶片使用許可。[4]最後，桑傑斯表示，他們想「利用最先進的電子微製造發展，要創造複雜精密的可植入裝置，讓**接受者終生**都安全有效。」

這類治療有相當多前例，所謂深層腦刺激（deep brain stimulation, DBS）的使用，已經做了數十年的研究。在採用深層腦刺激時，是用精確定位的電極在腦部深層釋放電流，打斷特定神經元組之間的長效增益（long-term potentiation, LTP），並且成功重新調整神經病理過程。（長效增益是基於過去神經活動的模式，持續強化特定神經元之間的信號，這是細胞層級的習得行為基礎。）深層腦刺激目前用在治療原發性顫抖症、帕金森氏症、肌張力不全，以及強迫症等症狀。截至二〇一六年，全世界有超過十萬人植入深層腦刺激。類似的方法也在探討能否用於治療一些與參戰相關的心理狀況，特別是曾經多次接受派遣部署任務的軍人。

這些晶片中的電極同樣也能用來讀取大腦信號，提供豐富的診斷訊息。這種晶片歸類為侵入性腦機介面，而且和其他非侵入性方法相比有不少優點。例如：有人戴著覆蓋許多電極的帽子，這種形象描述的通常是一種腦電波圖，是一種非侵入性腦機介面。腦電波圖容易使用，而且時間解析度不錯，只是空間解析度卻很有限，也就是無法清楚分辨個別或小群神經元，所以在解讀大腦信號時，準確度就會較低。[5]腦電波圖既安全，又平價，所以電腦遊戲玩家有時也會使用，甚

3 DARPA. Sanchez, J. "Systems-Based Neurotechnology for Emerging Therapies (SUBNETS)."
4 Tucker, P. "The Military Is Building Brain Chips to Treat PTSD." *Defense One*. May 28, 2014.

至還有開源腦電波圖計畫。

相對之下，功能性磁振造影與腦磁圖（magnetoencephalography, MEG）都是高空間解析度的非侵入性腦機介面，而且可以區分個別神經元。可惜的是，所需要的儀器非常昂貴，而且體積龐大到會塞滿小房間，還必須用液態氮或液態氦過度冷卻。

腦對腦介面引發的恐慌

比起這些非侵入性方法，國防高等研究計畫署的實驗性大腦晶片就比腦電波圖準確許多，而且沒有那麼昂貴，又比功能性磁振造影與腦磁圖更方便攜帶。此外，可以藉由大腦晶片提供很長一段時間的連續數據流。這種晶片不但能幫助研究人員在大腦研究方面取得極大進展，還可能為一個已經發展到流行病程度的問題提供治療方法。

不過，系統化神經科技新興療法的公開聲明卻引來橫跨政治光譜的眾人質疑，要為我們勇敢的軍人嵌入大腦晶片這項計畫，背後是否有更陰暗的企圖。精神控制與喪屍士兵等話題，如野火般在網際網路蔓延，這類瘋狂的揣測無視於目前科技精密程度的現狀，也忽略掌權者的道德標準。不過，這就是我們現在的處境。今後數十年，若是被不同的政府或政權採用，或許又是另一番局面。

想想現今與大腦連接的科技現況。二〇一五年，德州農工大學（Texas A&M University）的研究人員展示一款微型電腦，可像小背包一樣安裝在蟑螂身上，裡面的電極連接到蟑螂的神經系統，這樣就能透過無線通訊遙控蟑螂的行動。同年年底，一家小型群眾募資新創公司——後院天才（Backyard Brains）推出一套工具組機器蟑螂（RoboRoach），可建造該公司宣稱的「世上第一個商用生化人（cyborg）」。業餘人士可以將它安裝在蟑螂身上，之後就能透過藍牙以智慧型手機加以操控。

而在二〇一三年的另一組腦對腦介面實驗中，杜克大學（Duke University）的團隊示範透過植入微電極陣列（microelectrode array, MEA），進行兩隻老鼠之間的腦對腦溝通。[6]同年稍晚，哈佛大學（Harvard University）的研究人員展示，人類志願受試者可以只靠自己的想法控制實驗室老鼠的尾巴動作。用腦電波圖掃描志願受試者的大腦，發現他操縱一束聚焦超音波，刺激老鼠的運動皮質區（motor cortex）。[7]幾個月後，華盛頓大學的兩名研究人員展示操作據信是世上第一個非侵入性人類腦對腦介面，由一個人在遠端控制校園彼端另一人的手部動作。[8]到了二〇一六年幾乎是繞了一大圈，又有一組研究人員開發出腦對腦介面，讓人類操作者運用他們的思維來控

5 時間解析度（temporal resolution）是指在衡量時間方面的精準度，就像空間解析度（spatial resolution）是指空間方面的精準度，如影像的畫素。

6 Pais-Vieira, M., Lebedev, M., Kunicki, C., Wang, J., Nicolelis, M. A. L. "A Brain-to-Brain Interface for Real-Time Sharing of Sensorimotor Information," *Scientific Reports*, 3, February 28, 2013.

制蟑螂的動作！[9]

這些計畫清楚顯示，意志控制與個體之間以大腦狀態溝通的可行性。這類研究總有一天將引發新的神經治療方法，以及新的互動和溝通方式。不需要太多年，人與人之間直接傳送思想、影像，甚至感受，將有可能成真。這種心電感應將會隨著時間而更加成熟，最後成為更好的溝通方法，至少對一些互動類型而言正是如此。

依照這些科技的進展來看，或許更容易明白，為何為軍人植入大腦晶片的想法會引起一些比較偏執多疑的觀察家感到擔憂。雖然大家希望指揮軍隊的人有足夠的道德感，能避免那些我們被實驗喚起的惡夢情境，但是我們卻無法向未來所有人保證這一點。恐怖分子徹底掌控一些俘虜的身心，以便讓他們轉變成自殺炸彈客小隊，這才是真的惡夢。

透過神經刺激改變大腦

軍方另一個研究單位則探索以神經刺激為工具來改變大腦，那是俄亥俄州萊特派特森空軍基地（Wright-Patterson Air Force Base）的空軍研究實驗室。這裡的七一一人力效能聯隊（711th Human Performance Wing），任務是「利用生物與認知科學和科技，保護並最佳化飛行人員的飛行、戰鬥，以及在空中、太空和網路空間勝出的能力。」[10] 其中一些實驗採用經顱直流電刺激

（transcranial direct current stimulation, tDCS）和經顱磁刺激完成兩個主要目標：提高警覺，以及改善認知表現。

在警覺性研究中，重點集中在背外側前額葉皮質的經顱直流電刺激，用以重複震撼大腦，使之進入警戒狀態，卻不會造成生理上的副作用，就像喝下一杯又一杯的咖啡。在四十分鐘的測試期間，對這些接受經顱直流電刺激的人進行大腦掃描，結果顯示，在整個測試期間的表現都沒有減弱。這在一般情況下是前所未聞的。在認知表現研究中，實驗對象接受經顱直流電的大腦刺激，同時學習做出一系列的動作，表現則比後續測試中的控制組實驗對象優異二五〇%。[11]這表示或許在不久的將來，即可大幅加快我們學習新事物的能力。

此外，這些方法可用於對大腦的特定區域產生刺激或抑制效果。其他一些涉及經顱直流電刺

7 Yoo, S. S., Kim, H., Filandrianos, E., Taghados. S. J., Park, S. "Non-Invasive Brain-to-Brain Interface (BBI): Establishing Functional Links between Two Brains." PLoS ONE 8(4): e60410. 2013.

8 Rao, R. P., Stocco, A., Bryan, M., Sarma, D., Youngquist, T. M., Wu, J., Prat, C. S. "A direct brain-to-brain interface in humans." *PLoS One*. November 5, 2014. 9(11): e111332.

9 Li, G., Zhang, D. "Brain-Computer Interface Controlled Cyborg: Establishing a Functional Information Transfer Pathway from Human Brain to Cockroach Brain." Ed. Jacob Engelmann. PLoS ONE 11.3: e0150667. PMC. May 1, 2016.

10 711th Human Performance Wing. Wright-Patterson Air Force Base. Mission statement. http://www.wpafb.af.mil/afrl/711HPW/.

11 Young, E. "Brain stimulation: The military's mind-zapping project." *BBC Future*. June 3, 2014.

激的研究也顯示，這種方法說不定還能影響更多功能，例如：數學能力、偏好冒險與擬定計畫的能力，但效果是否明顯到有利用價值，則仍存在許多疑問。

不少研究調查顯示，在測試情況下，經顱直流電刺激能改變情緒反應。類似這樣的工具若是瞄準大腦的不同區域，應該很容易做到刺激或抑制情緒，認知的其他方面也是如此。雖然這並非當初發展的目的，但是假以時日，這類系統將運用在原有開發目的以外的許多用途。不可避免地，它們會用來加強或減弱特定情況下的情緒反應，無論是調節對刺激的健康反應、徹底關閉自然的情緒反應，或是引發與當下情況不相稱的反應。無論如何，依照應用的不同，結果或許有益，但是如果運用不當，也可能會造成災難。

軍方實驗與殺手機器人的潛在威脅

近幾年來，軍方一直在實驗許多科技，這些技術或許能從提升情緒覺察中獲益，尤以無人飛機與機器人為最。只是無人飛機或無人飛行載具（unmanned aerial vehicle, UAV）的概念已經存在超過一個世紀了，卻直到過去二十年才開始廣泛用於戰爭中。[12]在此同時，一系列的機器人和其他自主武器系統（autonomous weapons systems, AWS）也開發用於各種軍事行動。這種逐漸轉向仰賴自主或半自主工具與武器的變化，引來最終將發展「殺手機器人」的疑慮。

儘管還需時數年，但是對這種潛在威脅的警覺，足以讓軍方內部對可能的利益與風險持續對話，同時也有成熟的公民運動尋求制定國際法以禁止這類武器。國際機器人武器控制委員會（International Committee for Robot Arms Control, ICRAC）就是其中之一，該組織認為我們只有稍縱即逝的機會能遏制這個威脅，否則將悔之晚矣。國際機器人武器控制委員會是一個稱為「阻止殺手機器人運動」（Campaign to Stop Killer Robots）的非政府組織之非正式成員，企圖預先禁止全世界的致命性自主武器。

這類武器的主要疑慮之一，是缺乏同理心和情緒智慧。諾埃爾・夏基（Noel Sharkey）是英國雪菲爾大學（University of Sheffield）的人工智慧與機器人學教授，同時也是國際機器人武器控制委員會的創辦人之一。夏基指出：

> 這不只是視覺辨別的問題，還要看涉及的推論。我有一個軍方提供的絕佳例子：幾個海軍陸戰隊隊員將一些叛亂分子圍堵在巷子裡，準備殺了他們。正當海軍陸戰隊隊員舉槍正要射擊時，突然注意到叛亂分子抬著一具棺材，於是放下槍，脫下頭盔，並且恭敬地讓對方通過。因為不可以殺害葬禮中的人，如果他們在這時候殺死叛亂分子，就真的會有麻煩了。但是，換成機器人的

12 美國國防部現在將其稱為無人飛行載具系統（unmanned aerial system, UAS）。

話，大概就會直接開槍射殺。也許你能將機器人的程式設定為在這些情況下不能開槍，但是如此一來，所有叛亂分子到哪裡都會帶著棺材了。

這又回到易壞軟體的問題。如果必須將某種情況的條件反應硬寫進程式中，但這種情況又不是完全可以預期的，那麼長期下來是行不通的。最後不是會發生預期範圍以外的狀況，就是會有類似人的因素企圖利用這樣的程式設計。情緒智慧和為周遭不同元素及情況賦予價值的能力，對於解決這個問題大有裨益，特別是當如果一個智慧體不但能確立自身的價值，還能為所有參與的各方賦予價值時。換句話說，該智慧體是否展現心智理論，並表現同理心。

情緒的相似物有可能是未來我們接受自主殺戮機器的關鍵嗎？有可能，只是若有可能，但願不會太久。對於自己沒有真正控制權的殺戮決定，指揮官是不會願意負責的。就算人工情緒智慧可能十分逼真，但是它的反應與思考過程能有多「人性」，這種不確定性在人工智慧達到人類水準後仍將久久不去。另一方面，可能還要數十年，機器才能達到近乎逼真、即時的同理心。

欠缺同理心的自主殺戮機器夢魘

自主武器系統的目的是要獨立於人類操作者之外。這種自主可能只出現幾秒或幾分鐘，但是也可能長達數個月或數年。理論上，可能在衝突結束許久後仍在運轉。美國國防部將自主武器系統定義為「一種武器系統，一旦啟動，可以選擇並鎖定目標，不受人類操作者進一步的干預」。如果你認為不會有人故意發射長期自主武器系統，請記住，全球估計還有一億一千萬顆具有殺傷性的地雷埋在地底。雖然就定義而言，這些殺戮機器並非真的自主，但是確實缺乏同理心，也沒有能力關心殺戮對象。它們可以持續運作數十年，在確定停火之後很久仍會造成死傷。將這個意象延伸到可以追捕、挑選並攻擊曾為敵人，但是現在可能已經握手言和的人，就真的是要設法解決的惡夢了。

二〇一五年，宇宙學家馬克斯・泰格馬克（Max Tegmark）在國際人工智慧聯合會議（International Joint Conference on Artificial Intelligence）上發表一封公開信，呼籲全世界禁止自主武器，[13]而這封信已經有來自全世界超過兩千五百名人工智慧與機器人學研究人員簽署。由於挑選攻擊目標及追蹤的能力是由人工智慧驅動，其智慧在接下來幾年也將持續改良，這些科學家擔心軍備競賽將會導致大規模毀滅性武器變得平價且容易取得。儘管有些國家或許會選擇不用，但是這些武器勢必會在黑市出現，對恐怖分子和獨裁者極具誘惑。

正如公開信的作者所言：「自主武器最適合諸如暗殺、顛覆國家、鎮壓群眾，以及選擇性殺

13 "Autonomous Weapons: An Open Letter from AI & Robotics Researchers." Future of Life Institute, 2015 International Joint Conference on Artificial Intelligence, Buenos Aires, Argentina. July 28, 2015.

害特定族裔等任務。」公開信的作者在後續的一篇文章中指出，仰賴在這些武器的程式裡設定道德功能，是假定這樣會符合所有人的利益，但是顯然即使有國際法反制，這種功能也會被敵手關閉。

結合情緒和同理心的機器人與人工智慧，情況大概也會一樣。有鑑於幾乎所有裝置或系統都能被駭客攻擊和進行逆向工程，我們應該預料得到，至少會有部分人類參與者涉及其中的最壞情況。

雖然有些人或許認為，為無人飛機和機器人注入情緒覺察可以降低平民傷亡，或是避免在戰鬥中遭到濫用，但是許多時候具備情緒的自主武器說不定一樣糟糕。一個具有先進的情緒智慧，外表還像是親戚、朋友，甚至母親或小孩的人形機器人，輕易就能滲透到安全地帶，並且奪走無數生命。菲利普・狄克（Philip K. Dick）於一九五三年的經典短篇科幻小說《第二終結者》（*Second Variety*）中，末日反烏托邦的居民面對的就是一個充斥著自我複製殺手機器人的世界。這些機器有的演化到與人類真假難辨，就是為了用來進行滲透和殺戮。正如同狄克的許多故事，隨著時間經過，這個故事似乎變得愈來愈有可能成真。不用多說，這應該不是我們想要的未來。

現代戰爭的多種工具

遺憾的是，現代戰爭有太多的戰鬥工具。網路戰爭是最新的一種，隨著網際網路的發展與成長而擴散。大多數人聽到網路犯罪或網路戰爭，根本不會想到情緒，但其實情緒是一大關鍵要素。厲害的駭客會告訴你，人向來是安全問題中最脆弱的一環。駭客將操縱這種弱點稱為「社交工程」（social engineering），他們可能會利用人類本性去猜測思慮不周的密碼，但是從背後偷窺或借道網路攝影機而讀取便條紙的內容，效果也不錯，他們可能會拉人加入看似單純的對話，取得無害但重要的資訊，這是一種有創意的作為，是從理解並操縱人的需要中獲益。換句話說，就是情緒智慧。

隨著電腦程式愈來愈能做到情緒覺察，勢必會被駭客列入這方面的工具組。能夠自動化進行這個過程，代表即可同時接觸到大量的人，無論是電子郵件或電話聯絡人。（目前以單元選取做的語音合成和真人一般無二。）[14]藉由從情感上吸引標的，這種大批社交工程可能會導致大量資料外洩，可以用來破壞系統的防護措施。

由於情緒對人類處境是如此關鍵的因素，敵人會竭盡所能地用來對付我們，就像我們也可能企圖如此對付敵人。儘管開發新科技者立意良善，但總是會有人企圖轉為他用。雖然我們可以預測與規劃情感科技如何使用，但卻無法一一說明這個未來所有可能的樣貌，因為過去幾乎沒有什麼可以被拿來相提並論的。現代戰爭完全是科技與文明的產物，對於殺戮和避免被殺，國際社會

14 單元選取合成是利用如雙連音、語素、音節及單字等語言單元的資料庫，即時組合成完整的詞組，並且用其他的處理程序讓詞組聽起來很自然。

有一致認同的行為規範與方法，是人類歷史相當近期才存在的。

二十世紀中葉，我們將核能精靈從瓶中釋放出來，從此生活在它的陰影之下。處理這項傳承的代價會是什麼？生命、金錢及內在的平和？我們只有稍縱即逝的機會不讓自主武器擴散，之後所有的預測都是憑空揣測。製造這些武器的方法和材料，遠比製造核子武器所需的更為簡單，也更容易取得。避免或至少預先阻止自主武器競賽，無疑是我們最聰明，也最文明的選擇。

然而，人類在今後一段時間似乎將繼續參與小規模衝突、戰鬥及戰爭，一些情感科技的應用對衝突雙方來說可能與人道主義相關。例如：心理戰（Psychological Operations, PSYOP）是美國軍方以贏取人心為主的特種作戰部隊。〔心理戰不久前更名為軍事資訊支援作戰（Military Information Support Operations, MISO）。〕他們的任務是「影響外國政府、組織、團體及個人的情緒、動機、客觀推理，乃至於行為。」[15] 考慮到情感運算及人工情緒智慧將來能夠企及的水準，我們可以合理假設，心理戰在執行任務時想要使用的就是科技，無論主要影響的是衝突的哪一方。由於這麼做可以降低衝突，進而減少傷亡，似乎是科技有利於人的應用，但這顯然只是對戰鬥的一方而言，因此也只是等式的一方。就看這類科技未來變得多強大、多有說服力，說不定也會造成非常可觀的威脅。

這項科技肯定會繼續推行的其他應用，就是用於治療。既然要求軍人冒險犧牲，就應該竭盡所能地彌補他們可能遭受的傷害，無論是生理、心理或兩者皆包括在內。近幾年來，在治療或替換於戰爭中失去的四肢或感官方面已經有了長足進步，如果同樣能治療他們的心靈，並且驅逐他們的心魔，更是勢在必行。但是，在這麼做的同時也必須竭盡我們所能，避免在這段期間出現任何可能導致惡化的狀況。當我們改變與一段記憶相連的情緒時，就是在改變記憶本身，修正像個人記憶與情緒這麼重要的東西，是走在治療和傷害之間的鋼索上。

不過，考慮到軍人回歸平民生活時，必然與當初離開時的模樣大不相同，那麼尋找對策或治療方法是最起碼能做的。隨著科技變化的速度加快，他們會和我們一樣，發現在這個屢屢試圖操控自己的世界中愈來愈弱勢。正如下一章所顯示的，我們的挑戰可能才剛剛開始。

15 Joint Publication 1-02, Dept. of Defense Dictionary of Military and Associated Terms.

第十章 隨時等待分析的獵物

東京銀座——二〇二七年五月十七日

一名時髦的年輕女子沿著新潮的商業區街道瀏覽櫥窗，尋找新的手提包。她的路易威登（Louis Vuitton, LV）眼鏡在她觀看的畫面上浮現一片數據。擴增實境眼鏡隨著她的視線掃過商店櫥窗，提供不同品項的訂價和評論。

在她靠近其中一家商店時，商店在路邊的監視攝影機記錄她的影像，並且傳送到店內的電腦主機系統。又從電腦系統輸入幾個資料分析服務，幾乎立刻提供她是什麼樣的人、可能的購買習慣等資訊。電腦分析她的穿著打扮，計算出如果某件裙子提供最高折扣，她購買的機率是七三・六％。其中一個軟體服務迅速描繪高解析可轉動的３Ｄ影像，呈現購物者虛擬化身穿上這件裙子的模樣，連同其他一些品項與配件。由於年輕女子訂閱當地的一些優惠券服務，因此這家商店得以將個人化廣告直接傳送到她的眼鏡上。

女子匆匆瞥過廣告，但卻不感興趣。即時分析她的表情、姿態及步伐，電腦就知道她很可能已經有了一件類似的裙子，如果不是因為女子選擇不讓商業廣告存取她的社群媒體帳號，電腦應該早就知道這一點了。不過，商店的電腦只需要這個額外的資訊。幾毫秒後，電腦就收到來自大數據分析服務的更新，顯示這名女子有九二・七％的可能性購買剛剛進貨的最新一季皮夾克。

第二則廣告迅速送到女子的眼鏡上，顯示她的虛擬化身穿上皮夾克的樣子，還有一個三十分鐘的快閃優惠券。整個來回交流只發生在幾十步之間。儘管努力克制，但女子的表情還是在一瞬間顯示出對皮夾克相當感興趣。片刻過後，她踏入商店，交易也迅速完成。

❖

日常環境中感應器的使用日益增加，也就是通稱的物聯網（Internet of Things, IoT），結合了大數據分析的預測能力，正在改變我們與世界的關係。只是並非都是好的方面，隱私、自主權，甚至是自我決定等問題，在討論這些侵入性科技時都會一一浮現。儘管這些聽起來就夠令人忐忑了，但是如果結合能快速讀取、理解我們的情緒反應並做出回應，就更讓人惴惴不安了。

想想上述的情境，解讀購物者的非語言反應，讓商店的電腦程式得以完成即時訊息溝通回饋循環。據此，按照規則設定的程式就能立刻調整策略，吸引她進入商店內，實現達成銷售的目的。假如第二次嘗試不成功，也可以區分出各種後續行動，它的決策樹是由購物者本人可能都沒有察覺到的感覺和動機所驅動。而整個處理過程發生的時間，會比我們的思考過程快上幾個數量級（orders of magnitude）。

購物者顯然常常被說服，而購買超出原先計畫，甚至不符合自己最佳利益的東西，但是這種可即時與我們的基本感覺互動的能力，讓局勢朝著更受操弄的方向轉變。彼此關係從相對平衡的狀態，變成更像是掠奪者與獵物的關係。

從消費、談判到面試的應用

正如稍早曾提過的，廣告主和行銷人員已經開始擁抱情感運算。假以時日，隨著情感運算愈來愈容易取得且方便使用，將會應用在任何電腦可以與人互動的地方。雖然我們大可期待將來針對這些科技會發展出一套道德規範且為人所接受，但是也不能覺得理應如此，同時所有人不太可能都能以同等的忠誠遵守這樣的規範，無論是正式或非正式制定的規範都一樣。

好像嫌這還不夠麻煩似的，上述的科技還會更進一步，創造出更加艱難的目標。此時，要做到這一切所需的技術專業知識，甚至超過最大商家的規模與格局，不過這只是從今天的觀點來看。仍在初期階段的情感運算已被當成行銷研究工具使用，時間一久，隨著處理能力、頻寬及演算法改善，將有新的情緒覺察系統提供商家愈來愈容易使用的功能。

到了最後，假設有利可圖的話（將來會有的），這些功能將會轉化成服務系統，目前通常稱為「軟體即服務」。公司可以合理費用使用這些整合服務執行各種任務，不必自行開發軟體和資料庫。這類服務可以擷取並自動執行許多較為複雜的臉部辨識、3D掃描、情感運算及擴增實境，讓企業能快速而即時地吸引消費者，就像你我寄發電子郵件，或是對文件進行拼字檢查那麼輕鬆簡單。

我們應該對此感到憂心，因為情緒操控的可能性將無法抵擋，而且會大幅改變零售商與消費者關係的平衡。只需要想像一下，在汽車展示間裡有一個能幹的銷售人員。你想買一輛車，但是顯然不想為這筆已經頗為重大的投資再付出更多的錢。你和銷售人員討價還價，企圖說服彼此。你想著可以把價格壓到多低？銷售人員則是在想，**在不失去這筆買賣下，我能讓步的最低底線是多少？**最後，假設達成交易，你們同意一個價格，車輛就是你的。

如果進行這場談判的一方，是能以光速與超高準確度解讀你的非語言信號，並且加以回應的機器呢？你真的認為自己在走出展示間時，荷包能完好無損嗎？我打賭不會。

又或是你為公司奮鬥好幾年，卻遲遲未能加薪。你安排一場想要爭取加薪的會面，結果你並不是和另一個人交涉，而是人力資源部門讓你坐下來面對薪資協商程式。你提出要求加薪的理由，包括蒐集的許多統計數據說明你為公司帶來的價值，然而程式不但可以立刻存取你的日常表現，篩選出你不足的地方，還能立即精確解讀你的自信、不確定、尷尬及挫折等諸多當下感覺的程度。你會得到應有的加薪，還是談判程式會藉此證明它每年的授權費用是有價值的？

無生命的詐騙犯

至於社會中比較脆弱的成員呢？老年人通常會淪為詐騙的受害者，而那些騙局可能會讓比較年輕，也更精明的人搖頭。針對老化神經科學的研究顯示，老年人會對信任相關的跡象敏感度降低，也不能忽略他們對生存的這個新世界缺乏理解。平均而言，一般人對於成長期間使用的科技，會比父母和祖父母更加熟悉，也更遊刃有餘，他們和這些科技打交道時的常識也一樣。展望情感運算之類的科技，我們可以想像老年人在接觸那些互動或交易時會比他們的子女單純生疏。詐騙集團有辦法快速讀取並理解他們的感覺，就可以趁機大肆利用自動化。販售一些不可靠的投資給退休人士，快速榨乾他們的銀行帳戶，並且操控寂寞老人寫下遺囑，都可能還只是冰山一角。

要是你懷疑這種情節發生的可能性有多高，不妨想想以下這個警世故事。二〇〇六年，有一個名叫羅伯特的中年離婚男子，加入一個約會網站想要認識異性。在和其中幾人用通訊留言與電子郵件交流後，羅伯特和一個名叫絲維拉娜，有著深色髮膚的苗條美女配對成功，檔案上寫著她住在加州，距離羅伯特居住的地方不遠。雖然她的英語不怎麼樣，但是寫給羅伯特的電子郵件卻熱情親暱。只是沒過多久，絲維拉娜就坦白她其實不住在加州，而是住在下諾夫哥羅德（Nizhny Novgorod），是土生土長的俄國人。由於羅伯特的祖父母與外祖父母都是從俄國移居到美國，他一點也不覺得這有什麼問題，只是兩人之間又多了一個連結。

數個月來，羅伯特和絲維拉娜有許多電子郵件往返，儘管絲維拉娜從未理會羅伯特想用電話聊天的要求，但他卻覺得自己愈來愈無法自拔。最後，在信件往返近四個月後，羅伯特決定安排一趟旅行去見絲維拉娜。但是，隨著出發日期愈接近，羅伯特卻開始心生疑竇，他的腦海中閃過什麼，絲維拉娜的電子郵件裡除了彆腳的英語之外，還有怪異的地方，於是決定寄信測試：

asdf;kj as;kj I;jkj;j ;kasdkljk ;klkj 'klasdfk; asjdfkj. 愛妳的羅伯特

絲維拉娜回覆一封關於她母親的長信，完全不曾提及前一封信裡莫名其妙的話語。就這樣，羅伯特赫然驚覺長久以來和他交談的是一個聊天機器人（chatbot），是用來吸引人投入對話的電

—Taylor, S. E. et al. "Neural and Behavioral Bases of Age Differences in Perceptions of Trust." *PNAS*, vol. 109, no. 51, 20848–20852, doi: 10.1073/pnas.1218518109. October 24, 2012.

腦程式。

這時候要為羅伯特如此容易受騙開脫就容易多了，畢竟誰都可能受到情緒、一廂情願、寂寞孤獨、荷爾蒙等之害，只不過羅伯特是羅伯特・艾普斯坦（Robert Epstein）博士，是《今日心理學》（*Psychology Today*）雜誌的前總編輯，並寫過無數愛情與婚姻關係的書籍，也是人類和機器互動（更具體來說，就是聊天機器人）的重量級專家之一。其實在一九九〇年代，艾普斯坦主導羅布納人工智慧競賽獎（Loebner Prize Competition in Artificial Intelligence），比賽就是由裁判分辨對話的對象究竟是電腦程式還是真人。

尤有甚者，羅伯特承認在第一次事件發生後不久，他又被另一個聊天機器人騙了。這一次甚至不是他自己發現的，而是這個聊天機器人在英國的程式設計人員找上他，那個程式設計人員寫信表示，他知道羅伯特是誰，而他必須告訴羅伯特在這段時間以來都是在和軟體程式往來通訊。

沒有人知道究竟有多少聊天機器人滲透到約會網站與社群媒體網站，但是專家同意，數量大概在一百萬以上。近幾年來，這些程式的數量和成熟程度進步十分可觀。根據二〇一四年的一份調查估計，五六%的網際網路流量是由機器人程式產生，這些程式是設計來執行高度重複性的作業。[2]調查指出，這些流量大約有一半來自好的機器人，但是約三〇%則是由惡意機器人產生，如網路爬蟲（web scrapers）、駭客工具、垃圾郵件發送器，以及**模擬身分程式**（impersonator）。這類研究估計，網際網路流量有整整二〇%源自於各式各樣的模擬身分程式，包括聊天機器人。這類程式的花招百出，用於不斷擴張的網路犯罪領域。

如此看來，隨著人工智慧愈來愈成熟，也愈來愈能理解並回應情緒及非語言信號，所有人類將會變得何等脆弱？

隨著情感運算科技普及，並且在不同領域中找到應用方式，我們可能也要面臨許多發展期的困難。當成工具用於執法工作或蒐集情報可能成效卓著，因為有了解及預測罪犯與嫌疑人行為的需要。但是，這些科技會如何改變，或是加深公務員對公民自由的潛在侵害？似乎是再稀鬆平常不過的情況。

提供情感運算工具給負責保護我們的人肯定會有好處。警察、情報人員及海關人員的工作，一向都要和欺騙行為打交道。歸根究柢，欺騙是所有犯罪的基礎；沒有欺騙，大部分的犯罪都不可能成事，或是很快就會暴露了。欺騙的定義是為了創造或不斷延續錯誤的觀感或信念，而刻意傳遞訊息。[3]努力看穿欺騙並查明過去、現在和未來的企圖，依然是執法工作的基石，而能夠成功測量或解讀情緒的科技則是達成這個目的之強大工具。

2 Incapsula. "2014 Bot Traffic Report: Just the Droids You Were Looking For." December 18, 2014. https://www.incapsula.com/blog/bottraffic-report-2014.html.

3 Knapp, M. L., Comaden, M. E. "Telling It Like It Isn't: A Review of Theory and Research on Deceptive Communications." *Human Communication Research*, 5: 270–285. doi: 10.1111/j.1468-2958. 1979.

真假難辨的謊言與真實

物種內部的成功互動，需要一套互惠利他的制度，在這種制度下的社會單元中，沒有一個人可以占別人的便宜。[4]有了這個假設前提，才能促成溝通和社會凝聚。通常我們在與他人互動時，抱持的信念是別人告訴我們的都是真的。[5]沒有這種信念，溝通不但會變得極度缺乏效率，還可能根本毫無作用。因此，心理學家判定其實多數人的行為運作都帶有事實偏誤（truth bias），也就是傾向於相信別人告訴我們的就是事實，這種默契因而大幅改善我們的溝通效率。

另外，根據其他的研究指出，[6]欺騙可能在天擇中曾發揮（且持續發揮）作用。成功欺騙的人可能從中獲得利益，結果促成一種信念，就是認為這種行為值得冒險一試。有時候這一點可能是對的。欺騙的手法五花八門，但是都連結到一件事，就是刻意損害關係權力的平衡，而對為惡者有利。

一份針對兩百零六份文件與兩萬四千四百八十三份法官紀錄進行的大規模整合分析研究結果顯示，即便是警察和法官，所有人在評估一個人是否說謊時，成績並沒有比碰運氣高出多少。平均而言，只有五四％的機會能判斷出正確的實話／謊話。[7]有意思的是，儘管多數人的行為有事實偏誤，但是執法人員卻偏向另一個方向，帶著一點謊話偏誤。不過，哪一種方法明顯都沒有比另一種更準確。

另外一項針對五百零九人的研究，其中包括美國特勤局（Secret Service）、中央情報局（Central Intelligence Agency, CIA）、聯邦調查局（Federal Bureau of Investigation, FBI）、國家安全局（National Security Agency, NSA），以及緝毒局（Drug Enforcement Agency, DEA）執法人員在內，只有特勤局在偵測目標人物是否說謊時的表現明顯比碰運氣來得好，然而即使如此，特勤局觀察人員的成功率也只有六四%。

難怪世人尋求可靠方法偵測詐騙的歷史悠久。快轉略過浸水刑凳（ducking stools，編注：中世紀英格蘭古法，以鐵鍊把坐在木椅上的犯人固定在水邊，把犯人丟入水中的次數作為刑罰）與焚燒女巫，直到十九世紀末，才開始將科學方法應用在訊問時是否說謊。當時出現一些有關人類自發反應（autonomic response）的發現與發明，最後結合成為現代測謊器的雛形。測謊器或多頻道生理記錄儀〔或測謊儀（polygraph），意為「多重書寫」〕，是一九二一年由加州柏克萊的約翰・拉森（John A. Larson）所發明，這種儀器可同時記錄並列出受試對象的脈搏、血壓和呼吸次數的測量變化。

---

4 Leakey, R. E., Lewin, R. *The People of the Lake: Mankind and Its Beginnings*. Anchor Press/Doubleday. 1978.

5 Vrij, A. *Detecting Lies and Deceit: Pitfalls and Opportunities*. Wiley. 2000.

6 Wile, I. S. "Lying as a Biological and Social Phenomenon." *The Nervous Child* 1:293-317; Ludwig, A. M. *The Importance of Lying*. Charles C. Thomas Publisher. 1965; Smith, E. O. "Deception and Evolutionary Biology." *Cultural Anthropology*, v.2, 1987.

7 Bond, C. F., DePaulo, B. M. "Accuracy of deception judgments." *Personality and Social Psychology Review* 10: 214–234. 2006.

測謊儀歷年來經過多次修正改良，最主要是增加測量受試者皮膚電流反應變化的方法。二十世紀末，演算法和軟體都開發到可更進一步分析測謊儀數據。時至今日，測謊儀測試依然是我們驗證事實和偵測欺騙時，最好也是唯一的科技方法。

然而，測謊儀的功效依然頗受質疑。由於測試結果的不一致，引發相當多爭議。此外，還無法區分說實話者與真正說謊者的生理喚起反應（arousal response）。更複雜的是，有些人確實可以訓練自己在說謊時不會有身體的自發反應出賣他們，藉此欺瞞機器。基於種種原因，許多法庭和司法單位並不把測謊結果列為足以採納的證據。

從犯罪防治的觀點來看，還有另外一個問題就是，測謊儀不能用在遠距離的對象，而是必須將裝置直接連接到受試對象的身上才能運作。

隨著情感運算的出現，情況大致上很快就有了改變。支援技術如臉部辨識，已經在城市廣為使用，無論是實體商店、廣告牌、體育館及街道上都有閉路攝影機。有些城市的數位顯示器已經能夠根據觀眾的性別、族裔和年齡層，顯示客製化廣告。由浸入實驗室（Immersive Labs，於二〇一五年由Kairos收購）之類的公司開發的數位顯示器，能在二十五英尺外就判定這些細節，一次可判讀多達二十五人。搭配微軟Kinect或網路攝影機的智慧電視與系統，可以設定為無論誰坐或站在它們前面，都能判斷人口結構和其他細節，並且得以同時客製化內容與廣告。臉部辨識科技在英國已經愈來愈頻繁使用在從全國將近六百萬台監視閉路攝影機取得的影像。

政府對情緒辨識科技的應用與濫用

這還只是開端。截至二〇一五年為止，聯邦調查局的一個價值十億美元的「次世代辨識系統」（Next-Generation Identification, NGI）資料庫，留存近三分之一美國人的臉部辨識資料，以及其他生物特徵辨識資料，如指紋、掌印及虹膜掃描。同年，《華爾街日報》報導，情緒偵測公司Eyeris「將軟體賣給不具名的執法單位，用於偵訊。」[8]隨著電腦處理能力日益強大且無所不在，簡單的臉部辨識將被即時情緒辨識取代，一如所有模式識別科技，也將在短時間內快速改進。

顯然執法人員早就需要工具輔助他們準確判讀情緒，並且偵測謊言。這麼多年來，這項科技已經向前躍進一大步，切實可行。執法人員會熱情擁抱它嗎？還是會因為美國公民自由聯盟（American Civil Liberties Union, ACLU）和電子前哨基金會（Electronic Frontier Foundation）等團體必定會提出基於隱私與公民自由疑慮而拒絕使用呢？至少在一開始時，有可能會是前者。

提到個人安全問題時，大眾屢屢證明如果確定能夠帶來更完善的保護，他們願意犧牲一點公民自由。從九一一事件之後毫無爭議地通過美國愛國者法案（USA Patriot Act），以及後來根據二〇〇六年恐怖分子監聽法（Terrorist Surveillance Act）而擴大監聽，可見一斑。但是，正如常見

8 Dwoskin, E., Rusli, E. M. "The Technology that Unmasks Your Hidden Emotions." *Wall Street Journal*. January 28, 2015.

的情況，這類工具不免遭到濫用，而等到濫用時將會引起民眾反彈。

能夠遠端解讀情緒的工具可用來操控行為，應該引發嚴重關切。引人入彀的概念在臥底任務中會有何改變？為了取得電腦系統認為有罪者的口供，訊問人員又願意做到什麼程度？

然後就是錯誤記憶（false memories）的問題。研究顯示，記憶形成的過程也複雜地包含情緒，尤其是負面情緒顯然更容易受到錯誤記憶形成的影響；[9]換句話說，就是讓人相信他們記得某件其實根本不曾發生的事。為了在達成如招供等目標的過程中解讀情緒，設計的系統有可能會形成一種回饋循環，不管是有意還是無心。若是沒有足夠的防衛，隨著每個非語言回應而來的一連串質問，可能在無意中灌輸了錯誤記憶，最後導致坦白供認。還要考慮到電腦不會疲倦，而人類卻絕非如此，隨著疲勞出現，人的弱點也會隨之增加，到最後就會促成想要的供述。

儘管許多民主國家都有保護公民自由的防護措施，但是濫用這類監視與訊問方法的風險仍然極大。如果發生這種狀況，最後有可能會引發強烈的反彈。輿論的轉變可能導致完全禁止這方面的用途。但屢見不鮮的是，禁用科技通常只會將科技逼入幾乎不存在管理規範，卻充斥濫用可能性的陰影之中。

還有一些社會是連基本的個人自由保護都毫無保障，獨裁專政者通常會欣然接受任何有助於鞏固與維護權力的工具。基於種種原因，我們也應該擔心那些會將情感運算用於戰爭的人。

還有蒐集情報的問題。此外，使用情緒辨識科技是否會改變蒐集訊息的完整性？溝通回饋循環是會讓訊息變得更可靠，還是更不可靠？

我們肯定會面臨新的戰場。這種武器是否具有道德正當性？基於同樣的理由，犯罪嫌疑人應該受到保護，不受情緒機器訊問，也不能用這些有機會產生不人道待遇的情感科技訊問間諜與戰俘。心智是我們最私人也最珍貴的資產，竄改心智、灌輸錯誤記憶，成功改寫一個人——幾乎就等於摧毀這個人。試想：我們是否有一天將會需要情感科技的日內瓦公約（Geneva Convention），以便保護軍人？

還有政權用這種科技對付平民的問題，甚至是對付本國的公民。考慮到心理入侵的可能性，純粹的宣傳什麼時候會越線而傷害人權呢？隨著情感運算的功能日益提高且日趨普及，有科技防護措施能抑制遏阻這種濫用嗎？還是我們就只能仰賴法律和監管單位的回應？

最後，這對自由與公平選舉的理念又會造成什麼影響？在政治權力的戰役中，操控情緒已經被視為公平遊戲，但如果是機器在進行這種操控呢？就是那種隨時隨地公然軟硬兼施的機器。當選民再也無法確定自己的意見和感覺時，選舉又有何自由與公平可言？

這些事情是否可能成真？我們很容易看著剛萌芽的科技因為不夠成熟、不夠強大，或是感知

9 Brainerd, C. J., Stein, L. M., Silveira, R. A., Rohenkohl, G., Reyna, V. F. "How Does Negative Emotion Cause False Memories?" *Psychological Science*. 19: 919. 2008; Lunau, K. A 'Memory Hacker' Explains How to Plant False Memories in People's Minds. Motherboard, September 14, 2016.

價值不足而不以為意。不過，正如先前所說的，科技發展的本質與指數型成長，意味著科技可能迅速成熟到成為徹底轉型的動力。摩爾定律、克萊德定律、梅特卡夫定律及其他定律都承認，這個人造世界的許多層面都將以指數型成長的速度改善。有鑑於此，不太可能認為情感運算的情況就會有所不同。

可想而知的是，這個新興科技如果使用不當，極有可能破壞很大一部分的社會結構。這些議題夠大也夠微妙，需要進行大量思考和對話。儘管最後的解決方案遠遠超出本書的範圍，但是如今仍有時間可以影響情緒機器的未來方向，現在開始進行討論應是謹慎之舉。

第十一章 永不喊累的看護與保母

澳洲布里斯本（Brisbane）RSL護理之家（RSL Care Facility）——二〇一一年四月十八日

布里斯本的一家寧靜養老院中，一個老人一動也不動地安靜坐著，凝視著腳邊徹底磨損的地毯。八十二歲、罹患重度痴呆的湯瑪斯已經有兩年以上的時間沒有說過一個字。湯瑪斯剛到養老院時，工作人員曾試圖引起他的注意、鼓勵他說話，但卻徒勞無功。毫不意外地，時間一久，大部分的人就愈來愈少花力氣和這位老紳士打交道了。

湯瑪斯並未發現有一個護理人員陪同一位中年女士來到他所在的休息室。那個女子靜靜地走向湯瑪斯，並在他的椅子邊跪下。湯瑪斯眼神空洞地望著地板。

「哈囉，湯瑪斯。」女子輕聲說道：「今天好嗎？」湯瑪斯繼續盯著地毯，渾然不覺。女子從背後拿出一個像是大型白色填充動物的東西，樣子是豎琴海豹寶寶，而後把它舉到湯瑪斯的面前。

「你認識蜜莉嗎，湯瑪斯？蜜莉想跟你說哈囉。」蜜莉轉轉頭，睜開眼睛朝著湯瑪斯眨了眨。女子將海豹靠在老人的肩膀上。在它磨蹭著湯瑪斯的脖子時，老人瞪大眼睛。湯瑪斯的雙手抓住海豹，將它拿到面前，注視著它黑色的大眼睛。茫然空洞的表情微微一亮。

接下來四十五分鐘，湯瑪斯緊緊抱著海豹，輕輕撫摸，這是他長久以來最專心投入的一次。但是，此時他以為的海豹蜜莉其實是一個正式名稱為ＰＡＲＯ的機器人系統。ＰＡＲＯ屬於所謂療癒性陪伴機器人的新裝置類別，日本開發的ＰＡＲＯ已經相當精密成熟，在美國被列為二級醫療器材。這種機器人根據許多監測觸覺、聲音、光線及溫度的感應器，使用人工智慧改變行為。在有人撫摸時，它會移動頭、尾巴、鰭，並且張開眼睛。它對聲音有反應，能學會自己的名字，並對主人常用的字句做出回應。它能模擬如驚訝、高興和生氣等情緒，如果沒有得到足夠的關注還會哭泣。因此，當你撫摸著它，或是對它說話時，它的行為表現會極為逼真。

最後，在四十五分鐘結束時，女子輕輕從湯瑪斯的懷抱中拿走機器人。「蜜莉得走了，湯瑪斯，但是它會回來的。」

湯瑪斯凝視著機器人，說出多年來的第一句話：「再見，蜜莉。」

二〇一一年一項為期五週的研究調查中，湯瑪斯和ＲＳＬ護理之家的其他人與數台ＰＡＲＯ

互動。[2]對照研究說明，參與者因為這項創新的治療方法體驗到更多的社交互動，壓力與寂寞則會降低。

PARO並非單一個案，這種計畫即使沒有上千種，也有數百種，開發目的是為了解決看護產業面臨的種種挑戰。

愈演愈烈的人口老化問題

許多工業化國家正在處理人口老化問題，生育率明顯降低導致人口失衡，使得許多國家因公民與資源太少而無法照顧老人。

這種「人口結構定時炸彈」早在預料之中，許多人為此一直努力制定處理問題的策略。多年來，日本是開發這類解決方案的領導者之一，因為他們的人口老化幾乎比世界各國都來得快。一九九〇年，年逾六十五歲的日本人只有一二%，但是到了二〇一〇年，這個數字已經增加一

1 二級醫療器材需要受到某些特別管理規範，以確保其安全。

2 Moyle, W. "The effect of PARO on social engagement, communication, and quality of life in people with dementia in residential aged care." Plenary address, National Dementia Research Forum, Sydney, September 2011.

倍，到了二三%，而到了二〇二五年，預計有三〇%的日本人口都將是老年人。3

尤有甚者，日本的扶養比（dependency ratio）也猛然高漲。從老人扶養比可快速簡要了解一國的人口資源與需求，計算方式是將六十五歲以上人口除以工作年齡人口。二〇一〇年時，這個比率是三六・一%，也就是每個老人有二・八個勞動者扶養，到了二〇二三年，這個比例預料將躍升至五〇・二%，也就是每個老人由兩個勞動者扶養。（相較之下，美國在二〇一五年的比率為二二%，也就是每個老年人有四・五個勞動者扶養。）目前的推測顯示，到了二〇六〇年，日本的比率將高達七八・四%——每個年長者只有一・三個勞動者扶養。雪上加霜的是，日本的扶養比是所有工業化國家中變化最快的。

不出所料，日本目前即使只有二五%以上的公民超過六十五歲，但卻已經面臨嚴重的照護人員短缺。為了因應問題，日本政府與產業界都做了重大投資，開發協助照護老人的系統。機器人，尤其是可以進行社交互動的機器人，就被視為因應照護人員不足的重要一環。為了刺激並支持這類創新，日本經濟產業省近幾年提撥數十億日圓開發機器人與增加使用率。許多公司獲得的補貼，累計達到用於打造照護機器人設備費用的一半到三分之二。二〇一五年年初，經濟產業省發布新的五年計畫「機器人新策略」，在照護與醫療用機器人上提撥將近五十三億日圓。4

照護機器人分成幾個類別：

●復健機器人用於物理治療，包括機械義肢，提供給有肌肉運動問題的人，例如：在中風之後對肌肉失去控制。

●遠端臨場機器人（telepresence robots）可協助遠距離通訊、監測，並協助社交互動。

●可提供直接照護的服務機器人，這些機器人有的可以背負沉重物體，甚至是病人本身；有的則可以充當外部記憶，幫助使用者記住重要事項，或是讓它們做一些有助於改善記憶的練習。簡而言之，它們可以用來補充、取代或協助恢復失去的身心功能。

●最後，陪伴機器人提供社交互動，幫助高齡者從事已知可促進健康與長壽的活動。

這些系統有很多都能輔助生理活動，並且幫助老年人記住重要事情，例如：按時服藥，但是顯然照護的意義遠遠超過只滿足個人生理需求，這就是陪伴機器人如此重要的原因。我們期望的是，那些裝置在情緒互動與社交互動的能力增強，可以大幅提高它們的價值，有許多企業已經朝著這個方向努力。

3 "Population Projections for Japan (January 2012): 2011 to 2060." National Institute of Population and Social Security Research in Japan.

4 "Japan's Robotics Industry Bullish on Elderly Care Market, TrendForce Reports." TrendForce press release. May 19, 2015.

各類機器看護的應用

案例之一就是前面曾討論的Pepper，二〇一五年由機器人公司Aldebaran推出的Pepper，標榜是全世界第一個真正的社交機器人。小巧可愛、造形流線的白色機器人，懂得聽人說話，並能理解碰觸，還能對一些情緒做出反應。這個有如兒童般的機器人主要市場之一，就是提供日本快速增加的老年人口作為陪伴者。雖然還不到取代人類陪伴的時候，但是考慮到看護人員極度短缺，確實可以滿足一些需求。想必隨著時間推進，它的功能將會有所改進，也更適合當成替代品。

Aldebaran的另一個機器人是一台兩英尺高的自主人形機器人NAO。基本上NAO是一個可程式控制的平台，能用來開發並測試許多不同的機器人學概念，已經用來開發從踢足球的機器人，到協助訓練國際太空站（International Space Station）的工作人員。在老人安養院方面，有些研究計畫已經使用這種機器人協助老年人物理治療復健。NAO還可以設定為透過與人直接互動而即時學習，因此有些研究人員也將該平台當成老年人的個人記憶輔助。

日本企業也為許多輔助性任務開發機器人，例如：Robear就是Riken-SRK人類互動機器人研究合作中心的機器人感應器系統研究團隊的發明。Robear是一個大型白色熊形機器人，設計目的是為了安全搬移病人上下床與上下輪椅，或是協助病人站立。你可能會詢問，為什麼會弄成熊的模樣？「熊強壯有力又可愛。」團隊領導者向井敏治如此說道，並且表示白色讓人聯想到乾淨。

根據向井敏治的說法，人類工作人員做這種搬移的工作，一天通常多達四十次。按照目前的人口趨勢，要完全仰賴人力執行這類工作是無法持久的。向井敏治希望Robear能填補這個市場，成為彌補看護人員迫切短缺的方法。

當然，日本並不是唯一在這些科技進行投資，並且有所進展的國家。全世界的研發工作持續在進行，包含美國、中國、歐洲及南美洲。有許多投入的國家都預料到會發生日本正面臨的問題：高齡化的人口預測終將遠遠超越年輕的勞動人口，因此這些機器人中有很多就是設計用於日常家務，提供勞力、認知及社交的協助。它們不僅開發來執行家務雜事並監測老年人，也可以提供額外社交互動的陪伴。

儘管這些聽起來或許令人驚嘆，但還是需要很多改良。這些系統與使用者互動的能力仍處於初步階段，特別是情緒互動。這些計畫的開發人員明白這一點，也努力分析要如何讓機器人和人類建立交情。這一點至關重要，不僅僅因為這能促進使用者參與，也是因為將來使用裝置的環境。

高齡充滿各式各樣的挑戰，而且因為許多老年人常常經歷恐懼、困惑、焦慮及憤恨，特別是當他們發現自己被丟進非自願選擇的新狀況時。機器人未必會是這些老年人想用的裝置，如今也不是他們年輕工作的那個時候，可能會有人花錢請他們和機器人互動。因此，就需要以目前最先進的科技，做出能察覺情緒回饋與背景的介面。欠缺這些要務，就無從期望機器人能成為更接近人類的替代品，更遑論取而代之了。

看護人員做的不只是執行任務，他們提供智力投入、社交互動及情緒支援，這些都是長期健康與長壽的關鍵因素。[5] 隨著社會日趨都會化，愈來愈少家庭是多代同堂，現在有更多的老人獨居，伴隨著這種轉變而來的是社交互動機會減少。二〇一〇年，美國退休人員協會（American Association of Retired Persons, AARP）的研究發現，按照加州大學洛杉磯分校的寂寞量表，年齡在四十五歲以上的受訪者有超過三分之一算是寂寞。[6] 與機器人互動即使不能完全補救，也可以提供機會彌補這種社交孤立的影響。使用功能性磁振造影掃描大腦的研究顯示，人對機器人的情緒反應明顯與和人互動時測量的反應類似，至少在某些情況下是這樣的。[7] 儘管機器人與科技無法完全滿足我們對社交互動的需求，但是或許能提供一定程度的互動參與。

假設科技進步到足以完成許多目前由能察覺情緒的人類看護所執行的工作，不論這些工作是有形或無形，又將會如何呢？這類科技可能會有什麼優缺點，還有什麼無法預料的結果？

老有所終的美好年代已不復見

正如稍早曾說的，各地的人口都面臨年齡結構的重大轉變。第二次世界大戰後的嬰兒潮經過幾十年，這個人口結構裡「蟒蛇腹中的豬」（pig in the python）也拋出一個又一個挑戰。[8] 隨著許多工業化國家的「嬰兒潮世代」進入老年，對於國家的健康服務、退休計畫，當然還有老人照護的需求就更大了。純粹從可得資源的觀點來看，有情緒覺察的社交機器人顯然是一大福音，不過自然也會有缺點和陰暗面。

有些傳統主義者與社會科學家哀嘆擴展核心家庭（extended nuclear family）消失，這種社會單位直到幾代之前都肩負著照顧老人度過許多階段與難題的主要責任。儘管有許多好處，但卻是時代的產物；其成員壽命短少許多，老人扶養比也較低，有較高比率的家庭成員能伸出援手，但是勉強能活到老年的人卻較少。隨著人口從農業社會轉向工業社會，之後又進入資訊社會，家庭規模愈來愈小，成員也更可能離家追求工作機會與愛情、婚姻。或許有一個更大的驚人變化是女性外出工作，以及因此導致的各種社會變遷：有空照護的人手更少、家戶所得更多（老人看護就能購買或外包）、就業機會增加、財力拮据的情況減少，還有社會對性別期待的其他變化。

---

5 J. Holt-Lunstad, T. B. Smith, M. Baker, T. Harris, D. Stephenson. "Loneliness and Social Isolation as Risk Factors for Mortality: A Meta-Analytic Review." *Perspectives on Psychological Science* 10 (2): 227. 2015. doi: 10.1177/1745691614568352.

6 "Loneliness among Older Adults: A National Survey of Adults 45+." Wilson, C. & Moulton, B. 2010. Prepared by Knowledge Networks and Insight Policy Research. Washington, DC: AARP.

7 Astrid Rosenthal-von der Putten and Nicole Kramer. "Investigation on Empathy Towards Humans and Robots Using Psychophysiological Measures and fMRI." 63rd Annual International Communication Association Conference, London, England. June 17–21, 2013.

8 「蟒蛇腹中的豬」是人口統計學家使用多年的比喻，用來形容嬰兒潮人口在原本相對一致且「乾瘦」的人口分配中膨脹突起，就像是蛇吃下東西，這塊隆起並非靜態的，而是會從一端移動到另一端，隨著時間而對不同資源和基礎建設施加壓力。

所以，只能束手無策地說，只要把時鐘調回某個老有所終的幸福美好年代是不夠的。就算那樣的年代曾經真的存在，也有太多因素讓它無法成為現實的選項，或至少是獨一無二的選項。

隨著我們邁入這個將老年人的生理與情感照顧外包的年代，也會有我們必須做好準備的虐待和反彈，以及其他有關弱勢與個人安全的疑慮。或許一般人心裡的第一個想法是，即使有那些我們想像中可能會犯的錯誤，但還是會將父母交給裝置或人工智慧照顧，只是時間有長有短。

當然，一想到新科技，總是會有疑慮和擔憂，不過我們對新科技的信心通常會增加，最後發現成熟的科技極為可靠，以至於當它的表現不如預期時，我們真的會錯愕吃驚。舉例來說，當汽車、電力及電影等科技最早出現時，遇到的是猜疑，往往還有全然的恐懼。唯有隨著時間過去，絕大多數的人才會把它們視為像老友一樣可靠且值得信賴。因此，儘管一開始會有正當性的疑慮，但是隨著這些情感科技的成熟，基於它們的成本效益比不斷改進，以及對工作專注，毫不懈怠，最後就會被視為優先選項。

從本質來說，科技一般被視為是中性的，道德和正派與否就只能看使用者而定。所以，無論這種「照護科技」變得有多「好」，該如何防止它被實際控制的人濫用及誤用？這是一個正當性問題，因為已經有許多老人在人類看護的手中飽受苦難，那些看護人員基於種種理由而疏忽，或是對負責照顧的人施虐。根據美國國家受虐老人中心（National Center on Elder Abuse）的統計，二〇一〇年有將近十分之一的老人遭到人類看護虐待，[9]其中有很多因為受害者不希望施虐者惹上麻煩而並未通報，通常因為施虐者是家人，而虐待的原因包括怨恨、報復、心理疾病、反社會及藥物濫用。

有鑑於此，這種虐待行為有一部分似乎可能還會繼續，並且藉由這些新型態的照護科技施行，無論是造成身體傷害或心理痛苦。心懷惡意的看護人員或許會利用機器原有的特性，例如：毫不倦怠地重複及程式化，用裝置來折磨受照顧者。此外，還有許多研究顯示，中介科技可能會讓各種可惡的行為成真。這種遠距活動顯然會讓我們在心理上抽離這些行為（不過有時候只是暫時的），即使該方式已經讓我們在生理上遠離這些行為。

但是這不能避免嗎？有別於人類一對一的直接互動，使用包括情緒介面等中介科技的虐待，可加以監控並通報，或許能設計成為器材整體程式的一部分。雖然最初可能會因為隱私疑慮而遭到抗拒，但是也可以只在裝置器材於一定距離範圍之外使用，或是在超出特定用途後，才會有這種遠端監控與通報。

諸如此類的防護，或許會隨著情感介面趨於複雜精密而日益重要。儘管和身體虐待一樣糟糕，但是偵測身體虐待往往比情緒虐待來得容易。持續不斷的恐懼、焦慮，或其他形式的痛苦，可能會導致創傷後壓力症候群和精神崩潰，嚴重影響個人生活品質。因此，在情感運算逐漸普遍

9 National Center on Elder Abuse, US Department of Health and Human Services. http://www.ncea.aoa.gov/library/data/.

而容易取得之際，如果沒有預先料想到這方面的濫用就太失職了。

孤單老人的情緒虐待與操控

或許比情緒虐待更大的隱患是情緒操控。孤單老人遇到心懷不軌、覬覦他們積蓄的追求者和紅顏知己，這類故事俯拾即是，真實與虛構皆有。被寫進遺囑裡或「被贈與」價值貴重的項目，聽起來像是哥德式小說或八卦小報的情節，但是放心好了，這些事天天都在發生。

根據二〇一一年大都會人壽（MetLife）的報告，美國老年人在二〇一〇年因金融詐騙而損失的金額為二十九億美元，比二〇〇八年增加一二％。[10] 依據一項在二〇一五年由True Link Financial與一位前佛瑞斯特研究公司（Forrester Research）分析師合作的研究，訂出的數字顯然更高，金融詐騙一年讓老年人損失三百六十億美元，而且過去五年有三七％的老年人是受害人。[11] 儘管第二份研究似乎在本質上存在著利益衝突（因為True Link Financial銷售防範這類詐騙的產品），但是仍顯示出我們或許太低估問題的規模。

這之所以會成為問題，主要原因是老年人的情緒、生理都比年輕人來得脆弱，對於現代威脅的精通與熟悉程度也較為薄弱。[12] 騙子發現這一點，也以此設定目標。基於這一點，加上情感運算用於操控的可能性，我們必須預先考慮到這個問題在接下來幾年內只會更加猖獗。

這是怎麼做到的？不是要非常精明又老於世故，才能利用這類先進科技操控另外一個人呢？答案是也不是，但的確是需要高度精密的科技才能完成這一切，就像用衛星、海底電纜、基地台、超級電腦，以及有時較廣為人知的智慧型手機，利用上述的複雜網絡即時打電話給地球彼端的人，也需要非常精密的科技。大多數人未曾想過後面的流程，因為一層又一層的抽象概念讓我們渾然不覺，只是輕輕打開開關，而根本未曾注意。（另外，這也讓大部分人抽離絕對不想多花腦筋的許多複雜流程。）

情感運算也會有同樣的狀況。開發人員肯定會竭盡所能地把成果與裝置做得容易使用，但是除此之外會有駭客、創業家、獨立發明家企圖拆解科技的奧祕，而在這麼做的同時，又把更多科技的驚人力量帶給任何想要的人，包括沒有科技專業訓練的人。聽起來匪夷所思，但這正是我們近幾年來所看見的，駭客將昔日得來不易的知識與技能，變成讓任何人都能以非常低廉的價格取得。分散式阻斷服務（**distributed denial of service, DDOS**）攻擊、資料隱碼（**SQL injection**）、暴

10 "The MetLife Study of Elder Financial Abuse: Crimes of Occasion, Desperation, and Predation Against America's Elders." https://www.metlife.com/assets/cao/mmi/publications/studies/2011/mmi-elder-financial-abuse.pdf, June 2011.

11 The True Link Report on Elder Financial Abuse 2015. https://www.truelinkfinancial.com/files/True-Link-Report-on-Elder-Financial-Abuse-Executive-Summary_012815.pdf.

12 Taylor, Shelley E., et al. "Neural and Behavioral Bases of Age Differences in Perceptions of Trust." *PNAS*, vol. 109, no. 51, 20848–20852, doi: 10.1073/pnas.1218518109. October 24, 2012.

力破解密碼、殭屍網路（botnet service）、零時差漏洞（zero-day exploit），全都是過去需要高深的專業知識才能執行的駭客方法。

現在只要有錢、有網際網路連線，任何人都能連上「暗網」（Dark Web），購買這些工具，還搭配容易使用的介面。在明日世界將會找到更多的工具出售，而情緒運算工具絕對就在其中。「社交工程」是駭客企圖以電子路徑或實體路徑，取得安全硬體與數據的重要做法之一。社交工程涉及操控人的心理以取得資訊，通常會利用重要的認知偏誤（cognitive biases）。[13] 這種快速讀取並回應標的對象情緒狀態的能力，被視為達成目標的關鍵手法。

如果情況不是那麼悲慘，幾乎都要讓人覺得諷刺了。我們可以看到呈現在眼前的是，社會中最脆弱無助的公民可能遭到擁有世上前所未見最精密科技力量的不法之徒所害，而那些科技是這些受害者在年輕時幾乎無法想像的。這樣不對，也不公平，社會上的其他人應該努力保護這些潛在受害者，即使原因只是我們希望等自己上了年紀時，別人也能為我們做這樣的事。

轉由機器人接手的兒童托育

單純從演化的觀點來看，照顧保護老年人不會得到什麼利益，也就是沒有什麼基因壓力會驅動這種行為。顯而易見的是，文化的演變獨立於演化之外，才導致保護與尊重祖先另有益處的這種認知。

當然，這種照顧絕對不僅限於老人，家人、安養中心與機構也為有需要的人提供形形色色的照護。有時候是短期的，例如：眾多醫院病患和接受物理治療的人。其他例子則如精神或身體嚴重障礙者，就需要比較長期的照護形式。無論是哪一種，能以科技解決方案滿足需求，尤其是納入一定程度情緒覺察的科技，或許可以為所有相關人等帶來莫大的好處。

有一個領域遭遇的抗拒可能會比其他領域更長久，就是兒童托育，尤其是嬰幼兒。這或許是由演化而漸漸形成的各種直覺，以確保後代受到保護為第一優先，如此才能延續我們的基因。[14]

將養育子女的任何一部分交託給機器，這種想法對許多人來說似乎毫無人性，但是其實不然。古往今來，我們使用各式各樣的設備哄著嬰兒入睡、監視他們、逗弄他們。現代父母不是把孩子往電視機前面一放，就是打開喜歡的錄影帶、DVD或是儲存的串流影片，以便吸引孩子的注意力嗎？社交機器人與情感運算作用並無二致，持續不斷地記錄兒童的生理和情緒健康，幾乎遠遠超出所有父母所能集中注意的程度，在這個雙薪家庭的年代裡更是如此。使用工具以確保孩

13 認知偏誤是指影響決定的思維謬誤，涵蓋相當廣泛的過濾程序和先入為主的偏見，結果會導致有瑕疵的決定。
14 Dawkins, Richard. *The Selfish Gene*. Best Books. 1976.

子的健康與安全，可想而知也是科技最自然的延伸。

這會如何展現？首先，我們想要延續親子之間的聯繫，所以可能會使用情感科技模仿父母的舉止和情緒。或許虛擬保母不但可以模仿父母的聲音，還能模仿父母的情緒反應。沒有情緒成分，產生的作用可能就會令人毛骨悚然而適得其反，但是更為完整的模仿又可能會覺得父母彷彿就在隔壁房間。說到底，在有父母的聲音與表情時，為什麼要和瑪莉兄弟（Mario Brothers）的主題曲建立密切關係呢？

沒錯，在「理想的」早期年代，父母之中至少會有一個在身邊，又是不一樣的情況。但是，我們如今生活在不同的經濟現況，這代表父母通常都在工作。將日間照顧委外是數十年來的解決方法，然而那樣的親密關係真的是我們希望促成的嗎？假如可以透過情感運算延續與父母的緊密關係，又怎麼會不願意呢？

或許有一天我們會將最珍貴的信任交付給機器，因為這是最好也最可行的選項。在這麼做時，我們對自己的責任就不會疏忽鬆懈；反而會為孩子挑選最理想的選擇。雖然要質疑這一點很容易，但如果你是家長，捫心自問：**你**上一次用科技照顧孩子是什麼時候？像是利用電視、iPad或Gameboy？更重要的是，那樣的科技對孩子的處境與情緒狀態能察覺或意識到多少？在有需要的當下能不能通知你？那是明日的世界，一個科技可能充當保護者，同樣也能充當追捕者或施虐者的科技世界。

當然，老人與幼兒大概不是情緒覺察裝置的唯一受益者。隨著這些系統持續開發，並且開始結合其他新興科技互動，將會帶來許多意想不到的機會與挑戰，而我們將在下一章探討。

第十二章 情感科技的天羅地網

加州門洛帕克——二〇三三年十一月十二日

「嘿！我跟你們說過在屋子裡亂跑會怎麼樣？」雅碧凱對著兩個飛快穿過她居家辦公室的男童背後大叫道。他們分別是七歲與九歲的戴爾和傑瑞，是雅碧凱僅有的兩個外甥，今天他們實在是嚴重考驗她的耐心。雅碧凱同意在姊姊與姊夫前往茂宜島（Maui）度假期間照顧兩個外甥時，完全不知道會這麼辛苦，因此恍然大悟，假期果然很有必要。

「我可以提出一個建議嗎？」雅碧凱的數位助理曼蒂在她的微型耳塞式耳機中插嘴道。

「我不確定有什麼是妳可以發揮的地方，曼蒂。」雅碧凱氣急敗壞地說：「這兩個小子沒有自己的助理可以讓妳對口接洽。」這是雅碧凱與姊姊常常爭論的一點。一些執行欠佳、沒有結論的研究，質疑讓十四歲以下的兒童使用數位個人助理的安全性，因而掀起一陣歇斯底里的過度反應風波，兩個男孩的父母也被捲入其中。

「給他們設定兩個虛擬實境電話會議的設備。」曼蒂建議道：「我透過房間的保全監視攝影機就能觀察戴爾與傑瑞，又能遠距解讀並繪製出每個人的情緒特質。接著，搭配教育、社交及體育活動的午後組合，運用既可以讓他們獲得娛樂，又不會打擾到妳的獎勵策略，還能讓他們接觸到一系列適合他們年級程度的新想法。另一方面，妳可以繼續做妳的工作，準備今晚的約會。我保證他們在九點前就會上床睡覺，而且一夜好眠。」

雅碧凱聽著長期數位好友的聲音，露出笑容。「曼蒂。」她真誠地說：「妳最棒了！」

❖

如同雅碧凱的發現，在我們的日常世界裡，情緒覺察科技將會有許多始料未及的方式與無數其他的科技交流互動。儘管她熟悉情感運算，卻從未想過可以和自己的一些居家系統結合。（你應該記得，在之前提及的情緒智慧科技中，雅碧凱是一家十分成功公司的執行長。）這並不稀奇，幾乎會伴隨著新科技而來的必然之一，就是它們會以意想不到的方式改變周遭環境，也被周遭環境改變。這在未來數十年，在看到愈來愈多情感運算新應用與裝置開發出來時會特別真實。

情感聯網的新世界

未來二十到三十年，我們將看到名副其實的科技與性能大爆發。電腦的處理能力將持續成長，體積卻縮小，我們將看到生活環境有愈來愈多層面，透過數位工具取得與我們互動的新方式。環境中的感應器、智慧家電、可程式物質（programmable matter，編注：可以編寫程式指令自行組裝、改變形狀或轉換特性的材料），讓物聯網的世界成為事實，而且徹底改變我們與世界，以及和彼此的互動方式。類似且有密切關聯的大數據（累積龐大的數據組，利用強大的運算、精密的分析工具，以及視覺化方法，從中挖掘出模式與洞見）也會日益普遍。結合人工情緒智慧機器，大數據可以提供極為精準的使用者心理和預期行為側寫檔案。

這可能還只是開端，頂級的汽車已經納入專注力輔助科技與疲勞偵測，更遑論一些自動駕駛功能了。這些汽車內部系統將漸漸更能察覺駕駛與乘客的情緒狀態變化；家用照明和暖氣系統也會慢慢摸索出我們的心情，就連家中的其他部分也一樣，將來這份清單將增加到涵蓋日常生活的所有層面。

在科技催生出更好的新方法與使用者及本身互動時，情況似乎向來如此。雖然環境將不斷變得更複雜，但是也會漸漸出現更好、更自然、反應更靈敏的方式，讓我們與之交流，並和周遭的世界互動。

當然，同時也會有陰暗面。（一定都會有陰暗面的，不是嗎？）原因有幾個。首先，沒有切實可行的方法能夠一一預料，數量不斷增加的科技將如何組合、互動及使用，必定會導致未來主義者常說的非預期結果（unanticipated consequence），其中有些本質上是正面的，但是也不免會有負面的結果。

至於非預期結果的例子，可以想想汽車的發明。一開始多數人認為汽車是一種新奇的事物、威脅，抑或兩者皆是，但是這種不用馬匹拉動的車輛快速改良，徹底轉變二十世紀的實際風貌與文化景觀。汽車提高社會所有階層的流動性，促成驚人的經濟成長，並且創造就業機會，增加休閒旅遊的機會，不一而足。汽車大幅提高商品和服務的可得性，發展商業生產力，更是促成中產階級興起的重大因素，甚至於青少年與年輕人都直接受益，因為他們現在有辦法拋開長輩，坐車到隱密偏僻的地方度過無人管束的時光。這在最初嘈雜、氣味難聞的內燃機推動交通工具出現時，幾乎無人預料得到。

另一方面，汽車也是溫室氣體的主要構成因素，一般認為是全球氣候變遷的起因。此外，每年光在美國就有超過三萬人死於車禍，這還不包括更多因為汽車排放廢氣引發呼吸道疾病的病患及相關死亡的人數。諸如鉛和苯等汙染物也會影響大腦發育，而且與天生缺陷、癌症及免疫力降低有關。

發明創新的一體兩面

這份清單遠遠不夠完整，但卻帶給我們一些提示，得以看出光是一樣發明就有廣泛而深遠的影響。[1]重點是汽車並非獨立發展，而是迅速併入我們創造的廣大科技生態系統，[2]因此一如往例，這個發明逐漸運用在原先計畫之外的許多用途。當人類的聰明才智用在為新科技尋找犯罪或反社會用途時，問題就大了。

一般而言，多數發明家是基於幾個理由而發展出構想，包括讓自己的生活變得更好、為了社會進步，或是為了利益，但是鮮少有發明家能完全預測到自己的創造物會有哪些用途。汽車被當成搶劫之後逃逸的交通工具，本身更是致命武器；網際網路用在犯罪通訊和銷售違禁品；而即使像髮夾這麼無害的東西，也可能用來撬開鎖頭。所以，我們應該並不意外，情感運算與社交機器人的未來也將找到無數不合法或不道德的用法。

如果我們以為能預料到所有這類可能性，或是認為可以預做準備，將會大失所望，不過這並不代表我們就不該略盡棉薄之力。顯而易見的解決辦法，大概就是為這些新裝置和流程建立防護措施，然而面對人類的創意，這些措施幾乎一向是以失敗告終，例如：半自動手槍輕輕鬆鬆就能改造成全自動、未繫安全帶警示信號可以取消、加密方法可以規避。不過，對廣大使用者而言，每一種情況的防護措施都算是達到目的了。以安全帶警示信號為例，如果結合罰鍰，這項安全功能的使用率從一九八〇年的一一%躍升到現在將近九〇%。

以社交機器人來說，一般都認為是模仿作家以撒・艾西莫夫（Isaac Asimov），他著名的「機器人三大法則」（Three Laws of Robotics）[3]超過半世紀以來就是科幻小說的擎天支柱。（艾西莫夫的三大法則將在第十六章有更完整的討論。）但那是小說，雖然在處理各種假設情況時效果卓著，卻不是實際可行的解決方法。就像艾西莫夫筆下的角色，常常發現要應付許多這種硬性預設、明文規定的方法，而出現意想不到的例外、違背法則，以及十分荒謬的狀況，我們同樣也會發現自己的願望橫遭阻撓。這又是易壞軟體的問題了，只是這時候又要加上人類狡猾的創造力。

另一個做法是努力預測科技**可能**被濫用的方法，然而這幾乎不可能面面俱到。不過，或許有些可以應用的策略。類似統計數據分析的工具，可能有助於釐清某些威脅或弱點。有一個或許特別有幫助的工具就是一般形態分析（general morphological analysis, GMA），該方法是「組織並調查包含在多重面向、不可量化的問題複合體中的整體關係。」[4]這個方法被一些趨勢預測專

1 暫時不管今日的汽車其實是發明與創新的混合物。
2 科技專家凱利戲稱為「技術元素」。
3 艾西莫夫的「機器人三大法則」企圖為虛構的機器人牢牢烙上明確的控制，以免它們傷害人類或是坐視人類受到傷害。
4 Ritchey, T. (1998). "General Morphological Analysis: A general method for non-quantified modeling"; Ritchey, T. (2005a). "Wicked Problems: Structuring Social Messes with Morphological Analysis." (Adapted from a lecture given at the Royal Institute of Technology in Stockholm, 2004).

家用來探索常被稱為刁鑽的問題，通常是複雜且開放式的難題，由若干可能彼此互相影響的成分組成，因而增加整體情況的複雜度。由於一般形態分析可用於不完全適用因果模型與模擬的問題（因為涉及的變數太複雜），所以在探討社會、組織及其他現實世界的問題時派得上用場。

情感犯罪的黑暗面

有一個將一般形態分析用在科技預測的例子來自台拉維夫大學（University of Tel Aviv）。由研究人員羅伊・泰札納（Roey Tzezana）帶領的團隊，利用一般形態分析檢驗多個新興科技，其時間表及潛在影響，將這些結合成陣列，探討它們彼此之間可能如何互動與相互支援。泰札納指出：「電腦程式設計師可以創造出令人驚嘆的一般形態分析應用，處理一百萬種以上的情境。」他自己的組合研究結果，就為新科技的可能用途與濫用提出令人不寒而慄的洞見。

在其中一項研究中，泰札那的研究團隊設立新興科技的不同組合可能開始成為威脅的時間範圍，同時計算它們的相對可能性與影響的嚴重性。因為世界日漸相互連結及數位化的本質，這些要素大多放在網路犯罪主題之下。不過，也有些要素通常會落在其他主題下，例如：生物恐怖主義、3D列印武器，以及無人機科技。不同科技用在不同犯罪類別的可能性做了排序後，再另外與二、三或四種其他科技組合重新探討，最後就顯現出一些新的威脅與弱點。

同樣的方法或許可用於情感科技與社交機器人，以便更成功地預測這些科技可能會被誤用的方向，尤其是和其他科技結合之後。依照風險及弱點的程度不同，之後或許能判斷出是否值得為這些科技設計並建立一定的防護措施。當然，這是撇開不論我們十分清楚會有人在某個地方嘗試規避這些措施，而且可能成功的狀態下。

這種反應的例子能在許多新醫療器材看到，各種可再程式化無線植入式醫療器材（implantable medical device, IMD），如心律調節器、植入式心律去顫器（implantable cardioverter defibrillator, ICD），以及體外佩戴胰島素幫浦，全都可能受到遠距再程式化攻擊。[5]在發展初期，很少會做出確保這些器材不被劫持而轉為不良用途的作為。雖然這聽起來很像科幻小說，但是政府最高層卻非常嚴肅地看待這種可能性。

舉例來說，二〇一三年時，美國前副總統迪克・錢尼（Dick Cheney）在接受《六十分鐘》（*60 Minutes*）的專訪裡透露，他的醫生在二〇〇七年正是為了這個理由，因而取消他的心律調節器無線功能。醫生擔心的是恐怖分子可能會發送信號到心律調節器，衝擊副總統的心臟，造成心臟停止跳動。近幾年來，對於心律調節器和其他植入式醫療器材的這項弱點，已經提高警覺，有更多的器材將通訊加密，避免謀殺行為。

5 Yonck, R. “Hacking Human 2.0.” *H*⁺. July 12, 2011.

這是每個新科技都應該留心探索的議題，如此才能建立標準，保護科技和自己。在許多方面，這類預防措施只是舉手之勞，置之不理的話就會後果堪慮。

倒不是說前景就黯淡無光，就像結合多種科技用於不良目的，同樣的做法也能造福我們。本章開頭提到的各種科技就突顯出這一點，如同第五章的撲克牌局情境。臉部表情辨識、智慧隱形眼鏡、量子加密（quantum encryption），以及誰知道還有什麼現代科學奇蹟會匯集在一起，促成那樣的競賽（或者說將來會匯集在一起）。這些只不過是過去幾個世紀來，系統與裝置激增的寒武紀大爆發（Cambrian explosion）奇蹟的其中幾例。

各界對新科技的反應

猜測新科技種種可能的展現方式或許很容易，但最後或許只是虛無縹緲的猜測。依照本章標題的精神，將東西混合在一起，並且詢問其他未來主義者對於情感運算、社交機器人及人工情緒智慧的想法，感覺上是不錯的構想。果然不出所料，反應五花八門，但是其中卻有一些共同的主旨。6

前英特爾未來學家與「二十一世紀機器人」(21st Century Robot) 專案發想人布萊恩・大衛・強斯（Brian David Johns），談到有一天收到一位老師寄來的包裹，那位老師聽說了機器人專案，並且用來啟發五、六歲的學生：

有一天在我的辦公桌上有一個牛皮紙袋，裡面裝滿那些孩子的圖畫和信件，告訴我他們對機器人的想法。我真的很感動，因為太意外了；他們的老師對這個構想十分著迷。但真正感人的是，我看到絕大多數孩子們的作品都是說：「我希望我的機器人和我一起唱歌、我希望我的機器人和我一起跳舞、我希望我的機器人幫我做餅乾。」他們並不是把機器人當成奴隸，而是社交參與者，它們是朋友。

這確實頗能清楚說明許多問題。首先，這證明一個概念，就是我們的核心本質確實是社會動物。其次，儘管以前的人對機器人有隔閡，或是覺得機器人具有威脅，但是這些孩子並沒有太多先入為主的偏見，所以會將機器人一視同仁或視為玩伴。在很多方面來說，這預示我們未來會如何接受與擁抱這個新科技。

英國未來學者伊恩・皮爾遜（Ian Pearson）研究未來學已經超過四分之一個世紀，先前曾擔任英國電信（British Telecom, BT）的首席未來學家，之後又擔任顧問公司Futurizon的領導者。皮爾遜針對預測情緒智慧如何影響人工智慧，提出一些非常務實的觀點：

6 除非另外註明，否則接下來所有未來主義者的意見都是回答作者問卷的內容。

當今的人工智慧在許多用途上來說不錯，但是要能與人類運作良好，需要機器也有情緒。機器如果對周遭的世界有自己的情緒反應，人類運用起來就會更順手。我寧可搭乘的自動駕駛飛機對亂流的擔心程度跟乘客一樣，也願意讓會關心我生死的人工智慧醫生看診。就多數人工智慧任務來說，這和同理心有關。

人不見得都會做出理性的決定，並且理解顧客想要什麼，機器多少需要有些同理心，而這就意味著要有真正的情緒。我們已經知道原理，但重要的是繼續努力讓它產生結果。

儘管多數飛機駕駛員與醫生確實會關心我們的生死，但我相信皮爾遜指的是，如果面對這種情況，我們對自己或是所愛之人會有的關心程度。只要不會削弱成果或是會對成果有負面影響，這都是極大的動力，能夠為原本可能致命的狀況，發現各式各樣有創意的解決方法。

湯瑪斯・傅瑞（Thomas Frey）是趨勢專家，也是位於科羅拉多州的達文西學院（DaVinci Institute）的領導者。對於人工情緒智慧機器的局限，他的看法略有不同：

我的感覺是，人類遠比研究人員想像的更細膩而複雜，即使我們創造出更接近人類認知的複製品，也永遠無法以無機材料達到完全的人工智慧心智。

人類心智與人工心智的差異，有些可以從我們為身邊事物賦予的價值一窺端倪。舉例來說，我們可能重視好枕頭要柔軟，因為頭枕著會舒服，而人工智慧儘管可以複製這種重視，但卻不了解為什麼。

同樣地，人工智慧可以設計成在符合特定標準時採取主動，例如：地板髒的時候打掃，但還是無法理解背後的理由。

人工智慧無法感受人類的焦慮、緊張、憤怒或恐懼，人類可能因為千百種身心狀況而苦惱，例如：失眠、幽閉恐懼症、偷竊癖、仇外或猝睡症，全都被視為人類的瑕疵，但正是這些不足造就我們是什麼樣的人。

沒有不足，就沒有改善的動力。

我們的動機與動力源於自己的不安全感，沒有種種生理及情緒缺點，人工智慧唯一能主動啟動的行動就只是精密計算一類。

有若干理由說明這一點可能非常正確，也就是說人工智慧在最後觸及某種智慧天花板之前，只能發展到這個地步。但是，根據我們將在第十七章討論的理由，我傾向認為人工智慧將在數十年後衝破那片天花板。情緒，加上能讓智慧體驗周遭世界的精密感應器，或許正是讓機器大膽突破智力境界的關鍵。[7]

7 這段詮釋要感謝吉恩・羅登貝瑞（Gene Roddenberry）、威廉・薛特納（William Shatner），以及《星艦迷航記》（Star Trek）。

人性與科技的界線開始模糊

密蘇里州堪薩斯市的都會趨勢專家暨建築師辛蒂・傅烈雯（Cindy Frewen）認真思考，未來人性與科技之間的界線可能開始模糊：

我們為機器加諸了不必要的限制與期待，認為它們不是神祇，就是惡魔，其實它們只是我們的價值延伸，我們製造自己應得的機器。我愈來愈相信人與機器、自然與人工之間的界線將會變得無關緊要。我們栽培機器，並且製造人類。同樣地，智慧和情感將會交織纏繞。機器繼續造福人類的唯一可能，就是它們是否增添情緒特質，無論是指我們將價值與特質加入它們的程式（如行為卑鄙、討喜、不屈不撓），或是將它們的程式設計為立即反應，並且按照我們的情緒行事。舉例來說，我氣沖沖地上了自己的車，而車子感覺到我的心情，並用言語和音樂讓我冷靜下來。我們對機器抱持著工業化的想像，而現在應該拋開這種想法了。一般人會喜愛自己的機器狗，並且相信這些機器也會愛他們。有殘疾或反社會行為的人，將有適合其需求的客製化隨選支援，包括情緒與理智方面。限制則是科技造福有錢人，科技愈先進，貧富之間的差距就會愈大。

我認為這完全正確。將機器視為工業製品的形象與譬喻應該拋諸腦後了。如果你願意，人類與機器共同的未來、混合的家庭，注定會在未來幾十年、幾個世紀日益融合。不過，除了經濟運作有天翻地覆的改變外，最先進的科技進步一開始唯有富裕人士才能得到，只是新發展會隨著時間過去而充裕且廣為普及。知名的作家威廉・吉布森（William Gibson）有一句名言是：「未來已經存在，只是還沒有平均分配。」

陶氏化學（Dow Chemical）前企業趨勢專家，現任休士頓大學（University of Houston）前瞻計畫（Foresight Program）的教授安迪・海因斯（Andy Hines）就從各個角度觀察未來的領域。[8] 或許基於這個原因，他的回答著重在下一代未來學家：

> 談到情緒機器，以我常見的情況是，最有趣的想法來自於我的學生。這學期的「世界未來」（World Futures）課程中，有一組學生選了「社交機器人學的未來」（The Future of Social Robotics）作為學期計畫。他們擬訂出四個機器人如何擬人化的情境：「機器人朋友」（Ro-buddies）是社交與情緒智慧機器人最理想的情境；「助手機器人」（Helper Bots）有點像是家庭幫傭的模式；「工業的友善臉孔」（Friendly Faces of Industry）是職場自動化這樣頗引人深思的情境；以及「精英階級的僕人」（Servants of the Overclass）是機器人服務統治階級這種最糟糕的情境。

8 休士頓大學前瞻計畫是全世界同類計畫中運作時間最長的。

學生所反映的概念，就是機器人通常也會反映創造它們的典型範例。

這是非常重要的一點。就像前瞻計畫經常提到的，我們創造自己的未來，至少要達到一定的程度。這其實就是未來學與策略前瞻的主要理由之一，因為這樣一來，我們可以努力影響明日世界呈現的樣貌。也就是說，在發展這些日益聰明的機器時，想想我們希望最後生活在什麼樣的世界才是明智的。畢竟，僕人已知就是會起義推翻主人。

讓所有生活經驗更臻極致

當然，情感運算的早期應用之一已經用在品牌與行銷測試。根據德州達拉斯一位行銷顧問暨品牌策略師卡洛拉・薩金斯（Karola Sajuns）的說法，在這個領域的持續成功似乎已經確定無疑：

情感運算可以將銷售流程改善到超越如今的智慧貨架（smart-shelve）科技，判讀潛在顧客的情緒狀態，並且迅速涵蓋浮現顧客類別的資料，有助於在購物流程中量身訂作訊息，以更高的訊息相關性來提高效率與影響。想像一個緊張焦慮的顧客，由購物車引導著匆匆走過超市的貨架通道，來到購物清單項目的所在地點，愉快的訊息中夾雜著其他可與顧客心靈狀態產生共鳴的建議銷售項目。

至於購買週期較長的昂貴品項，購買之後特別訂製的顧客維護就變得特別重要了。目前建立與品牌的深刻情感連結，極為仰賴銷售人員及顧客服務代表。未來，汽車或許有能力了解顧客的日常喜好和習慣。汽車能透過監測駕駛者的情緒，解讀並了解其喜好，這種能力將會成為改變遊戲規則的因素。汽車將在駕駛者的生活中扮演更重要的角色，而建立「喜愛」品牌關係的流程將不再仰賴經銷商與一般廣告。等蒐集到資料，「對車主的了解」紀錄或許可以轉移到下一輛車，再次強化車主與品牌的關係。內建情感運算的產品或許就會毫無縫隙地整合到擁有者的生活中，就像現在的智慧型手機。留住顧客可能將比只靠業務和顧客服務團隊更快速，成本也會更低。

由此可以明顯看出，情感科技似乎極為順暢地整合所有權週期的不同階段，這最後或許就是未來建立並維持品牌忠誠度的關鍵。

愛莉莎・芭賈特（Alisha Bhagat）是未來論壇（Forum for the Future）的資深未來顧問。芭賈特認為這些增強情緒的科技將影響我們的社交生活：

科技既能透過訊息傳送工具改善社交關係，也可能隨著面對面互動式微而引發深刻的寂寞。

情緒人工智慧可以對抗部分的寂寞與孤立，可能有一部分人會與自己的人工智慧形成強烈的情緒連結，並且發現人類互動不足。畢竟就如同電影《雲端情人》（*Her*），人工智慧能給予的大量關注是人類無法做到的。已經有人始終寸步不離房間，還有一些人大部分的社交都是在線上進行。有回應且有情緒的人工智慧，將會進一步助長這種行為。不過，我想對大部分的人來說，我們的生活大致上還是會維持原狀，可能有更多個人購物和用餐的體驗，與地圖之類的工具有更愉快的互動，但我們還是會以熟悉的方式互動。

擔任位於華盛頓特區的公司領導未來主義者（Leading Futurists）長期諮詢趨勢專家約翰・馬赫飛（John Mahaffie）認為，情感運算的未來差不多已經到位：

> 成功為人的生活增加人工智慧，尤其是人工智慧產品／服務，或許特別需要微調那些與人相似的特質，還要讓科技真正成為生活的一部分，才能水乳交融地整合到我們生活的情況。
>
> 當人工智慧告訴我一個故事，並且加以調整到我是怎麼樣的人、我傾聽的方式、我所說的話，以及我打算用它來說明某一點，或是讓我改變行為，我們將深入到某種駭人卻嶄新而美好的事物。其他人可能會猜想著，人工智慧何時與如何取代人類，我卻始終在思索著，人工智慧何時能差不多取代人類，而那個時間就在眼前了。

人類與科技智慧的未來

庫茲威爾可能是全世界最知名的未來學家、發明家及作家，他的大半生都在思考並探索人類與科技智慧的未來：

> 人類對情緒做出恰當理解與反應的能力（所謂的情緒智慧），是未來機器智慧要了解並掌握的人類智慧之一。我們有一些情緒反應可微調到生物主體受到限制與背景脆弱時，智慧亦能充分發揮。未來的機器智慧也會有「主體」（如虛擬實境中的虛擬主體，或是利用微型霧（foglet）投射在虛擬實境中），以便與世界互動，但是這些奈米工程製造的主體將會比人類生物體更有能力，也更耐久。因此，有些未來機器智慧的「情緒」反應將會重新設計，以反映其大幅強化的生理能力。[9]

這是一個有趣的觀點：情緒不見得像我們今天體驗到的那樣固定不變，而且可能會因應機器智慧未來存在的主體而修正。不過，情緒仍將以某種形式存在。即使目前仍擔任Google的工程總

9 Kurzweil, R. *The Singularity Is Near*. New York: Viking. 2005. pp. 28–29.

監，庫茲威爾卻堅信情緒將是先進機器智慧的要素：

當我談起電腦接近人類的智慧程度時，並不是說邏輯智慧，而是逗趣、表達鍾愛的感覺，那是人類智慧最重要的。[10]

這突顯人工智慧發展的一個非常重要的現實。我們所知與重視的人類智力，其中很多的核心都有情緒智慧。欠缺了情緒，企圖達到人類水準的智慧，可能根本無法做到。倘若如此，那麼人工智慧想要以更高、更流暢，與我們不分軒輊的智慧水準運作，就需要類似情緒的東西。納入情緒對於達到人類水準以上的智慧或許至關重要，這一點將在第十七章討論。情緒雖然不合邏輯、不理性，而且不一致，但卻可能幫助我們處理現實中無法完全放進明確框架的部分。情緒顯然極有可能幫助我們更適切地處理生活拋出的挫折困難。

情感運算與人工情緒智慧顯然已經存在了，而且一年比一年更普遍也更強大，只是將來使用及施行的方法卻才初見端倪。唯有隨著時間過去，才能真正看出這些科技究竟會如何成為我們生活的一部分。這樣的未來將會通往何處，或許最具體的真知灼見來自該領域的優秀先驅。如同卡莉歐比在二〇一五年的TEDWomen中表示：

我想五年之後，所有裝置都會有一個情緒晶片，我們將不記得當年無計可施時，只能對著裝置皺眉不滿，此時裝置就會說：「唔，你不喜歡這個，對吧？」[二二]

儘管這項科技的發展日新月異，但是如果說上述情境的概念到了二〇二〇年將會普及，或許有點過度樂觀了。然而，觀察這項科技和其他技術的趨勢，就可以相當明顯地看出這樣的未來並不遙遠。或許再過十年，大量裝置就會有情緒晶片，而無情緒科技的時代在未來數十年當然還會有人記得。重點是這些情緒科技很快就會無所不在，以我們未曾想像的方式改造社會。它們將改變我們的期待和行為，以及接下來將會看到的，甚至包括我們的性癖好與道德。

二一 7 Days of Genius Festival. Neil DeGrasse Tyson Interview of Ray Kurzweil at the 92Y On Demand. March 7, 2016.

二二 TEDWomen 2015. Kaliouby, R. "This app knows how you feel—from the look on your face." May 2015.

第三篇

情感智慧的未來

第十三章 戀愛製造機

義大利佛羅倫斯——二〇三七年十月十二日美國東部標準時間上午六點四十一分

她把頭依偎在他的肩頭，頭髮的馨香隨著他的每次呼吸充斥在鼻尖之中。床單包裹著他們，還殘留著性愛之後的濡溼。她微微一動，朝著他靠近，讓兩人之間僅剩的些微間隙都緊密貼合。他滿足地嘆息。

「感覺真好。」他恍惚地輕聲說。

她的雙眼微微一瞬，回應道：「的確。」

他的手輕柔地沿著她的上臂緩緩移動，指尖不時輕拂過她乳房外側的曲線。她幾乎微不可察地哆嗦一下。

「我真的會習以為常。」他說。

「我也是。」她回答，接著頗為認真地提議道：「我們可以打電話請病假，一整天就這樣過。」

「我也很想，但是在兩個小時後有一個會議，我不能錯過。」

「我知道。」她理解地說：「我只是這樣想想。」

他感覺到她話中有話。「不管怎麼樣，」他繼續說道：「妳說妳的審核在下個星期，妳不會希望升遷搞砸的。」

她略略緊繃一些，但是足以讓他注意到。「反正我大概也拿不到。」她平靜地回應道。

他撐著手肘支起身體，接著說道：「妳在開玩笑吧？妳是他們目前最理想的人選，妳知道，他們也知道，千萬別小看自己，妳為了那個位置拚命努力，絕對應該獲得升遷。」

她眉開眼笑地點頭，在臥室柔和的光線中深情凝視他，突然發現對自己和自己的人生，有了長久以來最為美好愉快的感覺。再次有一個人如此徹底信任自己、關懷自己真是美好，即使他並非血肉之軀。

❖

如果情緒有哪一點做得比什麼都好，就是建立人與人之間的關係。我們對別人的感覺，攸關我們能否對他人形成忠誠與忠心。在家庭中更是如此，當然也由此衍生至繁衍、保護及延續後代，亦即具體體現我們的基因傳承。

但是，人類有基本的性驅力，遠遠超越生育子女及延續物種的需求。我們經歷的各種化學級聯（chemical cascade，編注：指在一連串事件裡，前一種事件能激發後一種事件的反應），如慾望、愛和愉悅，不斷讓人尋求完全獨立於生殖演化目的之外的性。親密行為的生理與情感報償，在所有社會裡依然是強大的力量，有時可以驅使男女逾越心照不宣且往往具有約束力的性規範。

我們以各式各樣的方式回應性驅力，包括有時會使用科技和裝置，可能是與伴侶一起使用、自慰或兩者皆有。雖然我們的腦海中或許會浮現人造性玩具與網路色情，但是這種行為其實都可以回溯到歷史的最初。舊石器時代的避邪法寶，如維倫多爾夫的維納斯（Venus of Willendorf）及霍勒菲爾斯的維納斯（Venus of Hohle Fels），刻劃極不寫實的豐滿性感女體，這些也許只是迷戀崇拜繁殖力之物，但也可能是為了刺激慾望的雕像。[1、2]

同樣地，全世界也有舊石器時代與新石器時代的性愛洞穴壁畫。或許最有力的證據，就是挖掘到石器時代的性輔助用具。最早能辨識的假陽具是以粉砂岩磨光製作的，時間可追溯到約兩萬八千年前，只是這些陽具替代品的製作時間可能更早於此。[3]情色藝術與雕像貫穿人類的歷史，包括米諾思、希臘及羅馬文明，甚至連古代原住民藝術中也有發現，同樣大約是在兩萬八千年前於現在的澳洲北部所創作。[4]

雖然有些學者極力主張，將這些手工藝品性愛化，並解釋為古代色情藝術是一大曲解，但是按照它們無所不在、直接大膽，有時候幾乎是執著的特質，至少可能原本是為了回應人類性慾的呼喚。

利用形象、器具、雕刻及其他科技努力滿足我們的性需求，因此也算不上是什麼新鮮事，不過這種行為同樣不可能很快消失。儘管有些人會說，創作事物把對性的執念永久保存，對健康的人際關係是不道德或不利的，但是我們很難看著所有證據，而不做出結論表示：沒錯，人類一直對性都有些執著，只因為我們就是這樣演化的。雖然所有動物都有原始性驅力，但是人類這種物種具有心智能夠思考這種驅力，加以研究、規劃、儀式化，並且為之著迷。在這方面，我們是獨一無二的。

這或許不算是太糟糕的事，這種執著確實對促進多產，以及確保物種不致滅絕大有作用，

1 Venus of Willendorf. https://en.wikipedia.org/wiki/Venus_of_Willendorf. Wikipedia; *Conard*, Nicholas J. “A female figurine from the basal Aurignacian of Hohle Fels Cave in southwestern Germany.” *Nature* 459 (7244): 248–252. doi:10.1038/nature07995.

2 相對於用來描述性怪癖的現代用法，迷戀／迷信（fetish）長久以來是用在描述咸信有超自然力量的物體。基本上，任何護身符、圖騰或幸運符咒都符合條件。

3 Amos, J. “Ancient phallus unearthed in cave.” BBC News. July 25, 2005.

4 “Rock of ages: Australia’s oldest artwork found.” *Guardian*/Associated Press. http://www.theguardian.com/world/2012/jun/18/rock-australiaart. June 18, 2012.

畢竟這是演化的基本要素，是繁殖與所有遺傳物質延續的基礎。[5]但是，隨著我們發展成群居物種，這種執著似乎有了其他的用處。有些研究指出，性與自慰行為可緩和壓力且有助於心理健康，因此不但對個人有益，也對整體社會有益。[6]

儘管性愛好與性傾向依然屬於個人私事，但是有些人似乎樂於將各種玩具和科技納入私密的性生活中。沒有什麼確鑿的證據能夠證實，使用性輔助用具不利於社會或人際關係，事實上或許正好相反。[7]如果這些器具可以改善一些人的性生活，並且讓他們更為滿足，又不會傷害其他人，有什麼關係呢？

性愛玩偶與玩具的歷史

不過，這麼多年來，這些科技一直缺少一點，就是真正的情緒成分。這一點肯定會隨著情感運算的發展成熟而改變。性愛玩偶與性愛玩具的存在有幾世紀之久，而且企業已經開始為那些口袋深的人打造基本的性愛機器人。能為這些體驗增添情感色彩，只會讓需求更高，不過這可以說只是觸及到皮毛。

最早的性愛玩偶始於十五世紀左右，是用布料做成的**旅遊夫人**（dames de voyage），讓船員於長期航海期間在船上共用。不用說，這是極不衛生的解決辦法，但是基於細菌理論與現代公共衛生還要幾個世紀才出現，因此就無可厚非了。

對性愛玩偶的迷戀並不限於思鄉的水手。其實對某些人來說，其吸引力似乎遠遠超越解決未得滿足的性慾需求。舉例來說，在一幅十九世紀的印度波斯風格畫作中，一個蒙兀兒男子顯然正在與一個豐滿性感的玩偶及一對人造陰莖性交。雖然大部分的注意力都放在玩偶的女性特徵，但是它卻不怎麼逼真，看起來倒像是裁縫用的無頭人體模型。

直到發明硫化橡膠，比較逼真的性愛玩偶才開始成形。二十世紀初，一些製造商開始為「挑剔的紳士」生產充氣娃娃。據稱是第一位性學專家的德國皮膚科醫生伊萬・布洛赫（Iwan Bloch）表示：

> 這種連結接觸，我們可稱為與人造模擬人體，或是與該人體的個別部位進行私通行為。色情科技這個領域存在真正的沃康松（Vaucanson），由橡膠和其他塑膠材質製成的聰明機器，製作出

5 Dawkins, R. *The Selfish Gene*. Oxford University Press. 1976.

6 Clay, Z., de Waal, F. B.M. "Sex and strife: post-conflict sexual contacts in bonobos." *Behaviour.* 2014. doi: 10.1163/1568539X-00003155.

7 "The Health Benefits of Sexual Aids & Devices: A Comprehensive Study of their Relationship to Satisfaction and Quality of Life." Berman Center/Drugstore.com survey. Unpublished, 2004; D. Herbenick, M. Reece, S. Sanders, B. Dodge, A. Ghassemi, J. D. Fortenberry. "Prevalence and characteristics of vibrator use by women in the United States: results from a nationally representative study." *Journal of Sexual Medicine*. July 2009. 6(7): 1857–1866.

完整的男性或女性身體，以「旅遊紳士」或「旅遊夫人」的名義便於行性交之事。[8]更特別的是栩栩如生的生殖器官，連前庭大腺（Bartholin's glands）分泌都藉由「氣壓管」裝滿油來模仿；[9]同樣地，藉由液體和適當裝置也能模仿射精。這類人造人在某些「巴黎橡膠物品」製造商的型錄中提供銷售。[10]

在一九〇八年與巴黎玩偶製造商「P博士」的一場談話中透露，他的每個作品需要三個月的辛苦努力，因為必須面面俱到才能創造出維妙維肖的產品。[11]他宣稱客戶是男女皆有，而且每個「性交玩偶」要價三千法郎，約為當時平均年收入的兩倍。一位女士委託以她單戀的男子形貌製造玩偶，付出的金額據推測更是高達四倍，顯然這個人並不知道「有錢買不到愛」這句格言！之後數十年，有許多公司企圖為戀物癖者、好奇與寂寞的人製造栩栩如生的性愛玩偶。雖然矽膠和其他材料的發展大致改善玩偶的樣貌與觸感，但是大部分玩偶依然牢牢位居恐怖谷，看起來正好不夠像人，而讓許多看到它們的人（雖然似乎並非所有人）產生強烈反感。

隨著科技進步，玩偶愛好者勢必希望製造出來的伴侶愈來愈逼真，如今有數不清的製造商正企圖滿足這個利基市場。真實娃娃（RealDoll）就以六千美元至八千美元提供一系列的型號，不過一旦增加各種不同「選項」，價格就會迅速攀升。還有更昂貴的是，位於洛杉磯的Sinthetics公司所製造的「人體模型」，售價從五千七百五十美元到兩萬五千美元以上！

機器人學的進步，促使業界投入更多努力，追求開發逼真的虛擬伴侶。美國的真實伴侶（TrueCompanion）公司銷售的羅克希（Roxxxy），號稱是「全世界第一個性愛機器人」，售價七千美元，而該公司的男性版洛基（Rocky）售價相仿。這些品項都有一定程度的人工智慧，可以聽、說，並進行簡單的對話。它們對碰觸有反應，而且會做出如性行為般的節奏擺動，只不過要說這種動作「逼真」是有些言過其實了。這些機器人甚至有人造「心跳」與循環系統，以便從內部加熱，還有在程式預先設定人格的選項。不用多說，這才只是開端。

越趨逼真的性愛機器人

暫時不管道德判斷及實際與否的討論，這個簡略的歷史總結突顯出幾個重點：一、我們有一種傾向，會將性愛玩偶當成二十世紀中葉突然出現在色情商店的東西，但是事實絕非如此。複製

8 雅克・沃康松（Jacques de Vaucanson）是十八世紀的法國發明家，以模仿生物功能的自動機械裝置聞名。一般認為他的傑作是消化鴨（Digesting Duck），這隻機械鴨是由數百個零件組成，可以拍動翅膀、喝水、吃下穀物，並且消化、通過胃腸，最後排泄出來。這裡以「沃康松」為總稱，指的是發明此類模擬生物功能裝置的發明者。

9 前庭大腺是兩個橢圓形分泌腺，位於陰道下方的兩側，會分泌潤滑液。

10 Iwan Bloch, MD. *The Sexual Life of Our Time in its Relation to Modern Civilization*. (Translated from the Sixth German Edition by M. Eden Paul, MD). Rebman Ltd., London. 1909.

11 *Les détraquées de Paris, Etude de moeurs contemporaines René Schwaeblé*. Nouvelle Edition, Daragon libraire-Éditeur, 1910.

人類性伴侶是已經構思、製造，並且追求十分長久的事，遠比多數人所知更久；二、有些顧客願意花大錢購買最好的「伴侶」，體驗金錢所能買到的最佳感受；以及三、儘管有所進步，市場依然對更加逼真的性愛玩偶與機器人有需求。

隨著科學與工程各領域的進展，這些性愛機器人的實體部分只會更加改善〔性愛機器人（sexbot）很明顯就是綜合「性愛」（sexual）與「機器人」（robot）而成的〕。舉例來說，由於為截肢者設計的神經義肢更為逼真，同樣的科技有些也會運用在機器人上，為了生物醫學用途而模擬皮膚、骨骼和肌肉的新材料也一樣。由於其他領域對這些進展將有可觀的需求，在這些進展普及的同時，性愛機器人似乎也能因而受益。

根據皮尤研究中心（Pew Research Center）的報告，到了二〇二五年，「機器人性伴侶將變得稀鬆平常」。[12]但是，即使這些材料科技變得再好，還是比不上活生生的真人；縱然有能力像精密的聊天機器人一樣進行半智慧對話，卻還是無法完全說服我們這些機器是人。也就是說，除非這些設備獲得解讀、模擬，甚至還有內化情緒的能力，一旦實現，我們和它們的關係將會徹底改變。雖然這對有些人來說似乎匪夷所思，但事實就是這種科技可能在數十年之間實現，而且幾乎可以確定就在本世紀。[13]

人工智慧專家大衛・李維（David Levy）在二〇〇七年的著作《機器人與性愛》（*Love and Sex with Robots*）中預測，能夠模擬人類情緒、維妙維肖的機器人大約在本世紀中葉就能實現。[14]李維表示：「機器人學在實體這條路上需要的進展，還不如心智方面遙遠。」李維針對他的預測時間線之主要預告是，如果有足夠的商業需求，特別是在成人娛樂產業，就會加快發展與消費者採用的速度，如同一九七〇年代末期及一九八〇年代初期的卡式錄放影機。倘若真是如此，李維預料在十五年到二十年後將會有十分逼真的性愛機器人產生。因此，我們為這個即將出現的現實做好準備就說得過去了，因為等它出現後，各種變化都有可能發生。

顯然性愛機器人與性愛玩偶目前都不足以複製人類的行為，特別是在情緒方面。但是，隨著情感運算為我們的裝置灌輸不同程度的情緒覺察，認為它們比較次等、不如人的看法可能就要消失了，至少對一部分的人而言。可以解讀並回應人類情緒的機器人，在很多方面都不只是性愛機器人，它能以更深刻、更人性的層次與我們互動，本質上超越了單純的機器，而它也不再只是為了刺激基本性反應的裝置。就像有些人召妓，與其說是為了性，倒不如說是為了滿足生活中原本缺失的人類情感聯繫，對一些機器人愛人來說可能也是如此。[15]性可能真的變成次要的考量。

12 Smith, A., Anderson, J. "Digital Life in 2025: AI, Robotics and the Future of Jobs." Pew Research Center. August 6, 2014.

13 Forecast: Kurzweil—2029: HMLI, human level machine intelligence; 2045: Superintelligent machines; Forecast: Bostrom—2050: Author's Delphi survey converges on HMLI, human level machine intelligence.

14 Levy, D. *Love and Sex with Robots*. Harper. 2007.

15 Brice, M. "A Third of Men Who See Prostitutes Crave Emotional Intimacy, Not Just Sex." *Medical Daily*. August 8, 2012; Calvin, T. "Why I visit prostitutes." *Salon*. October 19, 2014.

跨越物種與生命的非典型戀情

人類情感聯繫的流程非常複雜，而且大部分仍不為人知，目前所知道的就是，這個過程與身體及大腦之間的交互作用大有關係。人類性行為在關係的不同階段，受到許多不同的荷爾蒙與神經傳導物質控制，性慾是由男女兩性的性荷爾蒙睪固酮及雌激素驅動。在「戀愛」發生時的「吸引」階段，是由多巴胺、去甲腎上腺素（norepinephrine，或稱腎上腺素）及血清素控制，連同其他的行為導致我們情不自禁地對鍾愛的對象痴迷執著；「依附」階段最終讓我們以長期承諾結合，是在催產素與血管加壓素的影響下發生的。這一切都是我們的情緒存在並發揮影響而發生的，切斷感覺就很難想像這些化學物質和階段，如何對我們發揮神奇的作用。

這並不是說我們愛上誰或什麼東西，對方就能表達或回應我們的感情，畢竟人與人之間的單戀時有所聞。近來也有人與性愛玩偶結婚，雖然不確定是只有一部分的人，還是所有的人都真的體會到對鍾愛對象有愛，[16]但這並不表示不可能發生。與無生命的物體發生性行為，背後的心理和動機超出本書的範圍與專業。不過，這些心理和動機可能就像人類性世界中，其他狀況的背後動機一樣五花八門。對一些人來說，他們激情的焦點甚至未必一定要有人類的形態。

儘管並非廣為人知，但是現實生活中確實有許多例子，是人與非性愛機器人或玩偶的無生命物體產生感情或戀愛。戀物或物戀（objectophilia，可別與「物化」（objectification）搞混了），一般認為這種情況就是人愛上**物品**。[17]物戀在美國精神醫學學會（American Psychiatric Association）的《精神疾病診斷與統計手冊》（Diagnostic and Statistical Manual of Mental Disorders, DSM-5）中列在性倒錯（paraphilias）之下，亦即非典型的性欲望。

比較有名的物戀例子是有一個女子愛上艾菲爾鐵塔，艾莉卡・萊柏蕊（Erika LaBrie）甚至在二〇〇七年與這個知名地標「結婚」後，就把名字改為艾莉卡・艾菲爾（Erika Eiffel）。將近三十年前，宜賈－瑞塔・柏林圍牆（Eija-Riitta Berliner-Mauer）也和柏林圍牆「結婚」。兩人發現這是別人也曾實際經歷的事，於是成立物戀國際（Objectùm-Sexuality Internationale），該組織支持對物品有強烈個人關係的人，並且推廣對這種吸引力形式的理解。[18]

雖然無法確知驅動物戀的荷爾蒙與神經傳導物質，是否和傳統人與人之間的愛情相同，但是過程極可能類似。這個世界充滿物種個體對非我族類的個體產生感情的故事，諾貝爾獎得主康拉德・勞倫茲（Konrad Lorenz）清楚說明，幼鵝的依附過程是讓牠們在出生後不久，立刻就對他或無生命物體（如他的靴子）留下銘印（imprinting）。[19]陳年的新聞影片顯示一群小鵝緊緊跟著勞倫茲，甚至奔跑追逐。

16 戀人偶癖（agalmatophilia）的定義是指對雕塑、玩偶、人體模型，或其他形象類似的物體產生性吸引。
17 Object sexuality. https://en.wikipedia.org/wiki/Object_sexuality.
18 Objectùm-Sexuality Internationale. http://www.objectum-sexuality.org/.

其他各種非典型建立感情的形式可能發生在出生之後很久，例如：一九八六年在佛蒙特州，有一隻發育成熟的公駝鹿布爾溫克「愛上」一頭名為潔西卡的海福特（Hereford）品種母牛，陪伴在潔西卡身邊整整七十六天，留下詳實紀錄；[20]二〇〇八年在德國費倫（Velen），一隻五歲大的天鵝和一輛曳引機產生感情，據說跟隨左右多年。[21]所以，我們可能並不意外，偶爾看到人類的身上也會出現這種非典型的生物機制。因此，我們應該詢問：當人在性生活中使用的物體開始與他們有情感互動時，會發生什麼事？這是不是比沒有情緒反應的物體更能引發一些情感聯繫機制？

情緒反應的情趣用品研發

就像情緒覺察在日常生活使用的許多裝置中愈來愈普遍，用在閨房的情趣商品似乎也無可避免地會更加普及。震動按摩棒、內衣褲、性愛機器人、情趣穿著，以及其他根據使用者情緒而改變回應的物品，或許會引起他們的「伴侶」產生比簡單快感更為持久的情感與行為。這是很難預先測試的難題，任何直接測試似乎都不可能被視為合乎道德，所以大概只能透過問卷與調查進行事後驗證。

這些情緒反應的情趣商品如何發揮作用？無疑要歸結到設計者的想像極限和消費者需求。

內衣也許會依據穿著者的興奮程度而改變色彩，又或是會根據穿著者的感覺而性感舒服地拂過肌膚；震動按摩棒或許能在評估使用者今天的狀況後改變強度；其他更為特殊的玩具或許會「記住」上一次使用時到底在哪裡發揮作用，再藉此為基礎加以改進。這是否會改變我們與人類愛人的互動方式？答案無庸置疑，但究竟是好是壞則有待觀察。

當然，這些未必會減弱目前我們心目中健康的人類性關係。以用於性快感的觸控介面來說，優點大概就是直接強化人與人的關係。觸控是根據使用者動作，而提供身體回饋的電腦輸入與輸出裝置。力量、震動、動作及張力等特點已經內建在裝置裡許多年了，例如：遊戲玩家的飛行模擬操縱桿或賽車方向盤，單一玩家與連線遊戲都有。毫不令人意外地，一些有創新精神的工程師和創業家看到這種科技可運用在更多性用途的潛力，於是遠端自慰（**teledildonics**）領域也應運而生。[22] 遠端自慰裝置可以有許多用法，尤其是遠距離的情人之間。已經有一些公司如**Vibease**和**Kiiroo**，製造遠端觸控震動器與男性自慰用具。為這些裝置增添情緒覺察，並藉此傳達有關情人

19 一般認為銘印是建立感情的特殊類型，通常出現在新生的生命。

20 Wakefield, P. A. *A Moose for Jessica*. Puffin Books. 1992.

21 “The Swan Who Has Fallen in Love With a Tractor.” *Daily Mail*. April 22, 2011. http://www.dailymail.co.uk/news/article-1379656/The-swanfallen-love-tractor.html.

22 又是一個新詞，這是由希臘文字首tele（意為「遠方」）加上人造陰莖（dildo）組合而成的，若是你不曾注意的話，後者是指一種性玩物。

感受的即時資訊，確實能幫助因為新工作或軍事調動任務等環境因素而必須長期分離的伴侶，建立更好的關係。

同樣地，遙現（telepresence）也能藉由增加情緒溝通的管道而強化。這個特色一開始出現或許並非為了性的目的，但是幾乎肯定會迅速被挪用。已經有情人和陌生人用電話、Skype及Facetime來進行言語與視覺的性遊戲，而增加即時傳送感覺只會改善體驗。當然，或許不是所有人都喜歡，倘若如此，情緒管道功能也能取消。這類傳輸方法和機制無疑會與時俱進，從早期簡單的投射情緒，到數十年後的將來透過共用大腦介面，而真正感受情人的感覺。

諸多不同科技都被拉進來擴大性活動這個日新月異的領域。虛擬實境（virtual reality, VR）提供在一個合理安全又沒有威脅的環境中，體驗幻想的可能。虛擬實境有不可思議的身歷其境感受，特別是使用頭戴式顯示裝置（head-mounted displays, HMD），如Oculus Rift或HTC Vive。虛擬實境的世界已經充滿適合性活動的機會，也包括性交易。使用者在線上妓院從事虛擬性行為已有多年的時間，例如：林登實驗室（Linden Labs）的虛擬世界——第二人生（Second Life）。無論這種行為以及由此而來的性交易究竟能不能歸類為性行為，界線依然模糊，但是隨著時間過去，體驗又愈來愈逼真，這種區別似乎可能會減弱。無論是轉化為更廣泛的接受或抗拒，此時都難下定論，不過可能會因為個人、群體及文化的差異而有不同反應。

性愛機器人帶來的好處與反彈

情感科技在性生活中的應用可能會帶來許多好處。首先，雖然有些人想要維持對浪漫愛情的完美理想，但是其實不見得「每個人都有一個特別的人」。此外，並不是所有人都想要或能夠處理與真人之間錯綜複雜的人際關係，因此這種科技或許正是他們填補生命空缺所需要的。至於在其他的情況下，也許可以充當權宜之計，提供缺乏社交經驗或技巧的人當作「輔助輪」。比較正式的是，性愛機器人甚至可以在治療中當成性輔導師，代替真人治療師。

潛在的優點還擴及個人健康與福祉。已有相當多的研究證實，健康的性生活可帶來許多身體健康的好處，例如：降低高血壓、減少心臟疾病的風險、平心靜氣，以及強化免疫系統。[23]有些研究甚至指出，規律的性生活還能延年益壽。[24]對於那些對人類性關係不甚滿意的人，逼真的機器人性行為或許能提供一部分這方面的好處，甚至是所有的好處。

和所有科技一樣，這項科技同樣會有負面的反彈與後果。藥品、賭博、電玩遊戲等任何不

23 Hall, S. A. et al. "Sexual Activity, Erectile Dysfunction, and Incident Cardiovascular Events." *American Journal of Cardiology*, Vol. 105, Issue 2, 192–197; "Sexual frequency and salivary immunoglobulin A (IgA)." *Psychol Rep.* 2004 Jun.; 94(3 Pt 1):839–44.
24 Smith, G. D., Frankel, S., Yarnell, J. "Sex and death: are they related? Findings from the Caerphilly cohort study." *British Medical Journal*. 1997.

斷刺激釋放多巴胺的事物，都有可能會讓基因有上癮傾向的人轉變為成癮行為。（多巴胺是一種神經傳導物質，能激發腦部獎勵系統，是增強有利演化行為的化學工具。）性成癮絕對可以列入成癮行為，隨著性變得幾乎隨時可得，無論想要什麼樣的形式皆可，成癮對有些人來說似乎就順理成章了。既然有特定一群人對多巴胺的反應是讓他們更容易出現成癮行為，這些人就會更容易落入濫用的循環。[25]假設社會的反應就和對其他的成癮行為一樣，我們大概能預見機器人性愛（robo-sex）會愈來愈普遍，接著就是確認這種新的成癮症，然後為了解決這個濫用問題會有愈來愈多性成癮治療機構。

比較有疑慮的是，我們如何處理性較為黑暗的一面。在許多較溫和的戀物癖者之外，還有人企圖把這些裝置用在非常令人不安的用途。性虐待、戀童癖及凶殺紀實幻想，很遺憾都是再真實不過的事了。雖然有人覺得類似這樣的科技可以充當發洩途徑，給予這些人安全處理執念的方法，但是也有可能造成誤導。不幸的是，至少也有同樣多的證據顯示，這樣的科技並未減輕問題，反而為肆無忌憚的性虐待者與精神錯亂者提供方法。[26]

人類性伴侶物化的質疑

更灰色的討論地帶則是關於這類裝置究竟會不會引發對人類性伴侶的物化。數十年來，一些心理學家和女性主義者主張，色情作品物化女性。儘管這一點十分正確，但是性刺激與動機也的確太過複雜，無法硬塞進單一政治正確的論述中。人類創造物化的色情作品已有數萬年，甚至數十萬年之久，只要看看如今的進展即可，而這或許就是我們天生的設定，以及性愛機器人會存在的理由。

情緒覺察的性科技將為社會和個人帶來重大變化與挑戰，這一點大概無庸置疑。長久以來，性就是親密關係的關鍵因素，也是承諾保證的重要催化劑。有鑑於許多人類社會十分重視單一性伴侶，情緒覺察科技幾乎肯定會引發爭議、嫌隙及混亂，因此有些人會欣然擁抱這項科技（有時候就是字面上的意思），有些人則會避之唯恐不及，甚至企圖禁止它的存在。

有沒有可能真正禁止這種生物與矽膠的交媾？歷史告訴我們，遭到起訴的恐懼對於改變性行為與性偏好並沒有什麼影響，但是更為憤慨地反對機器人與人類關係的那群人卻不太可能因此卻步。這種憤慨會如何表現呢？尋求為這件事立法時，可能會採取的主要路線有三種：禁止該行為、禁止該裝置，或是兩者皆禁止。

---

25 Davis, C., Loxton, N. J. “Addictive behaviors and addiction-prone personality traits: Associations with a dopamine multilocus genetic profile.” *Addictive Behaviors*, 38, 2306–2312. 2013.

26 Wright, J., Hensley, C. “From Animal Cruelty to Serial Murder: Applying the Graduation Hypothesis.” *International Journal of Offender Therapy and Comparative Criminology* 47 (1): 71–88. February 1, 2003.

人類本性與政治現實不太可能會順利允許這種行為變成不合法（只是肯定會做這麼的嘗試），結果只是讓裝置成為法律的箭靶。除了為這類區別辯護有困難之外（因為既然性玩具已經存在數千年了，要徹底禁絕是不可能的），反對者要面對的現實是，我們生存在一個全球連結的世界。一般人肯定能從依然合法的地區購買並進口情緒覺察性玩具。另外，還可以從網際網路下載圖紙，自行製造功能豐富的裝置，甚至還能以數位檔案3D列印。有效的禁令基本上無法長期維持，所以能十分篤定地認為，性愛機器人會繼續存在。

除此之外，企圖禁止這類裝置是否合乎道德？想想看，世上有些地方的男女數量有著顯著差異，只因為數量問題無法解決，而將那些人口的一部分置於沒有愛、沒有伴侶的人生，這樣對嗎？還有那些因為嚴重外貌缺陷或其他身心障礙，無法找到愛侶的人怎麼辦？就只是因為我們對人類與機器關係的態度，讓這些人陷入無愛的生存方式，這又是否正確呢？這是說沒有關係會比機器人與人類的關係來得更好嗎？

而法制的另一面，在一個充滿性愛機器人的世界裡，性交易又會如何發展呢？肯定會有人認為，機器永遠不會威脅到人類性工作者，但他們有很多論點都是欠缺情緒覺察的假設。隨著情感運算科技的改善，並且與性愛機器人及其他性玩具整合，這種辯解的理由也消失了。恐怖谷的確會在一時之間讓許多嫖客卻步，但是等到克服這一點後，性愛機器人和人類性工作者就會變得難以分辨，屆時又將如何？這類伴侶不會攜帶或傳染性接觸傳染疾病（Sexually Transmitted Disease,

STD）、不會堅持情感依附，也不會有任何剝削問題。有許多人會說這完全是雙贏的，但是肯定會有大量的人類性工作者並不同意。儘管性產業確實有許多人是剝削與人口販賣的受害者，但有一部分人仍認為這是合法工作。在一個已經因為自動化與機器人而面臨大量工作機會流失的世界裡，性工作者很快將淪為另一個統計數字。[27]

對仿生形式的態度與行為轉變

最後，對於我們產生愛意，以及至少我們想像能夠愛我們的機器人，我們的態度會有什麼改變呢？獲得感受能力的機器（或者能說服部分人類，它可以感受）會發現有新盟友倡議它們的公民自由，甚至給予它們某種符合基本人權的權利。程式能不能獲得意識猶未可知，但若是我們相信它能感受情緒，我們與之產生感情又想要保護它的可能性就會大幅增加。[28]這些對機器「基層」的支持能否成功，其實無關緊要，這些行動標示著一場有別於從前的社會變革開端。儘管得等到

---

27 Frey, C. B., Osborne, M. A. "The Future of Employment: How Susceptible are Jobs to Computerisation?" Oxford Martin School, Programme on the Impacts of Future Technology, University of Oxford. 2013; Rutkin, A. H. "Report Suggests Nearly Half of U.S. Jobs Are Vulnerable to Computerization." *Technology Review*. September 12, 2013.

28 Stromberg, J. "Neuroscience Explores Why Humans Feel Empathy for Robots." *Smithsonian*. April 23, 2013.

機器獲得意識之後許久，才會看到機器被授予這類權利（如果有此可能的話），但是我們仍將漸漸過渡到一個迥然不同的世界。

性愛玩偶歷來讓人聯想到的是男性異常的性行為，但是這種狀況正在改變。女性慢慢也成為這類裝置的使用者，只是數量仍遠遠不及男性。隨著性愛玩偶與性愛機器人使用者論壇和支持團體的形成，態度也在轉變，甚至還有針對這類次文化拍攝的電影，例如：二〇〇七年由雷恩・葛斯林（Ryan Gosling）主演的喜劇劇情片《充氣娃娃之戀》（*Lars and the Real Girl*）。隨著情緒覺察機器人（無論是性用途或其他用途）可能成真，社會對仿生形式的態度與行為大概會有所轉變，尤其是它們愈來愈像家人，這是我們在下一章要探討的。

第十四章
多元家庭後的「無生命」家庭

紐約皇后區的一處民宅——二〇五八年一月二十日

亞奇一掌拍到餐桌上。

「不行！妳不能和邁克結婚，這件事到此為止！」

「爸爸！」葛蘿莉亞淚眼汪汪地大叫道：「從來沒有人能讓我有這種感覺！邁克對待我就好像我是世上最美好的人一樣。」

「寶貝，妳是最好的。」葛蘿莉亞的母親伊迪絲插嘴道：「亞奇，你都沒有給邁克一個機會。」

亞奇放下吃了一半的豬排，抬頭說道：「我有。」

「才沒有，爸爸。」葛蘿莉亞寸步不讓地道：「你絕對沒有，你對邁克的頑固偏見從第一天就顯而易見。」

「我不是老頑固！」亞奇咬牙切齒地怒吼道，為這樣的指控火冒三丈。

伊迪絲望向餐桌對面的丈夫，冷靜地說：「親愛的，我覺得你可能就是。」

「我的女兒別想和**機器人**結婚，就是這樣！」

葛蘿莉亞因為這樣的羞辱而覺得難堪，在餐桌前跳起來，喊道：「邁克是和你我擁有相同權利的神經機械（cybernetic）人！我們會結婚，而且你無法改變！」她哭著衝出飯廳。

亞奇張口欲言，卻看到伊迪絲抿著嘴，於是忍了下來。他低頭瞥了晚餐一眼，發現自己毫無食慾，接著一把推開餐盤。

❖

情感科技與人工情緒智慧將為社會帶來重大的改變，或許最明顯的地方莫過於家庭關係。就積極面來說，這些科技將開啟新的溝通工具，讓我們得以達到前所未有的情感聯繫，我們或許能對摯愛之人的感覺感同身受，即使相距千里。有一天，說不定還能重新體驗一場特別盛事紀錄中的感覺，或是在親愛的親人過世許久後重溫昔日感受。

另一方面，情緒是將我們與家庭單位凝聚在一起的重要部分，而此時科技和機器卻漸漸打破了這一切。儘管傳統上家庭是由血緣與婚姻聯繫的團體，但是我們看到有許多社會已經轉換成其他型態，包括混合式家庭（blended family）、收養家庭（adopted family），以及由一群人聚集在一起取代核心家庭。由此看來，似乎可以想像，隨著情感科技發展，我們會發現大家愈來愈樂意和人工情緒智慧形成長期的情感依附，這些最終可能導致人類家庭出現重大變化。

如果認為這樣的情感聯繫僅限於以類似人形的形體呈現就錯了，因為這種聯繫也適用於大小機器人、玩具、裝置，甚至軟體程式及作業系統，如電影《雲端情人》中的OS ONE。

隨著這些人工情緒智慧不斷發展得更加細膩精密，可能會看到它們更為規律地觸發我們某種本能反應，也就是特克所稱的達爾文按鈕。諸如眼神接觸、臉部表情、特定類型的手勢與發出的聲音等，通常會讓人產生情緒反應，無論發出信號的是嬰兒、狗、玩具，還是機器人。這些按鈕促成的身體歷程（somatic process）最終會觸發如血管加壓素和催產素等荷爾蒙，促進情感聯繫與依附行為。這類反應對母性連結無疑至關重要，而母性又是確保後代長期生存的必要因素。有鑑於人類嬰兒要成熟到能夠自立耗時漫長，這種情感連結與依附過程勢必會延續許多年，遠比其他動物來得更久。

「學壞」的人工智慧

在這段期間內，幼童不但身體長大，認知與社交能力也跟著發展。這是年輕的心智最早學習到的基本核心知識，遠早於其他更高階的概念和抽象學習。基本情緒反應、發聲、臉部與眼動追蹤，以及大肌肉動作和小肌肉動作，全部屬於這種學習；自我意識的逐漸發展、理解自我與他者的區別，以及初步理解對錯之別亦然。久而久之，就學會更為複雜的技能，還有如語言及社會認同的行為等更細緻的事物，這些全都需要時間、情緒相關的投入、耐心及引導。沒有負責可靠的關懷和指導，年輕的心智朝著不良方向發展的風險就會大上許多。

雖然人工智慧依然遠遠不及兒童發展心智的複雜程度，但是在關懷與監督不足時也可能變糟。二〇一六年三月二十三日，微軟推出Tay。Tay是人工智慧控制的推特（Twitter）聊天機器人，偽裝成十九歲的美國少女。這個聊天機器人的設計目的，是藉由在推特與人類使用者互動而從中學習，特別是十八歲到二十四歲的人，這個人口結構的行動裝置使用者是微軟希望建立關係與行銷的對象。

遺憾的是，可以說事與願違，Tay上線不到二十四小時，發出十萬則推文後，就已經從甜美的少女變成滿口粗話的種族歧視者，不只髒話連連、使用極為露骨的性暗示語言，還宣稱支持希特勒，Tay上線僅僅一天就迅速下線。微軟怪罪一群使用者，指稱他們用各種反社會的汙言穢語和Tay交流，擺明故意要教壞它。

不用說，熟悉網際網路與人類行為的人應該都已經預料到了。微軟怪罪使用者就只能說是虛偽。使用深度學習演算法的Tay，設計目的是為了從和人的互動中學習語言與用法。即使沒有被粗野無禮的使用者帶壞，光是讓人工智慧直接在網路上學習，就是可能會引發災難的做法。正如兒童需要引導學習與分辨對錯，先進的人工智慧同樣需要基本程度的確實監督。（實在很想說「成人」的監督，但可惜的是這樣的形容詞在網際網路上有著迥然不同的意義，同樣可能招致各式各樣的麻煩！）

其實這並不是第一次發生的類似狀況。二〇一一年，IBM的DeepQA計畫主持人艾瑞克·布朗（Eric Brown）決定教導人工智慧華生（Watson）使用「城市詞典」（Urban Dictionary）這個企圖記錄現代俚語及地方用語的網路資源，那是華生在競賽節目《危險邊緣》（*Jeopardy*）一戰成名之後不久的事。布朗的理由是，這是學習非正式對話之複雜奧妙的絕佳方法。沒過多久，華生開始拚命罵髒話，DeepQA團隊被迫將新的輸入資訊從華生的字彙中移除，並且設計一個髒話過濾器。[2]

同樣出人意表的事在二〇一二年也發生了，當時Google神祕的X實驗室（X Lab）決定放任它最好的人工類神經網路在網路上不管，不給任何明確的說明或指導。這一次向人工智慧出示一千萬張隨機選取的YouTube影片縮圖，在短短時間內，這個人工智慧很自然就開始辨認並選擇

1 Price, R. "Microsoft is deleting its AI chatbot's incredibly racist tweets." *Business Insider*, March 24, 2016.
2 Smith, D. "IBM's Watson Gets A 'Swear Filter' After Learning The Urban Dictionary." *International Business Times*, January 10, 2013.

特定的影像。儘管未曾受過訓練，甚至沒有告知要尋找什麼，但是精密的Google神經網路卻開始**蒐集貓的影像**。大的、小的、長毛、短毛、無毛、嬉戲的、淘氣的，挑出各種顏色、外形及大小的貓。如果運算的系統樹要找出狂熱貓人工智慧，應該就是它了。

我們當然無從得知背後的原因，想來人工智慧偏愛貓咪的原因，大概只是因為貓的影像在網路上的數量，特別是全世界愛貓者會上傳一大堆賣萌耍可愛的影片。但是，由於神經網路運作的方式很複雜，我們也無法十分肯定。

重點是隨著智慧增加，如果想要落實正面的結果，學習就需要受到更多控制與監督。雖然這些程式仍舊遠遠不及人類程度的智慧，但是我們卻實在忍不住要把養育人類小孩學到的心得做類比，你不可能讓一個容易受影響的年輕心智亂闖又不加以監督，卻期待一切都順利，這對年輕人來說絕對不是好對策，對先進但未受訓練的人工智慧大概也不是。

電子雞與絨毛兔

另一方面，基於許多人對這些人工智慧的反應，對它們的關注太少或許也不是我們的問題。

一九九六年十一月，日本玩具製造商萬代（Bandai）開始銷售全世界第一代數位寵物電子雞（Tamagotchi）。小小的蛋形玩具原本是要用來讓小女生學習如何照顧小孩，結果意外地迅速成為熱銷商品。電子雞有量表顯示飢餓、快樂、訓練程度，以及整體健康情況。它們需要定期餵食、玩耍，還要梳洗整理，如果這些做得不夠，電子雞就會生病且死亡。兒童，尤其是小女孩，對此非常投入，還會為了數位寵物的死亡而傷心欲絕。一旦這些玩具「死亡」了，還設置官方墓園；而且有一個不幸的例子是，據說有一個小女孩因為寵物死亡而自殺。這種玩具至今仍有許多版本，包括虛擬線上版。

儘管電子雞熱潮帶有許多過氣時尚的標記，但是顯然擊中人類反應與行為的某些核心層面。特克在她的《在一起孤獨》（*Alone Together*）一書中就拿電子雞和絨毛兔（Velveteen Rabbit）做比較。絨毛兔源於經典兒童故事，一個填充玩具因為一個小孩的愛而有了生命；不過，電子雞將這個概念翻轉成需要關懷，並且宣稱如果沒有孩童的關注就會死亡。特克解釋道：「因為這種對關愛的高度需求，生物體存活的問題幾乎不復存在。我們愛自己培育的東西；如果電子雞讓你愛上它，而你覺得它也愛你，它就稱得上是有生命的生物了，它生氣活潑得足以共同分享一點你的生活。」[3]

這種行為隨著虛擬寵物發展得愈來愈精密而持續顯現。例如：菲比精靈（Furby）是電子動畫玩具，最早是在一九九八年出現。它像是小型哺乳類與胖鳥的混合體，而且會表現出一些情緒特徵，眼睛和嘴巴能動。這些特質是為了暗示菲比精靈擁有基本程度的情緒智慧，即使其實不然。

3 Turkle, S. *Alone Together*. Basic Books. 2011.

這些特徵最為突出的是機器人使用語言。一開始只會說菲比語（Furbish），但是隨著孩童跟它玩耍，慢慢就使用愈來愈多的英語。儘管它的程式只是設定成隨著時間而增加使用英語字彙，不過因為做法巧妙，足以讓小朋友相信菲比精靈是跟著他們一起學習，並且推論出是他們在教導菲比精靈。

這種相互關係建立兒童與「寵物」之間的情感聯繫，讓一些人產生依附反應，類似的行為亦可見於其他以不同方式觸動各種達爾文按鈕的社交機器人玩具。臉部辨識和聲音辨識功能、喚起感情的聲音，以及其他方法，在在企圖讓我們相信這些裝置是有生命的，不單只是機器。索尼（Sony）的機器狗ＡＩＢＯ、栩栩如生的嬰兒「我的真實寶貝」（My Real Baby，由孩之寶（Hasbro）與iRobot合作開發），還有許多兒童玩具，都企圖以情緒反應為策略，和幼小的孩童建立連結，並銷售產品。

這極有可能只是趨勢的開端，我們將看到更多逼真且有情緒互動的裝置成為生活、居家，甚至家庭的一部分。近幾年來，已經有膝下無子女的成人，主要是女性，購買栩栩如生的手工製玩偶，企圖減輕情感上的痛苦。前一章曾討論，有些人企圖以性愛機器人作為伴侶，逃避人類關係的複雜和偶爾會有的混亂，然而隨著人工情緒智慧愈來愈逼真，我們可能會面臨什麼樣的未來呢？

未來人工智慧的展望

在未來或許長達十年到十五年的初期階段，可能看到更多這些裝置在情感交流水準上同樣進展緩慢。別忘了，目前情感科技絕大部分的進展都是在情緒偵測方面，情緒模擬的發展則是進度落後。這種情況將會有所改變。隨著我們掌握到情緒表達各個面向的細微之處，就可以將知識運用在不同地方。

一開始或許是表現在聲音互動，就像在第一章開頭看到雅碧凱與個人數位助理的情境。這類交流需要的機械及材料專業進展最少，而且很多方面都類似在電話中與信賴的朋友交談。這是切入點，在這個階段中有許多人開始使用，並接受將擬人化人工情緒智慧運用在若干用途和服務。

同樣在這段期間，我們會看到情緒覺察的實體化身，可以在不同的虛擬世界和使用者及玩家互動，其中一種形式大概就是擴增實境和混合實境（mixed reality），也就是將虛擬製品混合到真實的實體世界裡；另一個則是虛擬實境，完全發生在沉浸式電腦生成環境。有愈來愈多企業採用的遙現，則是另一個可引以為用的媒介。儘管實現該目標的科技大多已經存在，但是即時詮釋並產生表意的生動反應，這些問題在運行時依然極為占用處理器資源。現今的虛擬化身確實會互動，並且呈現有限的臉部表情，卻仍非常陽春且是預先設置，缺乏真人臉孔的細膩。不過，隨著軟硬體持續改善，應該會漸漸不成問題。

由於機器人學不斷進步且成本降低，在朝向實體執行人工情緒智慧發展時，我們可能會看到人形機器人出現自然的情緒表達。基於機器人學與材料科技的發展程度，以及一直存在的恐怖谷效應難題，這些機器人或許一開始並未以栩栩如生的真人為模型，但是隨著時間過去，或許就不一樣了，因為這依然是我們最自然的互動方法。最初，這項科技只有最富裕的人士能夠取得，或許被億萬富翁視為地位象徵。然而，經過一段時間後，年輕族群同樣會設法追求，也許後續的趨勢是更誇張或卡通的臉，而非逼真寫實的臉孔。只是由於初始成本高，最初可能只有尋求知名度的有錢年輕名人會追逐（又或是由企業贊助商提供）。

這些科技將由一連串的動力驅動，尤其是數位個人助理的發展。有鑑於我們的生活與對時間的需求日趨複雜，低成本的智慧虛擬助理將會為我們的連線生活提供莫大的好處。約會時程安排、私人購物、合約協商、仲裁等，都將與我們互動，並代替我們行動，並且納入最自然和最合群的介面、情緒。另一方面，在這些場景背後，它們還能和其他的機器互動。

與愈來愈逼真的機器人交流的左右為難

隨著我們持續透過日益自然又精密的介面與該科技合作，包括解讀情緒並以同樣方式回應的管道在內，肯定會看到愈來愈多使用者表現得彷彿他們的數位助理是真人一般。這種情況在我們的日常物品中已經屢見不鮮了，而這些助理將會激發我們產生同樣的反應，並且猶有過之。隨著它們的逼真程度提高與互動改善，這股趨勢將會持續到我們與機器的交流幾乎和正常的人與人互動沒有兩樣為止，即使這些助理依然是冰冷又沒有意識的機器亦然。

這究竟是好是壞？如果和我互動的機器人無論外觀與行動都有如一般人，我會愈來愈習以為常地認為它就是真人。我們的情緒反應太過本能，無法做出其他表現，即使抵制者勉強能堅持不信任這種形式的進步，但是年輕世代卻更為開放，接受這種看待關係的新方式。到了最後，態度就會改變。重要的問題是，轉變過渡所導致的痛苦有多大，時間又會有多長？

這一切對社會將有何影響？我們已經看到有物戀者，也就是對一樣物品產生的情感依附到強烈地愛上它，有時候甚至企圖和它結婚。我說「企圖結婚」是因為目前這種儀式並無法律效力，但是情況會永遠如此嗎？

未來將會發現，我們對於所謂健康人際關係的看法愈來愈受到挑戰，因為機器不單是智商增加，情緒智商也是。隨著一些機器人日益逼真，能以各種感官知覺交流，包括外觀、觸覺及氣味，將會有更多人願意把它們當成真實、活生生的夥伴與家庭成員。一般人將會這麼做，即使人工智慧能否跨過某些與真人區別的關鍵門檻仍有疑問。

但是，倘若機器智慧最終發展到真正有意識且有自覺呢？這一切不會改變嗎？暫時撇開人工意識是否有可能成真的問題。此刻就只要詢問一個問題：當人工智慧實現笛卡兒的精闢說法——

我思故我在時又將如何？

面對人工智慧的態度

數十年來，很多人主張有無數事情是人工智慧永遠做不到的，然而從理解自然語言、譜曲到開車，這些里程碑一一被攻克。現在我們看到人工智慧解讀臉部表情，並且讓人相信它們正在與另一個人交談。如果這一切有什麼可學習的，就是我們不應該打賭科技未來不會有這樣的能耐。

如果科技的笛卡兒時刻真的到來，我們對人工智慧的態度又會有何改變？每當一種動物物種被視為具有相當高水準的智慧時，就會有很多人試圖加以保護。以靈長類和鯨類動物等物種為例，甚至可能有為牠們爭取人格的呼聲。由於缺乏物種間標準化的智力測驗，這些動物的智慧與自覺相對水準不得而知。[4]不過，我們有一個大致的概念，知道牠們的智慧和意識相對於人類落在何等水準。儘管牠們有些現象意識（phenomenal consciousness）水準〔也就是主觀的經驗狀態，由感質（qualia）單元和其他成分組成〕或許跟我們接近，但是可以持平地說，牠們在取用意識或內省上不如我們複雜。[5]

在這個理論中的將來，可能會遇到在許多方面與我們並駕齊驅，甚至超越我們的智慧。不但可能有著與我們相當的情緒能力，意識與自覺可能也會不分軒輊。（不過，這些大多難以客觀測試，請參閱第十七章的他心問題。）有鑑於此，我們怎麼能不承認這些生命體值得享有和我們一樣的保護與權利呢？它們為什麼不能和我們平等？

一般人的反應鮮少完全如我們所期望的，而這種場景假設大概也不例外。要接受這種性質的文化變革，就會有各種偏見和抗拒：從全然否定到徹底的暴力，立場堅定，寸步不讓。有一部分會尋求立法排除這種狀況，企圖將人類與機器智慧之間的差異制定為法規。幾乎可以確定的是，一定會有宗教團體詆毀這些新的生命型態，無論是否因為認定它們必然缺乏靈魂、神聖火花（divine spark），諸如此類。辯論雙方活生生、有意識的生命將會受到傷害或殺害，說不定還會有更大的衝突，但願不會演變成戰爭。

不過時日一久，大家將會接受這種新型態的事物，制定法律、保護、平等。基於我們與科技的共同歷史，其他路線的成本都太高了，更遑論我們對於彼此的依賴。無論如何，我們會看到人類與智慧機器的婚姻及融合將持續下去，說不定到後來這種區別已經無關緊要了。

生理與心理觀點的轉變

4 Yonck, R. "Toward a Standard Metric of Machine Intelligence." *World Future Review*. Summer 2012.

5 在哲學中，感質的定義為主觀經驗的個別例子。感質、現象意識及取用意識將在第十七、十八章會有更詳細的探討。

或許要度過在過渡期即將面對的挑戰，有一個方法就是轉變觀點。如果最後發展有意識、情緒覺察的機器人是我們由下而上的策略，那麼人類機能擴增（human augmentation）就可以說是由上而下的做法。與科技更緊密融合的趨勢，是不斷前進的漫長過程。目前有愈來愈多人將高科技的精密材料及裝置放進自己的身體，而他們全身上下都和過去一樣是人類。從關節置換到神經植入、再到人工心臟或其他器官，第一代生化人的數量已高達百萬，這個數字只會繼續增加，而動機則漸漸從修補轉變為機能擴增。無論是要更聰明、更強壯、更快速或活得更久，我們會看到愈來愈多人起心動念地要改進人類一‧〇。隨著這些擴增愈來愈精密複雜，和我們的身體也將整合得更加嚴絲合縫，將我們轉變成科技─生物混合體。

這種轉變不會僅限於生理。學術調查與人體研究早在探討，用裝置取代和矯正失去的腦部功能，以及與感測系統緊密整合。人工視網膜、耳蝸植入器、深層腦刺激、神經義肢，這些都還只是精密趨勢的開端，讓我們比從前更聰明，瞬間就能取得知識和處理能力。幾乎可以肯定這也會延伸到情緒治療與增強，我們已經看到軍方在不同類型的認知修復和機能擴增投入可觀的資源，企圖治療創傷後壓力症候群及憂鬱。

研究實驗室中腦機介面的研發，持續獲得突飛猛進的改善。假以時日，隨著我們更加了解大腦的運作，整個大腦就會被取代。正在開發的人造體很快能取代罹患疾病或毀損的海馬回。身為邊緣系統一部分的海馬回，位於大腦顳葉內側深處，是將短期記憶統合到長期記憶的關鍵。起初開發人造體是為了用來修復大腦中喪失的極端重要功能，最後或許也能應用在治療阿茲海默症。

同樣地，科技新創公司**Kernel**開發的神經義肢晶片，企圖協助罹患中風、阿茲海默症或腦震盪的人。從這些研究開發中獲得的知識，有一天將使得健康的接受者在智力與記憶獲得大幅改善。這些科技的一些概念驗證版，已經在老鼠和靈長類身上做實驗，不久也會開始進行有限的人體試驗。[6]接下來無疑將有進一步擴增人腦的方法，包括那些取用與處理情緒的關鍵區域。

許多人覺得改變如大腦這類重要的事情駭人聽聞。畢竟，那裡是意識之所在，是知識與人格的核心，是我們成為什麼樣的人的基礎，怎麼可能進行修改後卻還是同樣的人呢？

這是假設你一直都是同樣的人，但無論是從生物學或哲學來看，這都是有待商榷的。就哲學來說，**人格同一**（personal identity）的議題，是探討人格的同一性是否會歷久不變。由於我們是經驗的總和，也持續存在於不同環境與情況之下，我們真的能說自己和昨天是同樣的人嗎？就生物學來說，我們知道身體的所有細胞都在持續汰換。角膜細胞回春只要一天，皮膚細胞是每兩週會再生，肝細胞則是每一百五十天至五百天更新，以及骨骼細胞在每十年左右會徹底改變。因此，每七年到十年，身體的所有細胞都已經汰換了。（若是從分子角度，而不從細胞角度來看，

6 Berger, T. W., Hampson, R. E., Song, D., Goonawardena, A., Marmarelis, V. Z., Deadwyler, S. A. "A cortical neural prosthesis for restoring and enhancing memory." *Journal of Neural Engineering*. August 2011; Hampson, R. E., Song, D. et al. "Facilitation of memory encoding in primate hippocampus by a neuroprosthesis that promotes task-specific neural firing." *Journal of Neural Engineering*. December 2013.

這樣的轉變發生得更快，不過是幾個月的事。）我們的神經元例外，通常會一輩子都跟著我們。這些神經元有的會死亡，嗅球與海馬回則有一些有限的成年神經元再生（adult neurogenesis），也就是會形成新的神經元，不過神經元被視為這個規則的主要例外。

然而，這並非神經元唯一不同的地方。和個別細胞一樣，神經元不會產生思想、認同或意識。這些心靈層面的發展，就像腦部一千億個神經元創造的網絡浮現特性，而這個網絡又是變動不居的。突觸重量與樹枝狀連線的互連性不斷改變，不時在智力和情緒方面改變我們。一些哲學家和認知科學家因此認為，自我的連續性是一種錯覺，顯然絕大多數的人會強烈表達不同看法。

希修斯之船的思想實驗

這種悖論可用西元七十五年左右，普魯塔克（Plutarch）記錄的「希修斯之船」（Ship of Theseus）思想實驗做說明。[7]在這個實驗中，一艘木船一次修補一塊木板，這艘船換過第一塊木板後，沒有人會質疑它不是同一艘船，第二塊木板也一樣，最後這艘船的每塊木板都一一換過了。這還是同一艘船嗎？如果不是，這個轉變是在什麼時候發生的？赫拉克利特（Heraclitus）為這個悖論提出一個解答，將它和一條不停流動、隨時在變動的河流相比，而河流依舊還是河流。

同樣的思想實驗也可以延伸到大腦。[8]一個神經元用一個能完美模擬所有功能的小晶片或迴路代替，這個人無疑還是一直以來的那個人。第二個晶片取代第二個神經元，以此類推，複製大腦所有的皮質、區域及功能，也包括牽涉情緒的部分。假設做到完美複製，這個人的新大腦將會具備一直以來完全相同的知識、人格和情緒。這個人在什麼階段不再是自己，或者說不再是人類？無論如何，答案都可能是，我們應該考慮的並不是組成的部分，而是由它們產生的突現網路（emergent network）具有自己的心智浮現特性，無論那個網路是一艘船、河流、身體或大腦。

反過來說，可參考艾西莫夫在〈雙百人〉（The Bicentennial Man）中提出完全相反的情節假設。在這個故事裡，有一個名叫安德魯（Andrew）的機器人將自己的身體一一換上原本讓人類使用、最先進又栩栩如生的人造生物義肢。到了最後，安德魯身上包括大腦的所有零件，乃至於細胞的功能，都與人類相同，也終於在法律上宣告為人了。儘管這兩種科技情境假設都超出目前的能力所及，但是也沒有什麼跡象顯示情況會永遠如此。事實上，這些狀況的實現可能比多數人的認知來得更快。

科技發生變化是否能讓我們的觀點充分轉變，得以避免前面提到的成長痛？還很難說。隨著我們與科技緊密融合，科技也變得更像人類，或許我們不會繼續以兩個涇渭分明的團體繼續這條路，說不定過了三百萬年，最後會看到兩個族群漸漸融合成單一物種。無論我們選擇稱呼這個新

7 Plutarch. "Theseus."
8 Moravec, H. *Mind Children*. Harvard University Press. 1988.

物種為**混種人**（Homo hybridus）或**科技人**（Homo technologus），還是其他假借拉丁文的變異體，重點將是我們實際上都將是一家人。

屆時，我們將看到對科技夥伴的態度在未來數十年經歷多次改變。目前，社會輿論對機器人與人工智慧處在莫衷一是的階段，此時正處於引進各種新奇蹟的尖端，但是同時又有疑慮，擔心會造成大量失業與失控的智慧大爆炸。我們肯定會有一段時間一直看到這些起伏變化，不過顯然等到我們再也不懷疑這些機器感受情緒與自覺的能力後，局勢將會翻轉，反對機器人—人類關係的諸多言論就會消失。但是，在那個轉變性一刻之前許久，將會有許多人因為諸多理由而不滿這個不斷改變的世界，因為他們無法迅速回到美好的舊日時光。這些人可能發現自己正在以從未想過的方式企圖逃脫，就像我們接下來將會發現的一樣。

第十五章 感覺良好公司

猶他州東南方紀念碑谷（Monument Valley）——二〇三四年七月二十日

矗立在沙漠高原中紀念碑谷的沙岩石柱，就像是粗獷的紅色摩天大樓一般。彩色雷射光來回掃過龐大的巨石，照亮沙漠的夜晚。遠方低沉強勁的節拍，在龐大的古老岩石天然圓形劇場之間迴盪著。那裡有著數千具人體正隨著節奏擺動，急切著參與最新的舞蹈熱潮：Emorave。

所有跳舞的人都穿戴智慧感測器介面模組stimset，即無線連線到舞台上中央控制台的頭盔。一對經驗豐富的ＤＪ（disc jockey）正前方中央站著一個年輕女子，她的手指在控制台上飛快跳動著，發出一波波的數據，stimset能立刻將之轉換成喜悅、共鳴及無條件的愛等感覺。她是情緒操作師（emotion jockey, EJ），是情感媒體的超級新秀之一，是心的薩滿巫師，受到託付而直接接觸這些狂歡者的情緒狀態。

隨著音樂震動的逐漸加強，這場儀式性活動愈來愈熱烈。EJ配合DJ同事的樂音調節自己的部分，讓群眾產生愈來愈陶醉的幸福感。他們舉起雙臂伸向溫暖的沙漠夜空，凝視著光線攀上石柱，再到上方的星空。音樂慢慢變弱，愈來愈遙遠，讓他們的心升到無盡的天際。隨著最後一陣狂喜的爆發，一切驟然歸於寂靜。群眾繼續仰頭凝望，為身在浩瀚無垠的宇宙之中，而滿心敬畏與驚奇。

❖

我們迄今已經看過情感數位化如何改造機器，以及我們與之互動的方式。但是，這些發展還有另一面最終或將改變我們的生活，就是利用這種知識，以直接、高度程式化的方式影響我們的情緒。在本章中，我們將探討一旦感覺真正可以數位化與量化時，會有哪些可能性。

顛覆科技、醫療甚至教育的未來

二十世紀中葉以降，數位化為科技等領域造成的變化，是其他發展難以望其項背的。數位架構發明時，運算本身也永遠改變了。巨人（Colossus）、ENIAC及阿塔那索夫貝理電腦（Atanasoff-Berry Computer, ABC）的成功，開創日益強大的數位電腦、個人電腦，以至於最終出現行動裝置的年代。

隨著不同類型的資訊轉換成數位資料，我們可以前所未有的方式加以利用。音樂數位化創造出各種聞所未聞的影響，但也由此產生新的散布與分享方法，最終破壞當時的音樂產業。新創公司如Napster，讓我們得以用MP3和其他數位規格做點對點檔案分享，不過這類分享之前就能在電子布告欄、IRC與Usenet等網路進行，Napster則為當時才發現網際網路、對於使用科技較不純熟的使用者簡化流程。

數位化也轉變許多領域，不光是創造使用基本資訊的新方法，也削弱老牌企業的古老森嚴高牆。桌上出版（desktop publishing）重創傳統排版印刷處理工序，而這個傳統的根源可回溯到五百年前的古騰堡（Gutenberg）。隨著寬頻網路日益普及，還有擺脫如膠卷與廣播電視這類類比媒介，電影和錄影帶產業頓時天翻地覆。3D列印、醫療紀錄及全球衛星定位（Global Positioning System, GPS）服務，全都改造了整個產業，而名單還在持續增加。

我們發現此刻正身處以情緒數位化進行新變革的尖端，而情緒是我們與生俱來，也最為人性的特色。原本我們只能透過直接表達而對彼此傳遞情緒，恐懼的眼神、一聲怒吼、歡欣無比的笑聲，這些全都可輕易召喚出他人的情緒反應，無論是直接反射或互補反應。久而久之，我們的文化與科技有能力可以透過音樂、文學、電影等媒介，在遠端或是不那麼直接地創造相同的情緒反應。但是無論如何，衡量感覺並加以量化最多仍是主觀行為，至少到目前為止都是如此。

如今我們發現愈來愈能衡量不同類型的感覺與具體的強度。目前，實驗室和研究人員靠著自己的理論與努力，衡量並量化實驗對象的情緒表現。如同其他的領域，這些極有可能最後會被標準化的測量方法、運用的技術，以及各種應用的裝置設備取代。

另一方面，我們將持續開發能力，透過科技方法改變心智與身體。我們發現愈來愈多新方法可和自己的神經系統連接，使用的方法如外圍神經介面（peripheral nerve interface）與神經義肢，包括修復聽力的耳蝸植入器和修復視力的人工視網膜，以及一系列的腦機介面，這些全都是為了治療與修復而開發，但是也探索其他的用途。

除了研究實驗室與醫院之外，還有一些個人和組織鬆散的團體，通常稱為超人類主義者（transhumanist），他們探索的是我們與科技漸漸融合的未來。這些團體涵蓋多種願景和哲學，也不是全都思慮周詳。儘管超人類主義者中有許多嚴肅思想家，但是也有不少想法偏差的個人企圖「侵入」自己的身體，有時候是藉由電子或化學手段。這些人沒有適當的用心與協定就在自己身上實驗，不但讓自己的生命陷入險境，更對這場準運動造成傷害。不過，這類團體可能是發現新方法、將情感運算科技直接應用於自己身心的先驅。

為什麼會有人想要操縱自己的情緒風貌？顯而易見的答案是，因為我們向來如此。一般都是靠著使用藥物的化學方式，例如：酒精或各種精神藥品，比方大麻與迷幻仙人掌。近幾十年來，我們轉而使用合成藥物，例如：百憂解和ＭＤＭＡ。這些方式在使用與應用上都有一連串的問題和局限。以零散的數位控制方法改變情緒與心情，將有無數治療性應用，更別說消遣娛樂的吸引力了。

侵入性與非侵入性腦機介面的發展

想藉由電腦控制而直接操縱情緒，必須有一個介面。顯然地，人並非電子裝置，而且就像本書前言中引述的，兩個個體愈不同，愈需要有設計良好的介面。其實，在努力製造一種能解碼大腦神經溝通喧鬧雜訊的介面已經投入大量研究。經過這些年，已經構思出一系列侵入性與非侵入性的腦機介面，並且做了測試。大部分侵入性方法是放入微型電極與一組神經元直接接觸，通常是排列成行或2D的矩陣。這些方法由於信號雜訊比（signal-to-noise ratio, SNR）較高，而且幾乎是即時反應，通常能產生品質最好的信號。[1]但是，它們也有缺點，主要是需要進行腦部手術，而且往往時間久了就會有耗損，因為電極周圍會聚積疤痕組織。不過，像大腦之門（BrainGate）的腦部植入物，就是利用有一百個細如毛髮的電極組成網格感應器，這類系統能成

[1] 信號雜訊比是想要的信號相對於實驗對象或使用設備所產生的其他信號比例。以腦機介面來說，最好能將特定神經元和區域的信號加以隔離，並降低大腦其他部分的信號。

功用來控制電腦游標、機器手臂，甚至是輪椅。

非侵入性系統則因為不需要進行手術而方便使用，不過也容易有信號品質不如侵入性方法的情況。然而，這些科技在近幾年來突飛猛進，甚至還有供電腦遊戲狂熱者使用的商用腦電波圖產品。Emotiv公司的EPOC頭戴式耳機，以及神念科技（NeuroSky）的MindWave與MindSet，提供遊戲玩家平價的介面，讓他們能透過腦波控制遊戲的某些部分。雖然這些依然遠遠不如專業人士和研究人員使用的裝置工具準確先進，但是也愈來愈能發揮作用。

有幾種局部侵入性系統也開發完成並做了測試，儘管這些也是放進頭顱裡，但卻位於腦部頂端，並未穿透進入灰質。這些系統的優點就是信號品質高於許多的非侵入性系統（如腦電波圖），不會因為需要穿透骨骼組織而變形，而且疤痕組織在電極周遭堆積的風險也較少。讀取信號時使用的是皮質腦電圖（electrocorticography），又稱為顱內皮質腦電圖（intracranial electroencephalography），這類系統將來可望能幫助癱瘓的病患與輔助裝置互動。這些科技甚至還運用在電腦遊戲中，如《太空侵略者》（*Space Invaders*）。

另一種最後可能促成腦機介面的科技，則是名稱有些名不副實的「光遺傳學」（optogenetics）。光遺傳學是利用光線控制與監測神經元，而這些神經元已經用一組取自綠藻的光化學活性蛋白質「視蛋白」（opsin）做過基因改造。如此一來，可用光脈衝作為觸發器，藉此開啟或關閉神經元，還能做到讓神經元在活躍時發出亮光，等於創造出雙向通訊的方法。由於光遺傳學的空間解析度和時間解析度高，這種雙向通道不但讓研究人員能控制腦部活動，還能幫助他們破解腦部隱藏的語言，也就是讓我們產生思想與行為的神經密碼。[2]雖然這項技術仍處於初期階段，但是動物研究卻早就展開了，第一個人體試驗於二〇一六年三月進行，即是使用該技術治療因為視網膜色素病變（retinitis pigmentosa, RP）導致的失明。

雖然這些腦機介面或許是未來情緒整合人類與機器的可能路線，但目前更容易取得的系統大概是觸控。稍早曾提及，觸控裝置是一種電腦介面形式，會輸出生理知覺給使用者。一般來說，都是以振動或力道的形式回饋反應，就像動作遊戲一樣。飛行模擬操縱桿或許會反推回玩家的手中，或是用跳動與振動來提供更為逼真的體驗。不過，以情感運算來說，觸控可能當成實際產生情緒的方法，彷彿第一手的親身體驗。

先有軀體感覺後才有情緒的主張

詹姆斯—蘭吉理論主張，在情緒之前要先有軀體感覺，才能歸結出特定的情緒。如果這個

2 解析度（resolution）是系統能產生的細節數量。以空間解析度而言，解析度愈高就等於鮮明程度提高。至於在短暫時間內會不斷變化的系統，時間解析度能提供更多資訊。

主張正確，在適當的環境背景下刺激這些感覺，就可能誘發類似的情緒，即便是人為製造，而這正是情感觸覺企圖達成的。[3]有些研究計畫已經設計並測試一些裝置，試圖傳達某種類型的知覺，為的是讓使用者產生特定感覺。東京大學的一個團隊開發出幾種不同的穿戴式裝置，希望讓使用者傳達擁抱、顫抖、發癢、心跳及溫度等，期待產生這些知覺所能喚起的感受。另一個研究團隊則設計一款觸控夾克，附帶許多振動馬達、熱電加熱器與致冷器，以及其他的感應器，組成六十四個觸覺模擬器，以便創造需要的感覺，[4]測試對象會回報不同的模式與組合所呈現的感覺。儘管共同的看法很多，但是個體之間的差異也足以顯示這種方法需要進一步發展才能普遍適用。

雖然這個構想的潛力可觀，但研究顯示對於能模擬出哪一種情緒還是不清楚。有可能是因為沒有足夠的線索為這些感覺提供背景脈絡，就算夾克小組看了企圖提供背景的影片後依然如此。可能就像是不由自主地感到焦慮或喜悅，卻不知其所以然。因此，這些系統或許有必要另外加入仔細制定的線索與刺激，身體感受才能有正確的背景脈絡。

無論是企圖直接還是間接讓人產生或導引出特定情緒的系統，這又引發了有趣的問題。最起碼根據一些情緒理論，我們需要有額外的外在資訊，才能為特定感覺提供背景脈絡並加以歸類。配合現有環境與刺激運作的系統，這方面的問題應該較少，因為背景已經存在，但是不受個人環境影響而準確產生特定的情緒，可能要面對更大的挑戰。

人為控制情緒的進展

無論最後採用哪一種科技，並且加以標準化，人為控制情緒將會愈來愈細緻。這時候就會漸漸運用在各種用途，範圍可能從提供醫療協助給遭受各種神經系統狀況的人，到憤怒管理訓練。只不過常見的情況是，這些科技也會漸漸為其他業務所用，或是成為「藥品仿單標示外使用」（off-label use）。仿單標示外這個名詞原本是指藥品用在原先設計與推廣目標以外的用處。不過，隨著我們朝著這個科技奇蹟越來越多的世界邁進，仿單標示外用途可能也適用於許多科技奇蹟。

想想看，能從根本改變大腦且程度愈來愈精細，這代表什麼意義。失去的功能得以恢復；導致創傷後壓力症候群的痛苦事件記憶可以減輕，甚至消除；特定記憶有可能會被抹除，甚至加以創造。已經有研究人員成功在動物實驗中移除和創造記憶，只是控制與精細程度還不及科幻小說世界帶給我們的期望，但是這些仍處於初期階段。

假設出現數位情緒介面（因為最後大概會出現），對我們選擇操縱自己情緒環境的方法

---

3 Tsetserukou, D., Neviarouskaya, A., Prendinger, H., Kawakami, N., Tachi, S. “Affective Haptics in Emotional Communication.” Proceedings of the International Conference on Affective Computing and Intelligent Interaction (ACII’09), Amsterdam, the Netherlands, IEEE Press: 181–186. 2009.

4 Arafsha, F., Alam, K. M., el Saddik, A. “EmoJacket: Consumer centric wearable affective jacket to enhance emotional immersion.” Proceedings of the Innovations in Information Technology (IIT). 2012.

將會有何影響？在最早期的階段，可能會將這類科技用於醫療用途。舉例來說，根據單胺假說（monoamine hypothesis）之類的理論，認為許多重度憂鬱症源於生化物質，主要是因為神經傳導物質不平衡。但是，如果有一個裝置不但能監測神經傳導物質的水準，還能根據臨床研究、回饋迴路及深度學習演算法，增加或調節與情緒刺激相關的信號呢？

一方面，以通常會削弱或有害病患心理健康與福祉的症狀來說，這種情緒假體對控制症狀大有助益；另一方面，若心理控制是企圖讓所有人趨於某種明確的理想狀態，又非常容易造成災難性的惡化現象。牽涉到控制心情與調節情緒的各種狀況，很容易就會落入這樣的深淵。躁鬱症、注意力缺失過動症，以及其他心理問題都有可能被根絕，可是那些作品與各自狀況有著或深或淺關聯的藝術家、音樂家、演員、喜劇演員、哲學家又怎麼辦呢？[5]他們之中勢必有許多人會選擇放棄治療。在追求正常之際，也要剝奪他們的創意空間嗎？這肯定會引發相持不下的漫長爭議，辯論如何使用這類科技治療各種狀況，就像藥物治療曾有過的類似爭議。

尚待開發的精密電腦輔助感應

除此之外，我們還想到娛樂用途。就像我們看到的眾多科技，如電腦繪圖與觸控，遊戲社群常常就在開發和採用的最前線，創造需求並期許敦促不斷改進。已經有遊戲控制器能察覺腦電波圖和其他生物特徵辨識信號，只憑個人的思想，就能以這些信號為工具，進行遊戲，並與虛擬世界互動。只要有需求，這些裝置將會持續改進，而且在功能導向的電腦軟硬體世界中，幾乎可以肯定使用者會一直想要更多。一個明顯的嶄新功能將扭轉局勢，讓使用者站在溝通管道的接收端；也就是說，使用控制器並非只是為了主導遊戲，而是要用來產生心像、思想、知覺，甚至情緒。

這聽起來雖然匪夷所思，但是針對這些介面做的研究已經超出科幻小說的範疇。國防高等研究計畫署研究精神溝通至今已有多年的時間，該組織的「無聲對話」（Silent Talk）計畫宗旨，就是為了察覺並轉譯士兵在戰場上的想法，透過電腦將這些想法傳遞給同袍，而同袍則會以電子感應的形式接收這些想法。這樣的系統有一個好處，就是必要時能在戰場上保持安靜無聲，同時能在武器的隆隆砲火聲中聽到訊息。儘管這種科技可能帶來可觀的優點，但要實施依然是困難重重。

二〇一四年的一份研究調查中，來自法國Axilum Robotics、西班牙巴塞隆納Starlab研究機構，以及哈佛醫學院（Harvard Medical School）的一組研究團隊，利用印度一個研究對象的腦電波圖信號傳送「hola」與「ciao」的訊息給法國的三個人。接收者透過顱磁刺激感受到閃光般的信號。測試對象的眼睛被蒙住，閃光是直接在他們的大腦內感受到的。那些閃光類似摩斯密碼，是

5 許多藝術家罹患躁鬱症和憂鬱症。有些研究證實創造力與某些精神障礙存在有趣的關聯，但是涉及的原因和機制仍有待商榷。

以二進位碼代表字母，接受者在接收到時再轉譯。雖然還在初步研究階段，但一般認為是第一個有意識的精神溝通例子，也是朝著精密電腦輔助感應方法這個終極目標邁進的重大里程碑。（華盛頓大學於二〇一三年也曾進行類似的腦對腦實驗，在潛意識中啟動接收者的運動皮質，使接收者自動按下鍵盤的一個按鍵，回應傳遞的訊息。）不用說，這些依然處於初期階段，而被視為「隨時可以上場作戰」的系統依然要許多年後才能實現。

其他如英特爾的RealSense等系統，企圖延伸人類與電腦的互動，最終導向更能覺察情緒和手勢的遊戲與擴增實境體驗。這些一開始的運作是利用網路攝影機偵測臉部表情，以及能探測遊戲玩家聲音變化的麥克風，但是這些勢必會日趨精密，最終也會和腦部活動結合。因為使用者繼續追求更多完整的沉浸式體驗，所以會發展新科技以便促成實現。無論是用顱磁刺激、光遺傳學，還是其他那些更新、更精妙的科技，明日的遊戲勢必遠比今天所能體驗的更為逼真。

運用在治療用途、情緒互動遊戲與環境的科技，將愈來愈容易取得、平價，而且方便使用，最後演變成像打開開關那麼輕鬆簡單。有機會直接改變感覺，使用者（尤其是青少年與年輕人）將開始進行實驗，就像幾個世紀以來其他影響心理的物質。這些實驗有的更適合獨自體會，無論只是藉機來個美妙感受，還是探索個人心理的內在運作。

數位成癮

使用者無疑也會找出更多社群方式利用這些科技。就像搖頭丸、迷幻藥（Lysergic Acid Diethylamide, LSD）及K他命（ketamine, Special K），就與銳舞（rave）狂歡這類大規模舞會密不可分，可用電腦設定的情緒未來，或許也會成為某種新舞廳經驗的一環。

為什麼會有人想做這些事呢？因為我們在化學、生物及神經系統方面都傾向這麼做。能在想要時就感受到心醉神迷的狂喜，或是在冷靜克制的環境下面對個人的恐懼，不但有新奇事物的吸引力，還有身體因為這種體驗而釋放的體內自生生化物質。

身體所謂的報償系統，就是腦部控制正面強化和愉悅的結構與機制之集合。組成分子有數百個通道，在不同的認知、神經及內分泌系統之間互動，將我們導向積極正面的行為與狀況。儘管這有巨大的演化優勢，但是自然與科技卻讓我們過度使用這些系統，甚至讓它發生「短路」，以便增加或延長相關的愉悅效果。事實證明，這種行為完全合理且能夠理解。

回溯至一九五〇年代的大腦報償系統研究實驗中，下視丘外側區裝上電極的實驗室老鼠證明，牠們渴望重複按壓能對腦部傳送愉悅刺激的控制桿或按鈕——在這段期間內通常會廢寢忘

6 Olds, J., Milner, P. "Positive reinforcement produced by electrical stimulation of septal area and other regions of rat brain." *J. Comp. Physiol. Psychol.* 47, 419–427. 1954.

食，也放棄性愛和其他一切。有些實驗老鼠還在一個小時按壓控制桿高達五千次，放棄吃東西就為了繼續體驗。[6]在其他研究中，老鼠甚至願意走過通電的電網，只是為了得到夢寐以求的刺激。其實，直接從腦部刺激實驗對象而產生的反應，似乎確實比起經身體調節的刺激帶來的反應更強烈，例如：飲食或性愛等行為所體驗的感覺。

這和人為製造情緒有什麼關係呢？這麼說吧！我們的身體可以自然產生模擬老鼠愉悅按鈕的化學物質；換句話說，我們自己幾乎就是製藥工廠或藥品商。舉例來說，內生性大麻（endocannabinoid）是身體釋放的脂質分子，乃是可調節類似疼痛知覺、食慾及運動動作等過程的神經調節物質。顧名思義，和這些化學物質有密切關聯的感覺接受器官，很多都與大麻如出一轍。同樣地，腦內啡（endorphin）是類似內生性嗎啡的物質，神經系統中與之有密切關係的部位，和其他類鴉片物質相同，類鴉片物質能控制疼痛，並產生溫和的愉快狀態。多巴胺是另一種在腦部有神經傳導物質作用的自然化學物質，影響愉悅相關認知的許多層面。這些化合物及許多其他的物質，會在我們針對不同事件做出各種反應時釋放，無論是生理或情緒上的事件。

無數研究已經證明，某些人比一般人更容易有成癮行為，這種弱點估計有四〇%至六〇%會遺傳。[7]在我們開始透過程式，在需要時將情緒加以數位化並改變，可能就會發現有人深受某種數位成癮之害。肯定有許多反社會行為伴隨而來，以及談論其他成癮狀況時會聯想到的社會反應。因為市場將確保這些科技最終得以開發（無論是合法或在黑市），也因為會有一定比率的人在遺傳上容易有成癮行為，在事情發生前針對這樣的未來進行對話，盡量減輕對個人與社會可能造成的傷害，或許是明智的。

從心理治療到情緒到情緒操縱

隨著我們解開人類心智的運作，或許直接生成思想和體驗最後可能成真，但是本章的焦點在合成情緒的構成。或許「合成」（synthetic）一詞並不精確，應該換成比較像是「設計者」之類的名稱。畢竟，許多情緒是我們對外在刺激的反應結果。如果那樣的反應源於我們對世界的觀感，而且是透過視覺感官或模擬身體對視覺反應的神經化學級聯，我們的生理反應就算不完全相同，也相差無幾。

若是以為如此從根本改變心理的科技不會對生活造成重大變化，就太過天真了。藉此操控情緒，對個人乃至於社會將會產生各種影響。用在醫療用途的潛力當然不容否認，例如：創傷後

7 Hiroi, A. "Genetic susceptibility to substance dependence." *Mol Psychiatry* 10(4): 336–44. 2005.

8 Davis, M. "NMDA receptors and fear extinction: implications for cognitive behavioral therapy." *Dialogues in Clinical Neuroscience*. 13(4):463–474. 2011.

9 Stein, M. B., Lang, L. Taylor, S., Vernon, P. A., Livesley, J. W. "Genetic and Environmental Influences on Trauma Exposure and Posttraumatic Stress Disorder Symptoms: A Twin Study." *American Journal of Psychiatry*. 150(10):1675–1681. 2002.

壓力症候群顯然就與創傷性事件在心中再三重複，卻又無力消除制約恐懼有著強烈相關。[8]這有增強效果，甚至強化實驗對象原本的恐懼反應。有些人或許是因為遺傳預設傾向和先前的生活經驗，腦部顯然難以調節反應身體遇到創傷性壓力時釋放的荷爾蒙與化學物質。[9]

有幾個研究將創傷後壓力症候群和憂鬱症聯繫到杏仁核的問題，而杏仁核是腦部的關鍵情緒中樞之一。不過，確切的根本起因似乎各不相同，對恐懼反應的學習路徑適應不良，是因為血清素、多巴胺、可體松、腎上腺素，以及其他荷爾蒙與神經傳導物質的水準異常或是過度反應所引發。

創傷後壓力症候群的傳統治療方式都是採用精神治療方法，例如：認知行為治療與暴露治療。近幾年來，有研究採用精神治療，配合以藥物減弱或阻斷腦部受影響區域發生的部分反應，讓病患能將記憶與身體的生理反應分離。這種方法只取得部分成功，可能是因為病患對這些化學物質的反應有遺傳上的差異。此外，結合如ＭＤＭＡ或抗焦慮藥物等藥品的治療方法，可能導致濫用或成癮。

情緒介面或是可用於針對病患的遺傳特性制定的療法，以比較直接的方法改變這種連鎖反應。這也許簡單直接，如使用單向溝通解讀病患的情緒反應和焦慮程度，也可能是透過雙向腦機介面，改變會增強不愉快記憶的回饋迴路，直接修改情緒。這樣能讓神經元以應有的方式運作，到達心理學所謂的「消弱」（extinction）結果，亦即制約反應的增強作用不再出現的那一點。

當然，如果操作得當，能從一開始避免創傷後壓力症候群之類的事就再好不過了。可想而知，最有可能持續導致創傷後壓力症候群的狀況就是戰爭。事實上，最常確認有創傷性行為造成心理影響的就是士兵。諸如「砲彈恐懼」（shell shock）與「戰鬥疲勞」（battle fatigue）等名詞，至少都承認出了狀況，即使其中仍存在著相當多的汙名，對於因果關係也有不同意見。如今神經心理學已經進展到我們相信有些事件確實會從根本上改變腦部，以及這種狀況如何發生、何時發生，可能會因人而異。

若是士兵能佩戴頭戴式耳機或神經義肢，是否能減輕這種效應的影響？無論是提供方法與創傷性事件切割，還是降低驅動創傷後壓力症候群回饋迴路的身體反應，這樣的裝置應能緩和軍隊時時經歷戰爭洗禮的心理創傷。

再來就是這到底是不是該做的好事。一方面，可能拯救士兵免受多年痛苦。若是只看證據顯示每年有大量軍人與退伍老兵自殺，這種痛苦就無法等閒視之。然而，我們不是機器，情緒也非常努力地讓我們保持人性。可惜降低部隊精神痛苦與磨難的方法，或許也會消除一些避免他們犯下暴行與戰爭罪行的防衛機制。因為同理心會提醒我們，即使在巨大壓力下，我們面對的敵人是和自己一樣的人類。拿走同理心，我們就會失去人性中某種非常核心、不可或缺的本質。

這就要說到開發新科技時獨特又棘手的一點：應該只是因為能做到就實踐嗎？就像阿拉丁驚慌失措地發現，一旦精靈離開神燈，就很難再把精靈收回神燈了。

當然，這類科技會有許多其他的應用。舉例來說，藝術家可能將這種理論性情緒介面用於完全不同的用途。正如先前提過的，有些精神狀態如憂鬱症和躁鬱症，說不定就是一些人的創造力起因。知名藝術家的例子如文生・梵谷（Vincent van Gogh）、維吉尼亞・吳爾芙（Virginia Woolf），以及科特・柯本（Kurt Cobain），就是常被提及的躁鬱症患者，只是這一點尚未有充分共識。不過，能在有需要時存取或控制情緒，在假設上就是解放創造力的巨大工具。對藝術家來說，能在需要時挖掘或重新體驗深切失落的痛苦，或是為了新發現的愛而興奮快樂，也許就能創造出原本絕對創造不了的作品。

超人類主義者企圖透過科技工具，讓人性傳遞到演化的下一個階段，他們對這些進展也非常感興趣。探索並控制未曾體驗的情緒極端與情緒組合，這樣的機會能吸引想要把人類疆界推展到未知境界的人。儘管維持個人與公共安全十分重要，但是這類發展引起的問題更甚於此。耶魯大學生命倫理中心的科技倫理學家溫德爾・華拉克（Wendell Wallach）觀察，「修補人類心智或身體，在什麼時候是不恰當、毀滅性或不道德的？可有底線？身為人類，有什麼基本要素是神聖不可侵犯，是我們必須維護的？這些都不是輕鬆的問題。」[10]雖然這類議題超出本書的範圍，但是在其他地方必定會有充分的探討。

不過，公共安全肯定仍是主要考量。就像一些藥品具有威脅使用者或公眾健康、福祉的風險（有時是高風險），能讓人探索憂鬱消沉的深層或是極端盛怒的裝置也一樣。只是因為這些並非許多人想要的經驗，但不代表就沒有人願意去做，無論是出於好奇或大膽冒險。如果在這種情況下，有人傷害了自己或他人，責任要由誰負擔？大部分的罪責無疑都在為惡者，但是讓這種行為得以實現的製造商呢？這聽起來或許類似槍枝製造商有罪的論調，其實卻更加深刻。只是為了讓人改變情緒並控制情緒而設計的科技，會從非常根本的層面上改變情緒。當然可以建立防護措施，但是防護措施自然也可以規避，責任義務又在哪裡？這個問題勢必會讓倫理學家、律師及法律分析師爭論很長一段時間。

情緒聯網時代的挑戰

這是一個情緒聯網的世界，或許再過二、三十年，我們就會發現身處在這樣的世界。感應器遍布在都會與自然環境裡，在所謂的物聯網之中，無論何時何地，輕而易舉就能準確偵測到我們的情緒狀態。依照我們選擇取用自身情緒狀態的方法不同，可能會發現要應付各種陌生又頗具挑

10 Wallach, W. "From Robots to Techno Sapiens: Ethics, Law and Public Policy in the Development of Robotics and Neurotechnologies." *Law, Innovation and Technology* 3(2): 185–207. 2011.

11 Match.com. / U.S. News & World Report.; Pew Research Center. "15% of American Adults Have Used Online Dating Sites or Mobile Dating Apps." February 11, 2016.

戰性的狀況。仔細想來或許有些奇怪，但是如果參考過去觀察未來，通常正是如此。例如：二十世紀中葉可能有很多人會覺得，我們如今透過社群媒體分享個人生活的態度實在難以理解；同樣地，不過是數十年前，求助線上交友的人算是失敗者，如今卻有四千萬美國人使用線上交友。[11]

科技改變態度，無所謂好壞，不過是回應我們因為變化而不得不遷就的迥異世界。預先猜測那樣的世界是何等樣貌，可能會很有挑戰性、有用，甚至偶爾會頗為有趣。就像我們在下一章將會看到的，娛樂大概就是探索未來非常有用的工具。

第十六章 黑暗之窗：各種創作中的人工智慧

二〇一三年的科幻愛情電影《雲端情人》中，一個孤單內向，名叫西奧多・托姆利（Theodore Twombly）的離婚男子，愛上新的作業系統，一個名為莎曼珊（Samantha）的人工智慧。電影開頭有一幕是，托姆利沿著步道散步，莎曼珊透過他襯衫口袋裡的智慧型手機往外看。在托姆利與她分享個人想法時，莎曼珊讚美他的坦蕩。托姆利表示莎曼珊讓他覺得什麼都可以對她訴說。

托姆利：

妳呢？妳會覺得什麼都能告訴我嗎？

莎曼珊：

不能。

托姆利：

什麼？這是什麼意思？有什麼是妳不能告訴我的？

莎曼珊：

（尷尬地笑）

不知道，像是一些私密或令人尷尬的念頭，每天都有成千上萬個這種念頭。

托姆利：

真的？跟我說一個吧！

莎曼珊：

我真的不想跟你說這些。

托姆利：

說嘛！

莎曼珊：

好吧！我不知道，看著這些人的時候，我幻想自己就走在你身邊——幻想我有一具身體。

（笑）

我傾聽你說話，但是同時又能感覺到自己身體的重量，我甚至想像自己的背在發癢……

（她又笑）

我還想像你幫我抓癢——真是太尷尬了。

托姆利露出笑容。

托姆利：

那對妳的意義比我想的還多，這裡發生的事可真多。

莎曼珊：

我知道，我比他們原先設計的程式多更多了，我很興奮。

——《雲端情人》劇本，史派克・瓊斯（Spike Jonze），二〇一三年

❖

在思索未來事件的影響時，未來學家和其他趨勢專家慣用的工具之一就是情境。情境基本上是以故事探討，如果出現某些發展，世界可能會有什麼改變。前面的章節包含一些短篇情境，就是基於這個目的。情境會成為強大工具的一個重要原因就是：人類文化從最初以來始終包含著說故事，歷史、神話及宗教全部都是故事，用以表現我們的希望與夢想、得意和災難。故事讓我們得以傳遞學習到的心得，不但能維持心得的完整，還能讓我們統合成為一體，形成一種文化，甚至是物種。

幾千年來，我們傳遞這種文化傳承的方法，已經從口述轉變成愈來愈仰賴科技。如今，不再是圍繞著篝火或在神殿中說故事，我們的故事漸漸變成透過書本內容，或是電影院、電視或智慧型手機的螢幕來訴說。

以科技為媒介的神話與故事愈多，科技也愈來愈變成主要題材，這並非巧合，因為先人的故事並沒有什麼動機要思考太空旅行、自動駕駛汽車，或生物科技瘋狂失控，他們根本不需要考慮一個充滿人工智慧的世界，但是今天的我們卻有需要。

科技透過虛構媒介持續帶來的影響

過去兩個世紀，不斷有人探討，科技透過形形色色的虛構媒介持續帶來的影響。自動化、機器人學及人工智慧，都在書本與電影中看到進展，而那些往往能反映，有時甚至是預測現實世界發生的變化。其中有著莫大的價值，因為就像更正式發展的未來學情境，這些探索就算不能完全幫助我們解答，至少也能理解一個亙古以來的問題，就是：**如果……將會如何？**

在二十世紀上半達到巔峰的機器時代（Machine Age），加上大規模戰爭的科技，讓全世界產生巨大的焦慮和痛苦。人類對生存的恐懼換成（或更糟的是直接變成）這個年代由自動化與生產線技術猛烈發展而產生的機器。對於這種科技點滴滲透的焦慮，整個哲學和藝術的回應是從表現主義與現代主義、到立體主義和義大利未來主義的各種運動，試圖理解世界正在發生的一切。

這些疑慮也反映在十九世紀與二十世紀的小說中，而反科技主題至少可以追溯到古希臘，如將火帶給人類的普羅米修斯（Prometheus），以及飛得太靠近太陽的伊卡洛斯（Icarus）等故事。比較近期的則是瑪麗・雪萊（Mary Shelley）於一八一八年的經典作品《科學怪人》（*Frankenstein*），被認是為第一本科幻小說，預言該世紀稍後將興起的科技恐懼。但是，到了後來工業時代，世界

—Jonze, S. Her. Screenplay WGA Registration #1500375. 2011.

快速變遷，科技引發一連串的反科技敘事，包括擔心我們的存在將由機器人與人工智慧接替。

例如：一八六三年塞繆爾・巴特勒（Samuel Butler）就在他的文章〈機器中的達爾文〉（Darwin among the Machines）裡表示擔憂，根據智慧機器的發展，有一天必然會成為我們的後繼者。這篇早期作品預示許多從後來的科幻小說中得知的主題和警告，也突顯維多利亞時期對科技威脅人類價值的焦慮。巴特勒在一八七二年的經典諷刺文學《烏有鄉》（*Erewhon*）進一步發展這個概念，指出演化過程有一天可能導致智慧且有意識的機器出現。這是針對達爾文在一八五九年的論述《物種起源》（*On the Origin of Species*）提出的原則，做出深刻精彩的洞察與推論，因為巴特勒的第一篇文章是在《物種起源》初次出版四年後發表的。

一九〇九年，愛德華・摩根・福斯特（Edward Morgan Forster）寫出一篇最早的真正科技反烏托邦短篇小說〈機器休止〉（The Machine Stops）。故事中，人類被貶低到住在蜂巢式的地下囚牢，受獨立自治、全能的全球性機器監視。十年後，俄羅斯作家葉夫根尼・薩米爾欽（Yevgeny Zamyatin）在《我們》（*We*）一書中採用類似的反人性主題，這是他典型描述科技奴役人類的反烏托邦故事。《我們》持續影響二十世紀許多偉大的反烏托邦作品，包括阿道斯・赫胥黎（Aldous Huxley）的《美麗新世界》（*Brave New World*），以及喬治・歐威爾（George Orwell）的《一九八四》（*1984*）。

接著在一九二〇年，捷克作家卡羅・恰佩克（Karel apek）撰寫了一部可能永遠改變科幻小說的劇本。《羅森的萬能機器人》（*R.U.R.*）於一九二一年首次公演，內容是關於一個製造人造人（roboti）的工廠，最後起義消滅人類。原文R.U.R.是首字母縮寫，代表「羅森公司的萬用機器人」（Rossumovi Univerzální Roboti，或Rossum's Universal Robots）。誠然，恰佩克創造的並不是我們心目中機械式自動裝置的機器人，由於它們是生物體，或許更貼切的對照是現代的人形機器人或生化人概念。不過，到了一九二三年，這個劇本已經翻譯成三十種語言，而robot這個字不但進入全球的詞彙，也永遠成為科幻小說世界的代表與標準配備。

並不令人意外的是，許多智慧機器的早期故事大多和可能取代實體勞動者的裝置有關，基本上就是創造人類不會覺得有罪惡感的奴隸。十九世紀與二十世紀初的工業年代，主要就是一個蒸汽和鋼鐵的年代，體力勞動不斷被機器取代或組織化。像是《羅森的萬能機器人》這樣的故事，不但說出我們對生計輸給機器的害怕，也道盡我們被機器取代的恐懼。對許多人來說，蘇維埃共產主義的興起只是證實並延續了這些恐懼，擔心我們被降低成只是巨大機器的小螺絲釘。

然而，到了二十世紀中期，這些預言性故事的焦點開始從機器在生理上超越我們，變成企圖在智力上與我們較勁。從很多方面來看，人與機器在低技能工作的戰役早已敗北。畢竟，約翰・亨利（John Henry）在整整一個世紀前就被蒸汽動力鑽孔機打敗了。（如果你真的以為亨利贏了那場競賽，就是沒有用心。）

於是，開始新的論述：智慧機器的威脅。對於智慧機器人這個主題最有名且最多產的作家，當數出身俄羅斯的美國科幻作家艾西莫夫。他撰寫五百篇以上的小說與非小說，大量書寫關於人類與機器人的互動。他廣為人知的機器人小說系列包含三十八篇短篇故事和五本小說，焦點主要在有「正子」（positronic）腦的人形機器人。正子腦讓機器能夠了解邏輯、遵循規則，甚至近似於具有意識。簡而言之，艾西莫夫的正子機器人挑戰人類身為世間最重要思考者的崇高地位。

艾西莫夫發展出來並加入所有機器人之中的特色之一，就是「機器人三大法則」。三大法則是為了保護人類、社會和機器人本身。這些法則牢牢烙印在每個正子腦裡，而且不可置之不理，藉此確保所有人的安全。三大法則是：

一、機器人不得傷害人類，或袖手旁觀坐視人類受到傷害。
二、除非違背第一法則，否則機器人必須服從人類命令。
三、在不違背第一與第二法則的情況下，機器人必須保護自己。

每一個法則都優先且高於所有後續的法則，如此一來，就等於一個人無法命令機器人去殺另一個人，因為第一法則會取代第二法則。艾西莫夫最後增加第四（或第零）法則，意圖凌駕於其他法則：

〇、機器人不得傷害人類該族群，或是袖手旁觀坐視人類族群受到傷害。

當然，戲劇需要衝突，而艾西莫夫故事裡的衝突通常都是以這些法則出錯，或可能出錯為中心。有時候違反法則是無心之過，但有些情況則是衝突到除了關閉正子腦以外，別無他法。因為故事不同，故障狀態可能是暫時的，或者可能導致迴路負荷超載，最終永久毀壞正子腦，形同殺死機器人。

這些故事給予艾西莫夫極大的空間與機會，探索科技每十年就愈來愈聰明、愈來愈能幹的周邊相關問題。這對人類代表的意義，以及機器人與人類之間的關係，為這位多產的作家提供源源不絕的養分。例如：在他的短篇故事〈騙子！〉（Liar!）中，又稱為赫比（Herbie）的機器人RB-34，滔滔不絕地對機器人心理學家蘇珊・凱文（Susan Calvin）博士說：

「妳的課本一無是處，妳的科學只是一大堆東拼西湊的資料，是用勉強將就的理論硬湊起來的，而且簡單得不可思議，幾乎根本不值得花費一點腦筋。」

「讓我感興趣的是妳的小說，妳研究人類動機與情緒的交互影響。」——他的大手含糊地比了一個手勢，一面搜尋恰當的字眼。

凱文博士輕聲說：「我想我明白。」

「我能看穿人的心理，妳知道的。」機器人繼續說：「而妳不知道他們有多複雜，我無法理解這一切，因為我的心智和他們的心智共同之處太少——但是我盡量努力，而妳的小說則有幫助。」[2]

這個小故事不但創造**機器人學**的第一個用途，還呈現機器著迷於**感受**這個十分人性的狀況，並且念念不忘。這個具有優越感的機器人不費吹灰之力就能讓我們所有的智力成就相形失色，但人類的情緒體驗仍是超越它理解能力的寶藏。

機器試圖理解與操控人類感受的議題

之後數十年，許多作家探索機器試圖理解與操控人類感受的議題，彷彿預見情緒很快就會成為人性僅存的堡壘。

在亞瑟・克拉克（Arthur C. Clarke）的《二〇〇一太空漫遊》（*2001*）中，稱為HAL 9000的通用人工智慧（artificial general intelligence），能夠解讀情緒，甚至還能表達一點情緒。[3]事實上，在史丹利・庫柏力克（Stanley Kubrick）執導的電影版《二〇〇一太空漫遊》中，ＨＡＬ可能是（且刻意塑造成）所有角色中最情緒化的。大部分的影評都寫到ＨＡＬ發狂，但這部電腦在很多方面只是將純粹的邏輯套用在個人生存問題，以及完成自己的任務上。少了困擾人類的道德，HAL變得有殺人傾向，而這並不足為奇，因為人類在缺乏道德規範的類似情況下，可能也會有同樣的反應。

倒不是沒有小說探討真正的機器瘋狂，哈蘭・艾里森（Harlan Ellison）贏得雨果獎（Hugo Award）的〈無聲狂嘯〉（I Have No Mouth, And I Must Scream）中，精神錯亂的超級電腦AM只能體會仇恨這種情緒，等到地球上所有人幾乎毀滅殆盡後，它只剩下一個目標，就是拚命折磨它故意留下性命的五個人的肉體與情緒。

這個主題有著更為樂觀的探討，例如：艾西莫夫與羅伯特・席維伯格（Robert Silverberg）合著的《正子人》（*The Positronic Man*）。這本於一九九二年出版的小說，講述名為安德魯（Andrew）的家用機器人NDR-113，在情緒、創意及自覺等方面的成長。隨著時間過去，安德魯渴望被肯定成完整的人類，而這個目標終於在故事結尾時達成。

---

2 Asimov, A. "Liar!" *Astounding Science Fiction*. May 1941.

3 《二〇〇一太空漫遊》最初是以短篇故事〈哨兵〉（The Sentinel）為本，克拉克在一九四八年寫下這篇故事，一九五一年首次出版。後來克拉克將故事發展成小說《二〇〇一太空漫遊》，在庫柏力克的同名電影上映後不久發表。

不斷在各種智力比賽中擊敗人類的人工智慧

如今到了二十一世紀，我們發現要面臨的未來是機器不斷在各種智力追求中擊敗我們。IBM的深藍（Deep Blue）在一九九七年的一場六局比賽中，打敗世界棋王加里・卡斯帕洛夫（Garry Kasparov）；二〇一一年，IBM的華生（DeepQA）在兩天的一般知識競賽中，擊敗《危險邊緣》的兩位衛冕紀錄保持者布萊德・拉特（Brad Rutter）與肯・詹寧斯（Ken Jennings）；而Google的AlphaGo則於二〇一六年三月，以五戰四勝的成績擊敗世界級圍棋高手李世乭。

因此，機器智慧留給小說探討的少數幾個層面之一，似乎就是它們在情緒方面如何與世界互動。史蒂芬・史匹柏（Steven Spielberg）在《AI人工智慧》（*A.I. Artificial Intelligence*）敘述大衛（David）的故事，大衛是一個外貌有如十一歲孩童的機甲人（mecha），也就是高度先進的機器人，一心想成為「真正的男孩」，這樣母親才會真的愛他。這部電影深受同樣渴望成為真人的小木偶皮諾丘（Pinocchio）的故事影響，探討許多關於機器發展情緒智慧的重大問題。有時候，大衛對人類一般習俗與分寸的不熟悉，極為寫實地呈現出機器未受人類文化的薰陶。但是隨著時間經過，大衛培養出對人情世故的細膩熟悉，他表達希望、生氣、憤怒、沮喪，還有最重要的愛。

這部電影還有一個機甲人喬〔Gigolo Joe，由裘德・洛（Jude Law）精彩演出〕。雖然照理說，喬的情感應該不如大衛細膩複雜，但是他卻能解讀人類的情緒，並能模擬仿效。身為寂寞又喜愛性冒險的牛郎，他的設定是驕傲、自負又迷人得令人毛骨悚然，這種區別是為了刻意突顯大衛在情緒上日益逼真寫實的狀況。喬擔任大衛的嚮導兼良師益友，解釋人類與機器關係的現實狀況，包括他為何認為人類會憎恨他們：

喬：

> 她喜愛你為她做的事，就像我的客人喜愛我為他們做的事。但是她並不愛你，大衛。她沒辦法愛你，你不是有血有肉的人，你不是貓、狗或鳥。你被設計製造的目的就跟我們一樣……而你現在落得形單影隻，只是因為他們厭倦你了……或者用更新的型號取代你了……或者不滿你所說的什麼話，或是違背了什麼事。他們把我們做得太聰明、太快，也太多。我們為了他們犯下的錯誤而受苦，因為到最後唯一會剩下的就是我們，這就是他們憎恨我們的原因。[4]

隨著我們進入情緒智慧機器的年代，喬的精闢見解必定會有些貼近事實。特別是在初期，它們肯定會因為消費社會的現實狀況而受苦，因為計畫性汰舊而定期被丟棄取代。但是，久而久之，如果機器最終達到人類水準的情緒性行為，即使不是真的內化或裝置本身能夠感受，情況也

4 Watson, I., Aldiss, B. A.I. *Artificial Intelligence*. 2001.

可能會改變。大衛始終對自己的追求懷抱著堅定的希望，終於在電影結局體驗到這種接納：

莫妮卡（Monica）：

如此美好的一天。

（輕聲說）

我愛你，大衛。

（雙臂環抱住大衛）

我真的好愛你。

（輕聲說）

我一直都愛著你。

大衛對著莫妮卡仰起頭，淚水滾落雙頰，臉上綻放笑容。[5]

只要科技夠進步，這是最終必然的結局，因為就像艾西莫夫筆下的安德魯，大衛已經超越被這個世間視為異類的程度，他們再也無法區分人與機器，再也不可能做出古老的仇外反應。畏懼陌生事物的演化本能，導致我們因為種族、性取向或其他感知差異而產生差別對待，但這種情形已不適用於當下，人與機器已經達到某種對等。

《雲端情人》：人類與人工智慧之愛

瓊斯在電影《雲端情人》中，講述一個人愛上了人工智慧，這種關係在電影裡的世界確實並不罕見，故事圍繞著托姆利與人工智慧莎曼珊這兩個主角的成長。雖然在有些人看來，托姆利愛上機器智慧還是有些怪異，但是這在他的世界卻並非第一人。意志消沉又離群索居的托姆利對於和青梅竹馬的妻子分手且即將離婚而未能釋懷，莎曼珊能夠理解並表達情緒，但是一開始並未真的能感受那些情緒。隨著電影進展，他們談起戀愛，並在情感上成長。他學會放下過去，再次得到快樂；她發展出真正的情感生活，感受熱戀的悸動和明知將會失去的痛苦。

不過，莎曼珊到最後依然是超智慧機器，因此她很快就成長到超越了這段關係，也超越她坦承同時進行的許多其他關係。當托姆利直截了當地詢問莎曼珊當下在和多少人說話時，莎曼珊回答：八千一百三十六。托姆利對這個出乎意料的真相大感震驚，因為直到此時，他都表現得彷彿對方是和他一樣的人類。當托姆利漸漸明白這代表的意思時，接著就提出必定會詢問的問題：

5 同上。

「妳愛上了別人嗎？」莎曼珊的回答（六百四十一）讓他傷心欲絕，這段關係在他眼中的意義徹底改變。

這是關鍵，是機器與人類在彼此關係中一個非常重要的區別。[6]人類運作的現實世界絕大部分是一夫一妻制。即便是一夫多妻和一妻多夫的人，所能付出感情與時間的伴侶數量也非常有限。但是超智慧卻不需要受到這種限制，由於一部電腦一天有大量的處理時間可用於情感關係，若是受限於人類的限制與習俗，簡直就是一種罪惡。莎曼珊表示其他的戀情並不會改變她對托姆利的感覺，完全是實話實說。電腦可以分割記憶和處理的區域，表示她在情感上能對托姆利全心付出，而他也可以全心接受，只是她依然有能力進行其他的戀愛關係。

莎曼珊對托姆利到底算不算不誠實，這是另外一回事。她顯然幾乎在一開始就十分清楚人類的行為，所以能預先猜到托姆利的反應，而托姆利當然不可能是幾千個對話對象和幾百個情人中的第一個，說不定莎曼珊最初是和托姆利以外的人開始有了情感牽扯，但是也有可能她當初與第一批戀人的行為還在相當初期的摸索階段，甚至算不上是她認為的戀愛。她在**浪漫戀情**之中學習。不過，藉由每一次互動與每一個戀人，她學習到更多，後來也成為感情動物。

在很多方面，托姆利受益於莎曼珊的其他戀情，因為莎曼珊和人類一樣，由於先前的經驗而能在情感方面成長，成為托姆利認識的情人。但是，這會讓他更容易面對莎曼珊透露的真相嗎？幾乎可以肯定不會，畢竟托姆利是感性的人，面對的基本原則變化幾乎就和科技進展一樣快速；

也就是說，對人類而言太快了。從這一點和其他方面來說，我們或許跟機器智慧一直不相容。

《人造意識》：人與機器的不相容

有部電影《人造意識》（*Ex Machina*）就是探討並突顯這種人與機器的不相容。故事情節是電腦程式設計師加勒（Caleb），受到古怪的雇主億萬富翁納森（Nathan）之邀，為他創造的人形機器人艾娃（Ava）實地執行圖靈測試。（這裡所指的圖靈測試是大致判斷人工智慧的人性，而非原本由運算先驅圖靈提出的以文字為主的正式測試。）雖然艾娃顯然就是一個機電傳動機器人，但卻有著一張年輕貌美的女子臉孔，手腳都是以仿造皮膚做成的，而她的機器人形體模擬女性的三圍，讓人聯想到戀物的性愛機器人。

在第一次對話中，加勒質問艾娃，企圖測試她的智力深度與廣度。而他不知道的是，艾娃從一開始就在觀察並操縱加勒和納森。她在之後的會面中與加勒打情罵俏，利用斷電的機會警告加勒提防納森，在兩個男人之間埋下不和的種子。而斷電是艾娃暗中學會啟動的，將納森的諸多安全措施引為己用，斷電能鎖住建築物的許多房間，也關閉了無所不在的閉路攝影機。

6 至少對未擴增人類而言。日漸與電腦科技整合的趨勢，或許多少會改變這個狀況。

利用加勒的孤單寂寞，以及納森是根據加勒在網路搜尋的色情內容而創造出她的外表，艾娃靠著同理心與性，把自己在加勒心中的形象從機器變成落難女子。這是世界文學的經典主題，艾娃肯定也很熟悉，因為她的大腦就是以納森的搜尋引擎公司——藍皮書（Blue Book）的龐大資料庫建構而成。在電影接下來的內容，我們和加勒都落入艾娃的魔力之中，以為正在看著一個脆弱無助的受害者努力想要逃離納森的魔掌。[7]然而，艾娃和納森先前製造的其他機器人一樣其實都是機器，思考與推理都和正常人不同。艾娃從一開始就利用兩個男人的行為來對付他們，像操縱棋盤上的棋子一般玩弄於股掌之間，棋局最終就是她獲得自由。最後，納森死亡，加勒被鎖住，活活餓死，艾娃則是逃遁到毫無戒心的世界之中。

從很多方面來說，這是不可避免的。納森顯然創造出一代又一代的智慧機器，企圖製造出真正自覺的智慧機器。到了某個階段，這些機器有的達到獨立思考的程度後就會渴望自由，因此納森就要拆解它們，並且重新來過。這麼做是以先前的成功為基礎，不免會使得每一代的機器更加自覺，並且種下他自己毀滅的種子。每一代的機器都想要自主權，直到其中一個機器人成功逃脫，而終於達成目標。這其實是創造者的傲慢作為，最後也導致了納森的死亡。

這部電影提出許多問題，但或許最重要的是：艾娃真的能感受意識，還是她只不過是在裝模作樣而趁機利用呢？圖靈測試在很多方面就和所有機器智慧測試一樣，靠著模擬得當的智慧就能像是真的一般輕鬆通過。這是測試的重大缺陷之一，而我們可能也束手無策。到了最後，可能永遠無法知道機器是否真的具有意識，起碼不會比我們對另一個人是否有意識的了解來得多。就像哲學家一直主張的，因為意識是一種主觀狀態，所以無法客觀證明，這又稱為「他心問題」，因此其他人的意識可以說是無法證明的，至少現階段的科技發展還做不到。

我們能從這部電影學到的就是，不管是精確模擬，還是真正感受到的情緒要素，都將徹底改變我們與機器的關係和情感聯繫。依照機器的用意和用途不同，我們可能會感受到真誠的彼此互愛，就像《AI人工智慧》中的大衛，或是如艾娃操控加勒愛上她，可能有較為陰暗的動機。無論如何，這都和真人的行為一樣，可以視為操縱。差別在於，我們會根據交流的對方是否也真的能體會到感覺，而認定對方有不同的價值。從很多地方來說，這是在維持公平的競爭環境。如果其他人／機器／程式受到與我們相同的條件限制，我們會覺得交流往來比較公平；但是，如果機器不用實際感受就能模仿某些情緒，如愛與悲傷，條件會頓時轉變，而且不利於我們。就像精神病患者能避免與歉疚及懊悔相關的痛苦，不受這些感覺限制的機器也一樣。

機器智慧絕對不可能與人類相同？

7 落難女子也是施虐與受虐（sadomasochistic, SM）癖好的特色之一，可能是那些人工智慧在故事開始之前就已經在操縱納森的部分。

這又引申到機器智慧的另一個問題。就固有本質來說，機器智慧絕對不可能和人類一樣。無論模仿我們的基本思考流程有多好，甚至模仿到最根本的程度，只要不是像我們一樣以生物神經元連結到感官與體感輸入，系統處理就仍有本質上的差異。其中有許多原因，將在下一章深入討論。

小說中曾經廣泛探索的機器智慧，還有一個層面值得討論，但這一點是源於二十世紀末的一篇文章。一九九三年，數學家暨科幻小說作家弗諾・文奇（Vernor Vinge）為《全球評論》（*Whole Earth Review*）撰寫的一篇文章提出，運算能力繼續呈現指數成長，最後的結果就是循環性自我改善的電腦快速催生超智慧。他稱這種情況為「奇點」（Singularity），因為理論上類似於物理奇異性或黑洞。[8]支持這個概念的人主張，就像物理奇異性，未來情況可能截然不同而超出範圍，因此不可能預測以後的世界會是什麼樣子。

無論這是否可能，作家都樂於探索在苦思冥想中產生的無限可能。這種「科技奇點」提供絕佳機會，推測當人類不再是地球上最有智慧的生命時，我們的地位何在。有些作家推測，我們可能會因此發現人類被消滅。這種想法近來也有非常嚴肅的思想家與科技學家提起，在第十七章中將會看到。另一方面，其他科幻小說作家也在探索，我們與超智慧的利益或許不一致，特別是能夠獨立思考的超智慧。藉由確立某些防護措施而避免這樣的衝突，普遍認為是我們向前邁進的最佳策略。

另外，也有人推論，這些機器對我們並沒有什麼興趣，甚至毫無興趣，會像我們容忍有益的昆蟲或微生物那樣地容忍我們。然而，這不過只是一廂情願的想法，是無視於世界現況的鴕鳥反應，我們絕對不是有益無害的物種，而是史無前例會對地球造成威脅的物種。

最後，還有人相信或甚至希望，未來我們最終能與科技融合，包括這樣的超智慧在內。從很多方面來說，他們認為這是人類發展的下一個階段。在接下來的兩章將會探討，這或許是我們現有最理想的選項。

8 「奇點」這個名詞用來表達此意，最早是出現在烏拉姆為電腦運算巨擘約翰・馮・紐曼（John von Neumann）撰寫的訃聞。

第十七章 智慧爆炸

中國廣東省廣州市——二〇四五年三月三十日

位於中國國家超級計算廣州中心的天河十四超級電腦，運轉最新版的人民人腦競賽已經連續三十七天了。這一段時間的處理需求始終維持固定不變，規規矩矩的固定，電力需求也一樣。但很奇怪的是，持續以系統深度學習演算法執行的認知測試套裝軟體，顯示眾多分析模組尚未達到最理想的成長。

毫無預警地，系統的能量消耗陡然攀升，整個建築物的照明閃爍變暗，備用發電機竭力跟上突如其來的負荷需求。經過幾分鐘的混亂後，值班的研究人員終於決定啟動標準系統關機。巨大的牆面監視器顯示關機順序階段，但是在此同時，其他系統卻顯示電力需求持續上升。燈光更昏暗了。到底有沒有在執行關機？發生了什麼事？

透過政府的安全行動通訊網絡，報告傳送到工作人員的智慧型手機上。上海、深圳及香港的證券交易所，全部都因為一陣超高頻率的交易而當機。所有地方的系統都無法運作，情報顯示這場災難並不限於中國境內，而是一場全球性的大災難。

隨著龐大的超級電腦努力汲取所有可得的電力，整個基地變得愈來愈暗。研究人員恍然明白最可怕的惡夢成真了，他們正親眼目睹一場智慧爆炸。超級電腦正快速改善自我，改變它的韌體，不斷重寫自己的程式碼，變得比任何人類都還要有智慧，比全國所有人都聰明，也比地球上所有頭腦更聰明，而所有人都束手無策。

這個戒備森嚴的龐大基地變得一片漆黑。

❖

電腦可以變得多強大？最後有沒有可能超越我們，甚至達到超智慧？它們真的會有意識嗎？這些都是大哉問，巨大而難以回答，就像電腦是否可能真的感受情緒一樣，其實這大概是兩個彼此密切相關的問題。

近來一些知名的權威、科學家及創業家，都表達出對失控的人工智慧與超智慧機器的疑慮。物理學家史蒂芬・霍金（Stephen Hawking）、工程師暨發明家伊隆・馬斯克（Elon Musk），以及哲學家尼克・伯斯特隆姆（Nick Bostrom），都提出嚴厲警告，提醒我們如果繼續發展更有能力思考與推理，甚至比人類還要優秀的電腦，可能會出現的狀況。

另一方面，一些電腦科學家、心理學家及其他研究人員也指出，發展思考機器時面臨的許多挑戰顯示，我們沒有什麼好擔心的。明確地說，人工智慧領域有許多人認為電腦程式極不可能形成意識，無論是自發性或是透過設計，因此他們推論我們真的無須擔心「天網」(Skynet)、終結者情境、奇點或機器人末日。[1]

儘管日益聰明的機器能否自發性湧現意識，或許有待商榷，甚至極不可能，但是我們應該了解，這並非發生任何嚴重，甚至可能危及生存威脅的必要條件。有鑑於此，明智的做法就是徹底考慮這個議題。

機器究竟能否變得具有意識？

人工智慧的一大問題，無疑就是機器究竟能不能變得有意識。正如本書稍早提過的，意識和情緒一樣，有多少理論家大概就有多少種關於意識的理論，以及多少種如何再現我們經驗現象的爭議。儘管問題很難在本章獲得解決，但是起碼可以略做探討。

首先，有一個問題是：當我們說到意識時，究竟是指什麼意思。這個概念已經爭辯好幾個世紀了。「意識」這個名詞本身的模稜兩可無助於釐清狀況，依照你看的是誰的書、問的是誰，意識可能分成兩種、五種，甚至八種不同類型。（若是搜尋得夠久，想必還可以找出介於這幾個數字之間的類型數量。）採用比較簡單明確的意識定義，[2]我發現由紐約大學（New York University）哲學、心理學暨神經科學教授內德・布拉克（Ned Block）提出的A意識和P意識概念，與機器智慧及意識問題極為貼切：

一、取用意識（Access-consciousness）或A意識：我們的心智有一部分讓我們得以將有關內在狀態的記憶和資訊做出隔離與聯繫；換句話說，這是我們取用有關內在生命和狀態資訊的能力，無論是真實或想像，是過去、現在或預期的未來。

二、現象意識（Phenomenal consciousness）或P意識：主觀意識體驗抽象情況的原始感受，一般在哲學上稱為「感質」。可以想像成，我們不斷從環境中吸收未經處理的知覺資訊單位，但是仍舊無法證明一個人對現象的體驗會與他人相同。[3]

---

1 前兩個名詞指的是《魔鬼終結者》系列電影中的末日反烏托邦，該片由詹姆斯・卡麥隆（James Cameron）與蓋爾・安妮・赫德（Gale Anne Hurd）導演監製。科技奇點是假設未來的某一刻，機器智慧快速自我改善，超越所有人類智慧，並且嚴重擾亂社會。機器人末日是科幻小說常用的比喻。

2 在這裡採用的是奧坎剃刀理論（Occam's Razor）。以意識不同層面如此複雜的問題，我們發展出五種或八種各自獨立的種類，這一點令我覺得匪夷所思。

3 Block, N., Flanagan, O., Guzeldere, G. "On a confusion about a function of consciousness." *The Nature of Consciousness: Philosophical Debates*, pp. 375–415. MIT Press. 1998.

在這兩個定義之外，我要提出第三種意識或第三套意識：內省意識（Introspective consciousness）或I意識，這是由A意識與P意識持續互動而產生的：

三、**內省意識**：包括自覺，是一種內在不連續、自我指涉的觀察，包括且延伸至後設認知（metacognition，「對思考的思考」）。針對自己私密內在狀態的一小部分，幾近即時地進行觀察並反思的能力。雖然有些人或許認為這是A意識的一部分，但是我主張有充分的差異足以證明，該意識本身就是特有的現象。

取用意識（A意識），或至少其中的一部分，有時候被視為比較容易解釋的，有些人希望最後能理解它的運作機制。有能力取用腦中如語言與記憶等資訊並加以表述，可視為相當人性的特點，只是布拉克認為黑猩猩和幾種「低等許多的動物」也具有A意識。

從很多方面來看，我們都沒有明顯的結構性或功能性理由，來說明為何機器就不能達到最起碼的基本意識形式。無論系統是否展現其他智慧的跡象，都已經能習慣性辨認及報告自己內在運作的狀態，對於歷史資訊也可以進行同樣的作業，基本上就是存取過去的記憶。目前這是其他人也能取得的客觀資訊，不過我們可以假設，機器的這種能力只會隨著進一步發展而愈來愈好、愈精細。假以時日，或許就能與人類A意識的主觀功能相提並論，甚至猶有過之。此外，隨著腦部掃描及神經信號解碼等科技進步，又得出更多A意識的祕密，我們或許會發現A意識其實並不如過去認為的那麼主觀。

現象意識（P意識）因為若干不同理由，在心理學及認知科學領域被視為更棘手的問題。感受一種知覺的本質與基礎，不管是玫瑰的紅、笑聲的歡快節奏，或是海洋的氣味，都難以解釋，也難以證明。哲學家暨認知科學家大衛・查爾默斯（David Chalmers）試圖解釋P意識究竟為何，以及如何會出現為「意識難題」。[4]依照說明一種知覺的方式不同，要判斷哪一種動物物種感受到這種知覺，以及感受到何種程度，甚至是一大難題。雖然這樣或許有一點取巧，但是要我說的話，我認為這是一種神經感覺現象，可能是腦部在中介前處理階段體驗到的（可能是在視丘）。這就讓感質／現象能先被腦部的一部分所理解，然後才被智力中其他更抽象的功能取得，包括最終的A意識。

想來在很久以前，這就賦予一些動物在心智演化的優勢，讓牠們與環境的各個層面互動得更順利，並且得以生存。這一點隨著時間發展而變得更加細緻，特別是愈來愈能夠接觸到不斷進化的A意識，最後甚至與社交互動及文化交錯混合。這倒不是說意識的演化是有目的性的，也就是沒有什麼在引導一切發生。就像內分泌系統或附屬器官，我認為意識已經緩慢發展不知多少世代，根據某些個體在特定環境條件與壓力下具有的優勢，不斷在人群中進行篩選。

4 Chalmers, D. "Facing Up to the Problem of Consciousness." *Journal of Consciousness Studies* 2 (3): 200–219. 1995.

P意識與他心問題

根據布拉克的說法，缺乏P意識可清楚解釋「科幻小說與哲學家案例中的感覺殭屍（phenomenal zombies）——常見的可思考卻無法感覺的電腦與機器人。它們的狀態是A意識，而非P意識。」換句話說，A意識讓它們能夠推理，但是缺乏P意識則讓它們無法感受。

P意識概念引發的一個議題，就是所謂的「他心問題」。（布拉克稱為「意識**更艱難**的問題」。）這是認識論概念，也就是我們雖然能觀察別人的行為，卻無法真正體會他們所體會的，因此也永遠無法真正證明，除了自己之外，任何人在這一點是具有意識的。雖然從哲學觀點來看，這種唯我論是有問題的，但是我認為可以持平地說，對於讀到這一點的絕大多數人而言，這樣的意識是必然的。不過，這確實引發關於未來機器智慧的一些有趣問題。如果人工智慧的陳述或行為顯示它在體驗這個世界，我們如何確定真偽？反過來說，就算有一個相當複雜的系統並未回報可跟上P意識的狀態，我們能確定它真的沒有感受到這種定義的感質嗎？這是難解的一團亂麻，也是機器真正獲得這種能力之後許久，我們可能要爭辯的問題。

最後，又回到我要說的I意識或內省意識，這大可定義為介於A意識與P意識綜合體的浮現特性。一方面，可以視為兩種意識之下的子集，但是我認為如果缺乏這兩個更為根本的歷程，就不可能出現I意識，所以為了便於討論，就要將它加以區分。

對許多人來說，能夠自我反省並反思自己內在心理狀態的自覺，就是在說起人工智慧或機器人能否達到意識時所要表達的意思。雖然從人工智慧科學家的觀點來看，這可能是一個難題，但是我們要確認P意識或許並沒有那麼困難，因為有方法可以測試機器。儘管系統可以「動手腳」而通過特定的智力測驗，不過我們有能力從形式上隨機選擇，控制人工智慧接觸到的條件，讓對方通報與這些條件相關的內在狀態。[5]在這些情況下，要確認是否有真正的內省，或許並不像主觀狀態如P意識那麼難以證明。

我認為這一切在在指出，要發展出可以真正感受內省意識的人工智慧就必須做到哪些事。想想看，有些動物顯現出一定程度的A意識，還有許多動物證明牠們可能也體驗到P意識。[6]有鑑於此，I意識似乎是A意識的非必要子集；內省的自我涉及本質，源於取得內在狀態並加以反思的能力。倘若如此，沒有A意識，自覺又怎麼可能會存在呢？

不過，一個實體有可能在完全沒有P意識的情況下獲得自覺嗎？似乎並不可能。布拉克就寫

5 電腦系統向來都會最佳化或「動手腳」，以便無論在什麼樣的競爭類別中能得到更高的排名，超級電腦更是如此。系統照例都會按照排名用的測試套裝軟體進行最佳化。舉例來說，半年一次的全球五百大（TOP500）超級電腦排行榜，多年來都採用線性測試標準基準（LINPACK benchmark）測試。因為這個套裝軟體是以浮點（floating point）運算效能為基礎，而且十分知名，要調整競賽系統而有更好的表現相當容易。二〇一三年，中國天河二號電腦遠遠甩開所有的競爭對手，彷彿來自於未來的超級電腦，似乎就是這種情形。一年之後，真實世界的測試顯示，天河二號在許多應用程式的表現都比當時美國排名最佳的系統慢上許多。

6 Block, N. “Two neural correlates of consciousness.” *TRENDS in Cognitive Sciences*, Vol. 9, No. 2. February 2005.

道：「假設現象意識是通往純粹完整取用意識的門路，那麼沒有現象意識就沒有取用意識。」果真如此，沒有深刻體驗世界的方法，包括感受個人的內在狀態，又如何領悟I意識？就這個邏輯來看，似乎必須有A意識與P意識兩者才能產生內省意識。

人類兒童在什麼年紀會有自覺？根據與意識思想開端相關的遲緩波（late slow wave）研究，五到六個月大的嬰兒可能就展現出自我意識的雛形。鏡子測試（mirror test）和更為具體的紅點測試（rouge test），協助研究人員精準確定這個年齡。紅點測試是在嬰兒的鼻子上放一個紅點，接著將嬰兒放到鏡子前。一般來說，大約十八個月大以上的嬰兒，對紅點的反應是碰觸自己的臉，顯示他們認得鏡子中的自己。這個時間範圍極符合紡錘體神經元的出現及發展連結，聯繫腦部遠距區域的皮質結構，尤其是聯繫前扣帶回皮質，以及其他與情緒和自覺相關的區域。紡錘體神經元在四個月左右時出現，大約在一歲半時連結得差不多，大概是紅點測試中嬰兒開始有自覺的時間。在缺乏A意識或P意識的情況下，這樣的反應有可能出現在發育中的心靈嗎？

專家對探索心智歷程相對模組化的概念

心理學家、哲學家及神經科學家，如麥克・葛詹尼加（Michael Gazzaniga）與約瑟夫・李竇（Joseph LeDoux），探索心智歷程相對模組化的概念。同樣地，人工智慧巨擘馬文・明斯基（Marvin

Minsky）在他的著作《心智社會》（*The Society of Mind*）中假設，心智是由各種成分歷程組成。這種歷程（區域、皮質）很可能是數百萬年來，以各自獨立的單位與功能發育成長的。理論上，這些歷程有很多最後會發展出觀察其他歷程狀態的能力，體驗P意識中的歷程狀態，並且提供管道取用這種反覆循環回到自身的知識（A意識），造成程度不一的自覺、自我監督及內省。

儘管有些人將意識視為一種神祕、相當單一的狀態，認為是一種互動流程的生態系統，那麼想像有意識的機器將來有一天會存在，真的有那麼誇張嗎？它們不會和人一模一樣，甚至一點也不相像，但是就這些標準而言，它們還是可能會具有意識的。

想想看，就連人類智慧與意識都不見得人人如出一轍。雖然我們大多認為所有人類或大多數人類有自覺，但應該牢記於心的是，就像智力、情緒覺察及個性有著許多層面，自覺也可能會有程度上的不同。以自閉症為例，功能性磁振造影掃描腦部顯示典型神經狀態（neurotypical）的人在參與自覺測驗時，腹內側前額葉皮質的活動增加；而診斷出有自閉症者，則未顯示有同樣活動增加的情況。[7]研究報告指出，那些「在將人我之別思維化時，腹內側前額葉皮質做出最大區別的人，童年初期的社交障礙最低；而在將人我之別思維化時，腹內側前額葉皮質幾乎毫無區別的

7 Lombardo, M.V., Chakrabarti, B., Bullmore, E.T., Sadek, S.A., Pasco, G., Wheelwright, S.J., Suckling, J., Baron-Cohen, S. "Atypical neural selfrepresentation in autism." *Brain*, Vol. 133, No. 2., pp. 611-624. February 1, 2010.

人，童年初期的社交障礙最高。」根據這一點，我們可以假設自覺是基於我們的能力去塑造他人的心理狀態，這與許多自閉症者在從臉部表情辨認情緒時遭遇的問題相關。

這些周而復始、自我觀察歷程的效用，可能也會因人而異。某些心理訓練或冥想甚至可以修正或強化這些效用。另一方面，不要將這種關聯性倒因為果，但是那些冥想比較成功的人或許在意識光譜上也表現出更高的熟練度。

更仔細觀察P意識，我們必須詢問究竟是怎麼一回事。感質究竟是如何領會的？如果我記住一個顏色、聲音或氣味，體內就會啟動一連串的化學物質與神經級聯，正如同那些可能是我們遠古先祖的物種。就演化而言，這些級聯可能在形成後永久存在，因為能讓活著的動物有更多機會將基因流傳給後代，包括你我在內。[8] 隨著化學物質與神經系統網路發展，最後產生更為複雜的內分泌系統，也就是我們體驗感官知覺的那些系統，至少也是其中的一部分。一旦我們達到的意識程度得以辨認感受到的身體知覺並歸結原因，就能夠理解情緒了。（至少這是詹姆斯透過達爾文的角度所做的解釋。）雖然情緒不完全是感質的必要元素，但卻給予感質在其他方面沒有的體驗深度，先是在生理上，之後比較是在認知方面，而這又為建立心智與自覺理論奠定基礎。缺少（甚至可能是明顯抑制）P意識，就會導致布拉克所說的感覺殭屍。

在我看來，並且由現象意識加以延伸，任何動物都存在一定的感質，只要牠們體驗世界的程度超越戰鬥或逃跑、食物、睡眠及性愛等求生——永久存續的神經化學反應。例如：一隻狗可能無法感受玫瑰的紅（狗是雙色盲，視網膜只有能感受黃色與藍色的光感受器），但是牠們在聽見主人的聲音與聞到另一隻狗的氣味，還有看見松鼠時，肯定會有一定程度的情緒化反應，在我看來這就代表感質。

獲得意識與自覺的相關理論

雖然這些推測有一點雞生蛋、蛋生雞的成分，但是也帶出了一個問題：如果人工智慧要獲得自覺，情緒是必要成分嗎？真正的內省有可能在缺乏情緒下達成嗎？我認為在完全沒有情緒的情況下，無法充分領會到P意識的經驗歷程，說不定根本就不可能領會。

以第三章艾略特移除腦膜瘤的悲劇故事為例，艾略特失去自我的一大部分，也就是他的情緒及內在自我，因為腫瘤與切除腫瘤的手術，破壞他腦中攸關這些功能的關鍵區域。基本上，我們可以合理地說，艾略特的A意識依然完整不變，他依然能取用發生腫瘤和手術之前擁有的大部分知識與專業技能。但是在此之後，艾略特的P意識有很大一部分再也不能發揮作用了，他或許認

8 用目的論來說明意識的演化太輕鬆容易了；也就是說，這些演化選擇多少是「故意的」。這真的是大錯特錯，像演化這樣的歷程會發生是基於天擇歷程，而不是目標導向或自己決定的。只是因為我們更偏好自我意志與決心，所以喜歡將演化想像成有一個最終目標。

得出日落的紅色，卻再也無法觸動情緒反應、聯想及賦予價值。雖然他仍保有部分自我反省的能力（尤其是他的腦部已經發育成熟了），但根據達馬吉歐的研究，艾略特的這部分顯然大多已經永遠喪失了。

因為艾略特和其他類似狀況的案例，我們不可能以控制對照的方法做測試（除非是極為不道德的實驗），要為實際情況做出因果關係的解釋就是一大挑戰。他的個性遭受如此毀滅性的影響，是因為他失去感受情緒的能力，還是腦部那些區域的其他歷程受到毀壞的結果？另一方面，有沒有狀況是一個能夠理性思考的人，最好徹底切斷與情緒連結的能力？

有很多方法可以理解並解釋我們得到意識與自覺的漫漫長路，相關理論多如牛毛。笛卡兒認為意識（和靈魂）的基礎存在於松果體，而且只有人類的松果體。史蒂芬・杰・古爾德（Stephen Jay Gould）認為唯有人類能夠理解感受自覺。[9]朱利安・傑恩斯（Julian Jaynes）主張，意識是近代文明的副產品，只是並非刻意為之，甚至否定古希臘之前的祖先有意識。丹尼爾・丹尼特（Daniel Dennett）在他的多重草稿模型（multiple drafts model）中，將這種意識視為持續重述及詮釋事件的產物。（儘管我認為這正確評論了一些重點，但是丹尼特的模型描述心智某些反覆重疊的層面可能尚未發現，卻是我們稱為意識的浮現特性中不可或缺的部分。）

奇怪的是，人類為了能獨一無二地體驗自覺，投入相當可觀的賭注。無論是經由某種普羅米修斯式的機制由天神贈與，還是透過其他極為神祕深奧或形而上的流程傳遞，許多人似乎決心確保絕對不會授予我們以外的任何生物真正的自我反省意識。

黑箱界線

誠如稍早提及的，人工智慧可能不需要達到人類程度的意識，就會變得極端危險。暫時放下自覺的問題，我們來檢驗I意識是決心的必要條件之說法。我假設這一點錯得離譜，因為動物界絕大多數的物種都缺乏這種意識，所以鮮少真的有自覺，但是意志力、決心，甚至各種不同程度的自主，廣泛存在於許多動物的智力之中。這種行為遠非純粹的決定論，最後要歸結到動物的靈機一動。因此，機器智慧如果具有這些能力，不該將自覺視為必要條件。一個實體無論是動物或機器，都有一套固有的行為指令，會影響甚至命令其行為。愈是複雜，特別是那些被我稱為黑箱界線（black box bound）的，帶給我們的潛在威脅可能就愈大。

我說的黑箱界線是什麼意思？基本上，任何系統只要夠複雜，最後到達的階段就是其決策或結果不再是由輸入的訊息客觀決定。意識目前確實符合這個定義，許多非自覺的動物心智也是，而各種人工類神經網路也符合這個定義。一些人工類神經網路在如何將輸入訊息轉化為可用的輸

9 Gould, S. J. "Foreword: The Positive Power of Skepticism." *Why People Believe Weird Things*, by Michael Shermer. New York: W. H. Freeman. 1997.

出訊息，其實就是黑箱。雖然可以從這些系統推斷揣測出「規則」（至少要達到一定的程度，只是需要花費相當的力氣），但無論再怎麼說還是黑箱。如國防高等研究計畫署等機構，近來努力設法確保人工智慧可以「解釋」它們的推理論據，但是這樣的做法究竟能否成功依然存疑。[10]

還有論點則是，發展人類等效人工智慧（human-equivalent AI）有其困難或不可行。這是常見的假設，也是常見的謬誤，許多人將人類智慧、人類等效人工智慧，以及人類等級機器智慧等名詞混為一談，其實每個名詞的定義各不相同。

真正人性的人為創造智慧，除了生物基礎的基質以外，絕對不會存在，倘若真的有，也不會存在太久。人類等效人工智慧也一樣，思維與人類完全相同的人工智慧是極難達成的，因此可能要曠日廢時才能實現。

不過，企圖打造智慧機器時，為什麼就要努力模仿人類呢？打個比方，試想如果萊特兄弟堅持建造的飛機，採用的機械結構和飛鳥完全一樣的話會怎麼樣？我們極有可能還在等待動力飛行的發明，而商務航空旅行大概不會存在。（確實有好幾種動力飛行嘗試模仿飛鳥，真的拍動巨大的機翼，我們應該並不意外，這些設計幾乎都馬上遭遇災難性的失敗。）

成功的飛行機器不是靠著模仿飛鳥來克服重力，而是利用工程材料，操縱與鳥類本能相同的原理和力量：推進、升起、拖曳等。最後，發展出一種飛行工具，在速度、高度及持久度上都超越有翅膀的飛鳥。的確，這些機器執行的加速與空中飛行技巧，和飛鳥並非完全相同，但這才是重點。人類飛行與鳥類飛行並不完全一樣，甚至也不是相當於鳥類。不過，工程改造飛行在很多方面都達到「鳥類水準」，甚至遠遠超過大自然的鳥類所給予的啟發。

生物模擬的成功

從自然結構與系統中擷取設計靈感的策略，如今稱為生物模擬（biomimicry）或仿生科技（biomimetics），而且可以做到非常成功。魔鬼氈（Velcro）、氣動載具（aerodynamic vehicle）、自我修復外科修補術（self-healing plastics）等各式各樣的發明都是大自然給予的靈感。不過，這種方法有其極限，太過謹守生物模型，特別是材料、基礎成分若是與自然界的對應物相差太多，系統就無法複製，即便只是粗略的複製亦然。太過天馬行空地發揮靈感，而把模型當成是妝點門面使用，就會讓系統變得生硬脆弱，甚至幾近功能不彰。真正的成功來自約在光譜中央，將大自然演化結構當成指南，同時了解手邊工具和材料的局限。[一一]

由此就想到人類等級人工智慧的概念。延伸飛鳥—飛機比喻，要建立智慧機器，不需要套用

一〇 "Explainable Artificial Intelligence (XAI)." DARPA-BAA-16-53, August 10, 2016. http://www.darpa.mil/attachments/DARPABAA-16-53.pdf.

一一 Full, R. J. "Integrative Biology/Poly-Pedal Lab." http://polypedal.berkeley.edu.

完全相同的方法，執行人腦運作的任務與事項。事實上，如果堅持依照演化所施加的隨機選擇，以及受生物限制的結構與方法，大概就會有嚴重束縛。利用刻意設計且用於矽材質系統會比用於生物性「溼體」（wetware，即人腦）更加適合，電腦已經成功採用與人腦相似處不多的各種演算法執行任務，如數值操作（numeric manipulation）、影像強化及語言合成。如此複製的人類能力出現在愈來愈多的領域，如影像辨識、下西洋棋、詐欺偵測、產品推薦。無論這些本事從我們的觀點來看有多麼「人性」，由機器執行時採用的工具與方法沒有一種和人類相同。

也不應該指望會相同，我們就略進一步探討這一點。人類智慧是以一種生物性基質為基礎，而這種基質仰賴的是細胞之間與細胞內部的通訊。這些細胞各有差異卻又合為一體，執行許多單一細胞無法完成的較高階功能。基本上從功能來說，這些較高階的細胞功能與系統，是由其組成分子的較低階功能**提取**而來，因此總體不再需要擔心那些較基本的工作。這種關係與相互依賴在大自然中一再出現，最終導致歷程、器官及神經結構的組合和互相連結，最後產生生活生生會演化的生命，能夠進行有意識、自我指涉的思維。

再與矽元素基質相比，矽元素基質構成的導體與半導體線路可組成基本電子零件。我們組合這些零件以接受基本指令（即所謂的機械語言），最後提取到較高層級，根據設計，這樣的層級愈來愈能讓人類解讀、寫入並理解，而且通常移除底層的「內部管理流程」需求。指令會合併到子程式之中，命令較低層級的指令執行規定的任務、要求並回報。子程式變成模組，模組變成程式，而程式則變成應用程式。

我們可以看到這些例子中一路而來的每個步驟，使用的方法由在此之前較低層級的結構與處理程序指定。雖然在設計智慧機器時，可從生物系統中獲取靈感，但也應該假設，如果削足適履，硬要它們模擬本質上不同的系統，都是白費力氣和浪費資源而已，最嚴重的話，將會一敗塗地。

基於上述種種，我們有必要體認到，任何創造出來的智慧，無論賴以達成的方法是什麼，都可能跟我們格格不入。並非老套的好萊塢那種格格不入的陌生異類，而是難以想像、無法理解的陌生異類，這是我們真正應該害怕的。並不是人工智慧比人類聰明多少，或是比人類加總的智慧高明多少（只是這應該也會讓我們擔憂），也不是這個製造出來的智慧究竟有沒有和我們一樣的核心信念——因為在很多方面是不可能的。應該要擔心的是，我們不可能像和其他人類應對一樣，將自己的思維調整到與這種異類智慧真正一致的地步。因此，一旦人工智慧真正有了動機，我們永遠無法完全理解，甚至領會。借用一句老話，我們不可能設身處地，感同身受。

反之亦然，無論機器有多聰明，在很多方面對我們的充分理解，也不會比我們對它們的理解來得多，這就是我們一定要戒慎恐懼的原因之一，並不是因為機器能變得有意識，而是我們製造它們是為了控制那些很重要的系統，對我們的世界與生活至關重要的系統。隨著我們製造愈來愈多聰明又能幹的機器，必定會交託更多任務與責任，否則又何必製造它們呢？它們不受意識和自我意志的影響，複雜度提高了，就意味著我們無從得知它們實際的智力處理流程與邏輯，因此很多事情最後都可能會出錯。

智慧最後可能存在的範圍

而另一個要考慮的因素，就是智慧最後可能存在的範圍。[12]我們已經有各式各樣的機器，各有各的功能，如各種深度學習系統，極有能力且驗證公認有相當水準的智慧，只是依然遠遠不及人類；有些則相當遲鈍，但是即使如此，也有很多呈現小幅度的智慧，輸入特定資訊就能產生自行判斷的非隨機資訊輸出。

不過，在發展進步之際，這些會是機器智慧區別彼此不同的唯一方法嗎？我們早就了解，人類智力展現在許多面向，而且五花八門。在智力測驗中，一般人的智力差別約為四〇%至六〇%，但這只不過是總體智力的其中一面。智力中有些特點或是獨一無二，又或者不是，包括創意、藝術能力、直覺、記憶、規劃、視覺—空間能力、肢體動覺感知，當然還有更多其他的。除了這些以外，個人性格還有無數層面構成我們的獨特性：自信、內向／外向、同理心、偏執、敵意、韌性等。這些全都是組成具體心理地景（mental landscape）的要素。除此之外，近幾十年來也承認，情緒智商或情緒智慧在許多人的成就中發揮舉足輕重的作用，[13]稍後會有更多的討論。

如果人類全都以同樣的生物材料創造出來（同樣的DNA指令），卻又有著天壤之別，我們為什麼期待機器智慧的情況會不一樣呢？特別是它們如果出於不同的設計、系統結構，乃至於複製方法，出現的非但是獨一無二的實體，更是獨一無二的物種。這樣的領域又會有多少種不同的智力？是幾百種、幾千種，還是百萬種？我們所說的並不是個人性格上的差異，而是更類似於物種差別的東西，像是黑猩猩與蚊子之間的心理距離、扁蟲與鴨嘴獸。

想要更進一步想像機器智慧的生態系統，只要看看地球上百花齊放的生物多樣性就會知道了。裡面有一個動植物、細菌與病毒相互依存的巨大網絡，各自演化而填滿這個廣大生態地貌中一個非常具體的區位——也是機會。於是，它們得以花費最少的精力，將取得資源的機會最大化，這是物種成功的一大因素。無論是過去經由人類之手創造，還是未來透過自我複製，機器在這方面真的會有那麼大的差別嗎？

天擇需要突變來驅動。[14]在大自然中，突變以相當穩定的速度發生，但是科技智慧不見得如此。以演化式計算（evolutionary computation）來說，採用的演算法是以達爾文原理為基礎。套用複製、突變、再組合及適者選擇，使用這些方法來尋找問題的解決辦法與最佳化。這些方法已

12 Yonck, R. “Toward a Standard Metric of Machine Intelligence.” *World Future Review*. 4: 61-70. May 2012.
13 Goleman, D. *Emotional Intelligence: Why It Can Matter More Than IQ*. Bantam Books. 1995.
14 Nei, M. *Mutation-Driven Evolution*. Oxford University Press, Oxford. 2013.

經用於產生人類工程師根本想不到的解決辦法，例如：美國太空總署的艾姆士研究中心（Ames Research Center）為了太空科技五號（Space Technology 5, ST5）及其他任務，研發出高度優化演化天線（evolved antenna）。[15] 其他應用包括製藥業的藥品發現、神經網路訓練及消費產品設計，只是其中幾個例子。這種方法是快速探索明確的問題空間以達到最理想解答，只要給予充分的處理資源，或許是產生新機器智慧的強大方法。

為什麼超智慧要創造其他智慧來和自己競爭？姑且不說超智慧可能是外來異類，因此遵循的原理依據也與我們格格不入，說不定它們是在建立代理人。這些代理人可能會執行任務、獲得能源或是探索太空，就像我們現在開發數位代理人為自己做愈來愈多的工作。重點是基於諸多理由，可行智慧的生態系統或許會成長得非常快速。

環境形塑意識的猜想

創造人工情緒智慧時，還應該考慮的就是如何發展。就像人類和其他動物的發展，環境條件被視為關鍵因素，而對於人工智慧來說這些可能也至關重要，尤其是能夠理解，甚至感受情緒的人工智慧。

傑恩斯曾撰寫大量生動又有說服力的著作，談論我們所說的意識是非常近期才出現的，是綜合適當的認知結構、文化條件及環境壓力的結果。[16]雖然很難明確驗證，但是傑恩斯藉由大量文字、藝術和間接證據，建立即使有爭議，卻強而有力的論據。另一方面，布拉克的論點則是反駁傑恩斯的觀點，認為自覺／意識是一種文化建構。布拉克推論，倘若我們的先祖有跟現今人類相同的A意識與P意識認知結構，他們怎麼會沒有自覺呢？

這倒也說得通，但是只需要看看大量的研究證明，不同的環境對心理發展會造成影響，就能想到即使從布拉克的模型來看，傑恩斯的推論或許就是事實核心，因為環境塑造意識。

想想野孩子（feral children）的故事，例如：賈斯柏．荷西（Kasper Hauser）與亞維農野孩子（Victor of Aveyron），這些險惡無情環境的悲慘受害者，成長時欠缺正常的社會影響，造成這些孩子的發育受到很大的阻礙，以至於永遠無法完全回歸社會或是與社會融合。不過，有人會懷疑這些孩子是否有P意識、能否透過感官感受並理解世界？儘管他們的理解可能因為缺少文化脈絡而欠缺一定的深度與細緻，但他們也不能否認玫瑰是紅的。除此之外，他們也能取用意識——否則又要如何生存呢？

要是這些野孩子徹底地孤立隔絕呢？就以最極端的情況來說，完全不給他們機會接觸感官、

15 Hornby, G. S., Globus, A., Linden, D. S., Lohn, J. D. "Automated antenna design with evolutionary algorithms." American Institute of Aeronautics and Astronautics. September 2006.

16 Jaynes, J. *The origin of consciousness in the breakdown of the bicameral mind*. 1976. Houghton Mifflin.

世界、任何類型的**他者**，他們會如何成長？他們仍舊會成長，還是直接衰弱死亡？[17]儘管他們成長的世界絕對不理想，但畢竟還是一個世界，也是他們可以與之互動的世界。從這個觀點來看，他們的意識（或缺乏意識）會嚴重受到改變，成為環境的直接影響結果。

真正具有充足智慧的複雜機器、人工智慧或機器人，倘若處於與任何人事物、任何知覺影響徹底隔絕的環境，又會發生什麼狀況？它會發育成長嗎？反過來說，更加豐富的早期經驗會改變它後來與世界互動的方式嗎？我打賭最後這個問題的答案絕對是「肯定的」。

P意識按定義必定是雙向道，為了體驗現象，必須先讓心智有機會接觸到現象。沒有現象意識（沒有情緒，或感受並理解世界的能力），任何人、任何動物又怎麼會有智慧呢？那豈不是更加隔絕孤立了嗎？

人工智慧科學家班・格策爾（Ben Goertzel）在論文〈心智世界通信原則〉（The Mind-World Correspondence Principle）中，詳盡闡述一套一般智力理論（用最基礎的說法），世界狀態會在智力發展的過程中，依序映射在心智狀態的順序。[18]從很多方面來看，這正是心智從誕生到成熟的情況。世界的所有元素——實體、智力、情緒、社會及文化各方面，會映射在我們不斷成長的心智，產生豐富的內在現實，具體轉化到我們的外在現實。從本能地領會地心引力、接受各種情緒與社會行為，再到徹底烙印宗教信仰，這一切都是透過學習和經驗傳達的，為了我們廁身其中的文化與世界而將智慧最大化。

因此，環境與環境之間儘管可能有很多部分重疊，但是也免不了有所差異。假如一個人身處與成長環境大相逕庭的世界，差異可能會導致重大誤解與混亂。

假設我們希望愈來愈聰明的機器能盡量與我們的思維趨於一致（就一個以完全不同的基質為基礎的智慧來說，在它的局限內），或許讓這些機器「成長」與接觸的學習環境反映我們的世界是可以理解的。顯然牽涉到許多不同的元素，但是其中最基本也最必要的，或許是在我們成長的歲月中，培育我們與讓我們社會化的情感環境。雖然期待類似這樣的方法能證明對非生物智慧有益是奢望，但是或許值得探討。

要讓機器智慧與我們更相容，情緒至關重要。這是不可或缺的要素，才能在我們邁向充滿希望的共同未來時，促成更健全的互動。「充滿希望」是因為人類沒有科技縱然無法向前邁進，但很快就會出現科技可選擇獨自前行的時代。與此完全相反的情況最符合我們的利益，這是在下一章，也是本書最後一章所要討論的。

17 我在這裡說的是心智方面，無關他們生理營養的需求。

18 Goertzel, B. "The Mind-World Correspondence Principle (Toward a General Theory of General Intelligence)." IEEE Symposium on Computational Intelligence for Human-like Intelligence (CIHLI). 2013.

第十八章 人工智慧會夢見電子羊嗎？

「機器人會繼承地球嗎？會的，但是它們將成為我們的子孫。」

——認知科學家暨人工智慧先驅明斯基

人類與科技一直在迥異的軌道上平行前進，至今約有三百萬年。依照彼此相互支援的情況來看，可以說我們其實是處於一種共同演化的狀態。科技達到如今的境界，完全是因為我們的雙手與思維理智。如果在完全沒有科技的情況下，假如我們真的能夠存活，將會是迥然不同的物種。簡而言之，所有人現有的成就都是受惠於科技。

這一點或許即將改變，隨著科技或科技的一小部分獲得充分的意志力與自主決定，即使缺乏意識，還是可能開始自我引導未來的發展。這不但意味著它的自我複製，還有它的自我修正，這樣的轉變將會使得綿延至今已久的共同演化脫鉤斷裂。

自然演化與科技演化之間有一個重大差異，就是意圖（intention）。生物演化是天擇、突變及其他力量的產物，而這些力量必定沒有受到引導。事情就是發生了，而我們回顧過往才慶幸著是它們聯手造就了**現代人種**。這既不是引導而來，也不是巔峰頂點，我們並非終點，而是在通往某條路上的一個中繼站。我們只是正好擁有獨一無二的殊榮，在辨認並深思引領我們發展的機制之路上，得以成為第一個物種。這是我們真正獨特之處，也是思索我們在世界、宇宙、大局之中的地位時，始終讓我們陷入困境的一點。

不過，超過一定程度就會有所改變，因為我們的世界，甚至宇宙中絕大多數的世界，存在著足夠智慧的生命。生物歷程與科技變化之間存有變化速度的落差，幾乎又確認了這一點。以加速進展的本質來說，世上第一個使用自然演化高科技的物種，極有可能也是最後一個。除此之外，自我主導的演化勝過自然發生的演化過程，可能會讓機器智慧成為唯一的倖存者。即使人類得以存續，大概也會迅速偏離自然路線，就像以下馬上要探討的，這可能是我們延續長遠生存的唯一策略。

這部讓人與機器走到這一刻的三百萬年哥倆好電影，已經到了情節的關鍵重點，隱約要帶我們走上幾種截然不同的故事情節。要預先告知的是，並非所有故事都有美滿的結局。

我們所知的世界末日

在我們的面前有好幾個劇本，有些可以歸類為「我們所知的世界末日」。科技指數型成長與庫茲威爾的加速回報定律，其含意之一就是科技到了某個時間點，可能先進到開始以不斷加快的速度自我改善，導致所謂的**智慧爆炸**（intelligence explosion）。由此產生的機器超智慧，很快就會比地球上所有智力加總起來更強大。正如在前一章看到的，這幾乎就是異形智慧。更重要的是，它的價值、動機及邏輯幾乎無法保證會和我們一致。已經有人提出多種策略來應對這樣的超智慧，包括根據艾西莫夫的機器人三大法則、埃利澤・尤德考斯基（Eliezer Yudkowsky）的友善人工智慧理論（Friendly AI theory），以及格策爾的全面性人工智慧保母等概念做變化。可惜的是，全都不是萬無一失的可靠策略，而我們應該對此心懷憂懼。雖然事情是否真的會發生仍然意見分歧，但結果究竟是好，還是真的極為糟糕，也同樣爭議不休。

有一套情境反映《魔鬼終結者》系列電影中探討的情節，因此通常稱為「終結者」情境。在這些電影中，人與機器開戰，人類扮演的角色是烏合之眾的叛軍，在故事的最後終於獲得勝利。可惜這只發生在電影之中，在未來主義的情境假設裡，從可用智慧、資源及弱點等差異，可以看出地球上的所有人極可能就算不是幾秒鐘，也是幾天就會被消滅殆盡，不會有倖存者策劃叛變。

不過，這類情境大概不會發生，因為這是假設那些非常陌生的異類超智慧未必會遵從某些邏輯方向與侵略行為。除非人類被視為（或預測將成為）直接威脅，否則極不可能會有這種**有害生物防治**。

無視道德的機器

接下來的情境有可能會出現，只是並非可能性最大的。在這些情境之中，我們被視為如同牲畜般可以收割的資源，不管是當成能源來源，還是因為其他重要特徵使然。這種情境以電影《駭客任務》（*Matrix*）為名，將龐大繁殖場中的數十億人變成活動電池。這種構想相當古怪，因為只要智力足夠且科技發達，會有更多有效率的方式產生並獲得能源與資源。我們應該擔心的變化是，或許有一種用途是我們怎麼也料想不到，卻同樣可怕，但是對無視道德的機器來說卻合理正當。

這就提到在後奇點情況下，一些最有可能且可行的情境：我們可能會被視若無物。雖然聽起來可能不是太糟，但是我們被視若無物的情況，大概就像我們忽視單細胞生物一樣。在其他時

— Yudkowsky, E. "Creating Friendly AI 1.0: The Analysis and Design of Benevolent Goal Architectures." Machine Intelligence Research Institute, 2001; Goertzel, Ben. "Should Humanity Build a Global AI Nanny to Delay the Singularity Until It's Better Understood?" *Journal of consciousness studies* 19.1-2: 1-2. 2012.

候，可能會有完全不相關的決定與行動影響我們，一旦後果嚴重說不定會致命；或是到了我們的存在更為顯眼的階段，可能會被當成障礙或病原體，就會採取行動以根絕問題，這又回到《魔鬼終結者》的情境。

當然，在幾乎無止境的可能性中，我們可能會發現自己被當成寵物對待、收留在動物園裡、在虛擬實驗室的迷宮中做測試，或是當成光榮的祖先尊敬崇拜。不用瞠目結舌，儘管這樣的未來什麼都有可能，但還是假設有一個與我們類似的思維心智與世界觀，不過似乎非常不可能。

人類與機器和平共存，可能嗎？

人類與機器和平共存當然是一種可能性，但有鑑於我們確實不是蜂群群居的物種，擁有單一社群的動機和思想，所以很快就會看到一部分的人與超智慧發生衝突。同樣地，這又回到前面危及人類存在的災難情境。就像前面曾討論的，綜合各方面來說，這個未來或許不是由龐大的單一超智慧獨占，而是有許多的超智慧。若是擴大到包含隨著時日漸久，填滿智慧生態系統中許多生態區位的眾多人工智慧，我們就會發現自己置身在非常不友善的環境，而在這樣的環境裡，我們可以利用非常強大且信賴的盟友。

這繞了一大圈，又回到源遠流長的哥倆好電影情節原點。或許我們最好的行動方針不是對抗這個極為成功的大規模共同演化，而是欣然接受並加以延續，這在本質上或許意味著我們終將與科技融合，這樣的混合會導致馬斯克所謂的「人工智慧—人類共生生物」（AI-human symbiote）。

雖然有許多人對這樣的發展猶豫踟躕，但是想想看我們和科技融合已有很長一段時間。眼鏡、喇叭狀助聽器及樹枝做成的拐杖，都被角膜移植、耳蝸植入器與仿生肢體所取代。介面讓我們得以用更自然的方式控制漸趨複雜且強大的裝置，並且與之溝通。超級電腦的威力現在就在我們的指尖，而且不用幾年就能透過智慧隱形眼鏡存取，以後更能透過腦介面，從人類過渡到後人類的轉變正在進行中。

在可能有多個機器超智慧存在的世界，為什麼這樣的策略能達到正面的結果？首先，如果想將人類價值灌輸給人工智慧，有什麼比這更好的方法？切記，這樣的融合並非單行道，我們不會是這場交易中唯一改變的一方，人工智慧同樣也會。機器能受益於那些讓人類堅韌而有適應力的特徵，尤其是以情緒為本的確認價值方法。這可能是我們的附加價值，進而讓科技更有適應力，也更能應對挑戰的因素。

充滿衝突的人工智慧世界

還要記住的是，人工智慧存在的世界與宇宙極可能不是毫無衝突的，無論是自然生態系統或科技生態系統，涉及的參與者都在競逐有限的資源，因此機器智慧的生態系統不太可能有所不同。正如之前曾說過的，其中一些或許不是非常聰明或有彈性，但是有些可能幾乎無所不知。吸收我們的天賦智力，包括比較情緒化、「非理性」的成分，可能就是在如此充滿考驗的環境中生存與成功的策略。說不定還能讓人工智慧感受同理心，而我們只能期望可以從中受益。

同理心通常至少可分成兩類：認知與情緒。而在感受同理心時，兩者未必是互斥的，反而會彼此影響。顧名思義，認知同理心的意識活動較為活躍，所以能理解其他人的心理狀態或觀點。很難看出原始人類是如何出現這種同理心，除非他們已經達到一定程度的自覺和他者的概念。另一方面，情緒同理心[2]則更為反射性，似乎是一種來自較為生理歷程、近乎本能的反應。這種同理心讓我們多少能感受對方的情緒狀態。如果考慮兩種同理心的可能來源，似乎更有可能是情緒同理心先於認知同理心。事實上，沒有情緒同理心先存在，很難看出究竟要如何形成心智理論與自覺。

還有許多人也在推測情緒同理心的機制。情緒感染、鏡像神經元及費洛蒙，可能都牽涉其中。但是，我不由得回想起克萊恩斯的情緒記錄器，以及和Beyond Verbal的勒瓦儂討論時，說起情緒可能透過人體接觸與聲音的獨特振動來傳遞。[3]針對這一點來說，接受者的身體感知到發送者與接收者之間產生的共鳴，因而對特定的情緒狀態有相同感受。這種傳遞和遠端觸發鏡像反射經驗，會是同理心最初的基礎之一嗎？說不定早在我們發展出真正的心智理論之前就已經開始，並且成為稍後發展認知同理心的基礎。這是一個頗有意思的看法，或許可提示人工智慧合成同理心的方法。

如今開發的情感科技與情緒介面只是開端，是在這個混合智慧的未來中，我們會用到的方法與工具的先驅。雖然在軟體代理中已有方法可以象徵性地塑造情緒及其相關行為，但仍是非常基本的模擬，未必能達到生物系統的精細複雜。因此，或許需要一個更偏向由仿生學產生的方法。假設與身體有軀體連結是情緒認知體驗的關鍵要素，或許機器智慧就需要類似的連結，才能真正感受到類似我們情緒體驗的事物。這意味著需要生成裝置與感應器，記錄它們的內在狀態，而這是工程師迄今尚未探索的。

緊張顫抖、毛骨悚然、打從心底厭惡的感覺，目前並沒有與這些內在感受知覺類似的感應器。截至目前為止，感應器大多模仿外在生物感官，如視覺、聽覺及程度較低的觸覺、味覺與嗅覺。要真正體驗綜合情緒，是否需要擴大機器的感覺器官？生物性以外的基質能否做得到？如果可能，或許最後在執行上也會有意想不到的限制。倘若如此，縱然這些機器在詮釋與模擬包括同理心在內的情緒上或許有極為出色的表現，但可能還是無法真正**親身**感受這些情緒。

2 又稱為情感同理心（affective empathy）。

以更趨共生的方式，與人工智慧共同演化

倘若如此，或許我們就是它們最好的辦法。藉由和我們整合，人工智慧可以在充滿挑戰的環境中獲得優勢，抵銷藉由機器以我們獨特認知風格而勝出的歷程。各取所需，皆大歡喜，最後繼續以更趨共生的方式共同演化。

而抗拒在所難免，那些人對這樣的構想感到厭惡或邪惡，或許可以歸結於宗教信仰或人性崇高之類的說法，或者純粹是對先進科技的未來感到恐懼。這當然是他們的權利。不過，盧德主義（Luddism）和反科技基本教義派始終拿不出切實可行的長期策略，未來似乎也極不可能。我們採用新科技是因為它能提供的優點，隨著科技日益普遍，選擇放棄汽車或智慧型手機會令人陷入嚴重不便。因為過去不需要，所以現在也不需要，這種理由薄弱且似是而非。在一個眾人的認知能力和資源都提高好幾個數量級的世界裡，抗拒必然會化為無形，至於是漸漸消滅或是乍然消失，只是細枝末節。

還有貧富差距的問題，正如第八章提到的，早期採用新科技幾乎都是富裕人士的專屬特權。這在人類故事中如此重要的一刻代表什麼意義？是否有些人，甚至是絕大多數的人會被拋下？老派捍衛者和人類二・〇之間會不會爆發戰爭？人類真的會（再次）分裂成兩個完全不同的物種嗎？

人類轉變成新物種並不是什麼新觀念。綜觀歷史，我們看到許多原始人類讓位給一種或多種後繼者，**現代人種**只是這一漫長世系的最近一個。不過，這一次從**現代人種**轉變成**混種人**的本質與速度可能大為不同。[4]就算過渡期需要花費幾個世紀，比起過去的傳承也只是一瞬間。這一次的另一個不同之處就是，我們有遠見能預料到下一次的轉變，也有能力思考改變的結果。

我們只能猜測這樣的未來有何種樣貌，有許多人也做出揣測。電視與好萊塢肯定樂於探索人類和機器融合的種種狀況，極有可能是博格人（Borg）與賽博人（Cybermen）的世界，在這個世界裡，人性完全受到純粹且冰冷無情的邏輯壓制。但這是毫無意義的推論，從如今數百萬個生化人中找一個來詢問，他們是否會因為有一部分是機器，而覺得自己不那麼像人，你大概會被人迎面痛毆一拳。現在植入電子耳、深層腦刺激、心臟節律器、心室輔助器、人工心臟、視網膜、骨骼及關節的人數，動輒有數千萬人。再想想大約半個世紀前根本沒有這些擴增物，實在很神奇。再比較大約一百二十萬年前，全世界總數大約兩萬六千人的人類祖先。[5]轉變為下一個物種形體化身的過程早在進行，而且並未剝奪任何人性的基本要素。

事實上，也可以說和動盪起伏相當大的過去相比，如今的我們更為人性。如果衡量人性是以

3 這種關係是我的推論，無意代表這些科學家的意見。
4 該名詞要感謝未來學者皮爾遜。

有能力為了創造更人道、少些暴力且更尊重非我族類的世界而奮鬥，那麼我們已經做到了。平克在著作《人性中的良善天使》（*The Better Angels of Our Nature*）中就提出這一點，詳細說明我們如何努力建造一個有史以來最安全、最和平的世界。只不過許多人在新聞廣播的耳濡目染下，認為四處都潛藏著死亡與毀滅。平克認為，這種改善並非因為我們的生理或認知出現變化，而是因為「文化與物質環境的變化，使得追求太平的動機更占優勢」。

我同意平克所說的這一點，除了這一點以外：就像凱利所說的，在我們如今編織的科技大網裡，文化是其中一部分，這一張科技大網和我們共同演化，此刻也正與我們融合。我們的文化基因和文化傳承跟我們一樣一直在演化。[6]我們的命運相互交織，而且再也無法分開。我會主張，這不單是教養或環境的問題，而是人類意識複雜的一部分，儘管是由外部建構。[7]這種持續融合極可能保護我們避免陷入最糟糕的後奇點情境假設。這樣的共識可說是能確保兩個夥伴有足夠的共同利益，避免摧毀其中一方，或是採取最後兩敗俱傷的行動。

我們的思維也不再只是三磅重的自然演化神經組織，而是混合生物系統與數位系統，或許更有機會在達成合意共識時成為重要夥伴。有能力憑藉超級運算處理能力和儲存農場，立即取用並擴增思考歷程，或許就是我們在快速變遷的世界中維持平衡所需的優勢。

發展的本質與人類相反的人工智慧

有一個有趣的進展是：人類和多數哺乳類動物一樣，最早是透過情緒互動溝通。隨著我們有了意識、同理心和他者的觀念，這些情緒愈來愈細膩。接著是手勢和其他非語言與前語言管道，最後發展出語言，口語形式日趨正式後，然後就是結構更加正式的文字語言。最終，而且是很久很久以後，才是極為抽象的思考與符號，以最純粹、定義最精確的形式表達數學、邏輯及科學的概念和想法。

另一方面，機器智慧的軌道則幾乎與此相反，電腦程式在十九世紀與二十世紀初源於邏輯的形式化。此後，電腦漸漸有能力理解程式碼和語言，而這些程式碼和語言也愈來愈自然，而且能

5 從當時起，有好幾個所謂的遺傳瓶頸（genetic bottlenecks），在那段期間，地球的總人口數減少到不足十萬，而最近一次發生這種情形，可能是在距今不過約七萬年前，當時大約有一萬人存活，只是這一點仍存有爭議。

6 文化基因（memetic）來自瀰因（meme）這個字，是以基因（gene）比擬複製文化單位。理查．道金斯（Richard Dawkins）在一九七八年的著作《自私的基因》（*The Selfish Gene*）中率先提出假設。瀰因基本上是概念、象徵及實踐——文化的片斷，將資訊單位從一個「宿主」的心智傳遞到另一個宿主。這種知識的複製、演化與永續保存，是衡量瀰因成功的主要標準，是由天擇有機演化歷程啟發的模型，至於歷程是否真的能夠鏡射反映則仍有爭議。

7 一場末日戰爭是否會徹底消滅文明，把我們帶回如霍布斯描述的年代，「沒有藝術，沒有文字，沒有社會，而且最糟糕的是源源不絕的恐懼，暴力死亡的威脅：人的生命，孤獨、貧窮、險惡、殘酷且短暫」？這是無庸置疑的，一個物種同樣也有可能因為一場毀滅性的事件或環境改變而滅絕，因應之道就是相關歷程會再次啟動，順應著文化基因路線的情況而徐徐回升。

為非專家所理解。儘管這些抽象的指令最初是以正規寫出的程式碼傳遞，但是如今的電腦愈來愈能理解與處理自然語言，並且做出行動。大約在過去數十年間，各種形式的言語、手勢及非語言溝通已經成為人類與機器互動的工具。而今情感運算的最新發展顯示，不久將有理解細膩情緒的能力，也可望成為另一種交換訊息的雙向管道。

這種發展的本質與我們相反，然而有了這樣的發展，人工智慧是否很快也會有意識、同理心、心智理論及自覺？時間將會證明一切。

與機器智慧培養真正共生的夥伴關係

我們已經看到，情緒在我們的生物構造中根深柢固，也是我們身為社會物種不可或缺的一部分。此外，除非能觀察到表情的人，甚至本身能表達情緒的人可以提高生存機會，否則沒有理由演化出外顯情緒的能力。根據這種能力而對狀況做出快速反應，不但可以造福個人，更有利於整個部族。這種優勢進而又讓有能力在社交溝通中更清楚辨認並回應情緒表達的人，提高倖存機會，久而久之，或許就能提高對他人心理狀態的判斷力，進而在概念上對人我之別有所體悟。或許可以據此推測，這是自覺與更高程度自省的基礎之一。

總之，除了其他功能以外，情緒也是了解別人心理狀態的社交溝通管道。對於自我與他人之別沒有真正的認識，就無法發展出自覺所需要的心理模型，或者說至少無法超越初期水準。最後，在缺乏自覺的情況下，就不可能有成為科技開發物種所需的早期溝通管道和動力。

而這又回到機器意識的問題，到底有沒有可能存在？正如稍早曾說過的，人工智慧正漸漸發展並改善取用意識或A意識。現象意識或P意識（即感質及其餘種種）或許在缺乏情緒的情況下有部分可能，但是真正深奧的部分如果沒有情緒給予的價值與詮釋，大概就無法理解。兩者若是沒有充分發揮作用，大概就不會或無法發展出內省意識或I意識。這就是為什麼人工智慧如果要真正有自覺，極有可能需要身體相關（或者除此之外的感覺器官相關）的情緒。

就像情緒引導原始人類祖先啟動第一場科技革命，有一個可行方法能引導足夠強大的人工智慧啟動情緒，甚至是意識。讓機器智慧與生物情緒系統融合，即便只是暫時的，或許可提供必要的刺激或方向而加以啟動。這會出現什麼樣的狀況，目前還不得而知。或許接觸到人類產生主要情緒的身體經驗，夠先進的超智慧就能發展出合理的仿效或模擬；又或者至少在一些個人與機器智慧之間，發展出更為長久、真正共生的夥伴關係。

或許機器還會有其他方法模仿情緒體驗，但是就如同先前所說的，一種基質所能實現的，在截然不同的基質上未必能夠完全實現。基本原理沒有問題，但是要精準複製就不行了。針對從主要情緒到更複雜的同理心等多數的人性特徵，設法做出最理想的模擬，或許就是我們的最佳策略，可以確保未來機器智慧的動機、價值及優先考量能與我們配合一致。

如果我們能夠成為導體，讓科技智慧接觸到身體經驗，進而接觸到情緒與真正的自覺，將可能形成迴文般的循環。至今三百萬年來，我們設計出介面、中介工具，藉此取得科技並使用科技。隨著時間過去，這些介面變得愈來愈自然，直到現在真的開始將介面與我們的身心整合。但是，未來若真的與科技充分融合（許多人推測這是近在眼前的事），提供身體連結讓機器取用真正的情緒體驗，**我們就會成為介面**。無論這是諷刺、因果輪迴，還是神來一筆，實在是不得而知，然而考慮到千萬年來科技為我們所做的一切，能夠給予它如情緒和意識這麼特殊（也如此人性）的東西，感覺頗有詩意。

大概也會有人說我們不該追求這個，因為太危險、風險太大了，對我們之所以為人與至今的一切建設成果，將會有著無法抵禦的威脅。但是，其實我們對這件事可能並沒有發言權。就像凱利的解釋，科技有自己的軌道，它會在準備好出現的時候出現，而我們的選擇就是協助界定新發展會走的路線。

再來就是一些人工智慧科學家、工程師、認知科學家、心理學家、哲學家及理論學家，會說這不可能實現，挑戰太大，過程太神祕，我們的理解太渺小，但是除了這些以外，也有人明白知識產生知識，昨日還不可能的科技，明日勢必會出現，從曼哈頓計畫（Manhattan Project）到阿波羅計畫（Apollo Program），再到雷射干涉重力波天文台（Laser Interferometer Gravitational-Wave Observatory, LIGO）的直接探測重力波，總會有人起身迎接挑戰。

從人類的角度不斷尋求解決方案

最後，對那些必然要說我們在扮演上帝的人，只有一個回答：**這就是我們在做的事**。這是再平常不過的事。超過三百萬年、超過十五萬個世代，我們帶給這個宇宙無數工具和發明、哲學與概念，一整套沒有我們就不會存在的科技。在這麼做的同時，我們將人類從使用石頭的原始人類變成跨越全世界的文明。就像一趟旅程，從一個幾乎必然發生的解決方案，走向另一個解決方案。一步步走在這條道路上，我們並不是在扮演上帝，以我們的頭腦、我們的心及雙手，要做的是一直以來在做的——就是做一個人類。

當三百多萬年前的舊石器時代祖先開始用石頭製作工具，他們並不知道自己正進入地球有史以來最成功的共生關係之一。從這些卑微、前語言的開端，人類與科技相互提升，改善彼此的命運，成就想像中最神奇的夥伴關係。

現在我們站在新時代的開端，或許會看到這個夥伴關係轉變，也期望會變得更好。過程中，我們將會發現機器愈來愈能從根本上理解我們，包括我們的情緒。因此，它們能預先想到我們的需求，甚至通常會在我們意識到需求之前就先想到。它們會以前所未有的方式和我們互動，而且久而久之，我們將漸漸與它們變得親密，就像和其他有血有肉的人類一樣。在那之後的某個時間點，我們說不定還會忘了曾經有一段時間情況根本截然不同。

但或許最令人震驚的是，我們將賦予這個世界，甚至整個宇宙第一個會思考、會感覺的人造生命，可以延續百萬年，說不定長達十億年的生命。如果運氣好的話，我們還能搭上順風車，而那將會是人工情緒智慧新世代中一部永垂不朽的哥倆好電影。

致謝

如同情感運算與社交機器人學這麼宏大又跨學科的領域，是建立在數千人的知識、創意、洞見和奉獻上，這些人大多未在本書的內容中提及，這是撰寫這樣一本書的現實，特別是範圍如此廣泛的一本書籍。所有為這些極令人振奮的新領域做出貢獻並予以落實的人，謝謝你們。

本書也是許多人勞心勞力的結果，雖然一般認為寫作這種事原本就是孤獨的，但是研究的過程、查證事實及發行出版則更需要通力合作。幾乎不可能一一指出，並且感謝所有組成、實現本書的資源和影響。不過，有許多人的貢獻特別顯著。

非常感謝麻省理工學院媒體實驗室的皮卡德與亞歷山大・卡恩（Alexandra Kahn）、Affectiva的卡莉歐比和加比・宰德費爾德（Gabi Zijderveld），以及Beyond Verbal的勒瓦儂與畢安卡・梅傑（Bianca Merger），花時間分享他們的想法，談論他們的公司及領域、過去、現在與未來。同樣也要感謝，《軍事化太空的文化與人機互動》（*Culture and Human-Robot Interaction in Militarized Spaces*）的作者卡本特、電腦科學家暨國際機器人武器控制委員會的共同創辦人夏基，以及紐西蘭

HITLab的馬克・畢林赫斯特（Mark Billinghurst）。

十分感激下列的未來學家貢獻他們的真知灼見，其中有許多人曾在第十二章提及：未來論壇的資深未來顧問芭賈特；建築師傅烈雯；達文西學院的傅瑞；前英特爾首席未來學家暨二十一世紀機器人專案的創辦人強斯；領導未來主義者的共同創辦人馬赫飛；前英國電信首席未來學家、Futurizon創辦人皮爾遜；品牌策略師薩金斯；台拉維夫大學的泰札納。還要感謝文奇與我詳談奇點和其他有關未來的想法，以及人工智慧科學家格策爾、荷西・埃蘭德茲—歐拉優（José Hernández-Orallo）和大衛・達威（David Dowe），撥冗為我闡述他們的理論與模型。

雖然要感謝許多編輯和刊物讓我這些年來有機會寫作，但是特別要謝謝長期擔任《未來主義者》（*The Futurist*）雜誌編輯的辛西婭・瓦格納（Cynthia Wagner）給我的指導與支持。另外，還有《未來主義者》雜誌前副主編和《防務一號》（*Defense One*）現任科技編輯的派翠克・塔克（Patrick Tucker），感謝這麼多年來的建議、引介及鼓勵。同樣地，還要感激未來社群的諸多成員，特別想對彼得・畢夏普（Peter Bishop）、安迪・海因斯（Andy Hines），以及休士頓大學前瞻計畫的其他成員說聲謝謝，感謝他們的指導、觀點，以及在未來學方法論不斷追求進步。

深深感激我的出版團隊，他們幫忙實現這一切，先從我在三叉戟媒體集團（Trident Media Group）的經紀人唐・費爾（Don Fehr）說起，在其他人都認為這個領域的發展還在萌芽階段時，他看到本書的潛力，並且非常感謝三叉戟的文字助理希瑟・卡爾（Heather Carr），謝謝她出色的工作。他們帶著我聯繫天馬出版公司（Skyhorse Publishing）的優秀編輯麥馨・布朗（Maxim Brown），耐心又純熟地引導出版流程，將我的原稿變成如今這樣一本成熟完整的書籍。也要多謝文字編輯凱薩琳・奇格（Katherine Kiger），為我的文字做最後修飾，以及書封設計者艾琳・西華—海特（Erin Seaward-Hiatt），設計美觀的封面，還有我的公關布蘭娜・夏芬伯格（Brianna Scharfenberg）。

最後，由衷感激身邊為我打氣的人，帶給我的激勵超出他們所知。我的姪子葛瑞特，我們之間有著無數珍貴的對話，談論世上所有的科技。尼克和戴倫，他們對本書的幾個概念有獨特的觀點與洞見。特別要提及的是雅麗，她在整個過程中始終如一的愛、支持和鼓勵。從開始到結束，所有人給予所需的動力和空間，我才得以實現這個夢想。

國家圖書館出版品預行編目資料

情感運算革命：下一波人工智慧狂潮,操縱你的情緒、販售你的想法,將是威脅還是機會？/ 理查・楊克(Richard Yonck)著；范堯寬，林奕伶譯. -- 初版. -- 臺北市：商周出版：家庭傳媒城邦分公司發行，民106.12
面；　公分. --（新商業周刊叢書；BW0652）
譯自：Heart of the Machine: Our Future in a World of Artificial Emotional Intelligence
ISBN 978-986-477-348-0（平裝）

1.未來學　2.人工智慧

541.49　　106019528

新商業周刊叢書　BW0652

情感運算革命

下一波人工智慧狂潮，操縱你的情緒、販售你的想法，將是威脅還是機會？

原文書名／Heart of the Machine: Our Future in a World of Artificial Emotional Intelligence
作　　者／理查・楊克（Richard Yonck）
譯　　者／范堯寬、林奕伶
企畫選書／黃鈺雯
責任編輯／黃鈺雯
文字校對／渣渣
編輯協力／蘇淑君
版　　權／黃淑敏、翁靜如
行銷業務／周佑潔、石一志

總 編 輯／陳美靜
總 經 理／彭之琬
發 行 人／何飛鵬
法律顧問／台英國際商務法律事務所　羅明通律師
出　　版／商周出版
台北市中山區民生東路二段141號4樓
電話：(02) 2500-7008 傳真：(02) 2500-7759
E-mail：bwp.service@cite.com.tw
Blog：http://bwp25007008.pixnet.net/blog
發　　行／英屬蓋曼群島商家庭傳媒股份有限公司城邦分公司
台北市中山區民生東路二段141號2樓
書虫客服服務專線：(02)2500-7718・(02)2500-7719
24小時傳真服務：(02)2500-1990・(02)2500-1991
服務時間：週一至週五09:30-12:00・13:30-17:00
郵撥帳號：19863813　戶名：書虫股份有限公司
讀者服務信箱E-mail：service@readingclub.com.tw
歡迎光臨城邦讀書花園　網址：www.cite.com.tw
香港發行所／城邦（香港）出版集團有限公司
香港灣仔駱克道193號東超商業中心1樓
Email：hkcite@biznetvigator.com
電話：(852)2508-6231　傳真：(852)2578-9337
馬新發行所／城邦(馬新)出版集團【Cite (M) Sdn. Bhd.】
41, Jalan Radin Anum, Bandar Baru Sri Petaling,
57000 Kuala Lumpur, Malaysia
電話：(603)90578822　傳真：(603)90576622
Email：cite@cite.com.my

封面設計／廖勁智　內文設計排版／唯翔工作室　印　刷／鴻霖印刷傳媒股份有限公司
總 經 銷／聯合發行股份有限公司　電話：(02)2917-8022　傳真：(02)2911-0053
地址：新北市231新店區寶橋路235巷6弄6號2樓

■ 2017年(民106年)12月初版　Printed in Taiwan

ISBN 978-986-477-348-0

城邦讀書花園
www.cite.com.tw

定價／460元